臺灣歷史與文化 研究輯刊

初 編

第 **28** 冊

曹秋圃及其書道藝術研究

曾月賞 著

花木蘭文化出版社

國家圖書館出版品預行編目資料

曹秋圃及其書道藝術研究／曾月賞 著 —— 初版 —— 新北市：花
木蘭文化出版社，2013〔民102〕
目 4+210 面；19×26 公分
（臺灣歷史與文化研究輯刊 初編；第28冊）
ISBN：978-986-322-281-1（精裝）
1. 曹秋圃　2. 書法美學
733.08　　　　　　　　　　　　　　　　　　102002957

ISBN-978-986-322-281-1

9 789863 222811

臺灣歷史與文化研究輯刊
初　編　第二八冊　　　　　　　　ISBN：978-986-322-281-1

曹秋圃及其書道藝術研究

作　　者　曾月賞
總 編 輯　杜潔祥
出　　版　花木蘭文化出版社
發 行 所　花木蘭文化出版社
發 行 人　高小娟
聯絡地址　235 新北市中和區中安街七二號十三樓
　　　　　電話：02-2923-1455／傳眞：02-2923-1452
網　　址　http://www.huamulan.tw 信箱 sut81518@gmail.com
印　　刷　普羅文化出版廣告事業
初　　版　2013 年 3 月
定　　價　初編 30 冊（精裝）新臺幣 60,000 元

曹秋圃及其書道藝術研究

曾月賞　著

作者簡介

曾月賞，西元 1968 年出生於南投縣的純樸小農村，五個兄弟姊妹中，排行第三。已婚，育有二女，目前服務於南投縣南崗國中。對於書畫有濃厚興趣，目前為南投縣慕陶書會會員。曾榮獲九十六年全縣國語文中學教師寫字組第一名，當年代表南投縣參加全國語文競賽，為中學教師寫字組第六名。指導學生參加全縣國語文寫字組及美展書法組亦屢獲佳績。

提　　要

　　書法是中國文化精髓，東方藝術之一。寫書法不僅能修養個人，亦能為社會祥和盡一份心力，我們有責繼續傳承發揚，曹秋圃是這類的代表人物之一。

　　曹秋圃（1895 ～ 1993 年）臺北市大稻埕人。他成長於日據時期，經歷日人統治、第二次世界大戰、臺灣光復、二二八事件。那個年代，他雖滿腹經綸，卻無從科考。於是他將抱負置放於書道藝術中，以獨特的見解，展現不凡的自己，進而影響了臺灣社會的書道風氣。

　　影響曹秋圃書道藝術的人物及碑帖有：陳祚年、陳鴻壽《錢唐許君墓誌銘》、顏真卿《多寶塔碑》、孫過庭《書譜》等，其中以陳祚年影響最為深遠。曹秋圃篆、隸、行、草、楷各體皆備，但以隸書的表現最具個人特色——既正且拙。各體結構以「正」為佳；線條以展現書家豐富涵養為要；墨韻是禪道的自然呈現；運筆則為「迴腕法」；章法則以傳統格式為主。黃金陵說：「曹秋圃一生書法走向，以『古、老、樸、拙』四字為最終目標。」

　　曹秋圃書道藝術不強調技巧，以修養品德為主。35 歲創立澹廬書會，強調「士先品節而後文章」，直至 99 歲辭世。他於 84 歲發表〈書道之我見〉，內容論及寫書法「內可以修養自己品德，外可以矯正人們性情。以多讀書為主、多習寫次之」。他的書道藝術始於「讀書養氣」終於「書道禪」，一生為書道藝術盡心盡力，不受潮流所影響，深具個人風格。「字如其人」在他身上可得到印證。

　　曹秋圃於 93 歲獲頒第 12 屆國家文藝特別貢獻獎，澹廬弟子承繼其書道志業。筆者採訪了曹秋圃的入門弟子林彥助、黃金陵、連勝彥三人，他們不僅承繼曹秋圃的書道精神，且各有不同的特色。

　　寫書法應該追求的是精神層次的修養，其次才是技巧的提升。若於此忙亂的社會中，人人可以手執一筆，靜心讀書、寫字，寧靜祥和之社會將不遠矣。

謝　辭

「書到用時方恨少，事非經過不知難」。完成論文之後，感受更深刻。因為這過程中，顯現自己在知識上的欠缺，在能力上的薄弱。幸虧這人世間是有情的，當個人遇到困難，身旁總是會有一些人，適時伸出那友誼的雙手，令人感動。

首先，衷心感謝老師張清泉願意指導我。過程中，老師雖然公務繁忙，但仍鉅細靡遺、認真耐心的教導，指出論文中的種種缺失。甚至協助完成田野調查，訪談了林彥助、黃金陵、連勝彥三位曹秋圃的弟子，讓論文更臻完美。同時亦感謝這三位老師，願意在百忙之中抽空接受採訪，讓學生眼界大開、滿載而歸。還有逢甲大學的余美玲老師，本校的楊菁老師，在初審及口考時，給我非常寶貴的意見，讓學生獲益匪淺。

另外，感謝外子，除了在電腦操作上，給予我相當多的協助與指導之外，還得忍受我不定時的情緒失控；感謝大女兒子函、小女兒子聿，經常於假日時陪著我，到各大圖書館去找資料。在我忙碌於論文無暇接送時，很勇敢的自己搭公車回家。還有家母不斷的關心，二姐月娟持續地加油、打氣。暑國教碩班同學吳玫瑤、曾慧珊平日的關心，都給予我相當多的協助。

總之，這本論文因為有你們而更加珍貴。謝謝你們！

目次

圖片來源：李郁周《書禪厚實曹秋圃》台北：雄獅叢書，2002 年

第一章　緒　論

第一節　研究動機與目的

　　中國書法源遠流長，蘊藏豐厚的文化內涵，從最早的甲骨文至秦篆、漢隸、草、楷、魏晉行書，各體皆備，無不具有實用性與藝術性。書法是由中國文字演變而來，其實用性在此不用贅言，而書法具有的藝術性（視覺藝術）和世界各國文字相較之，更具特色。因此，中國書法受到世界各國的青睞，每年都吸引不計其數的外國觀光客到台北的故宮博物院參觀，將之列為中國國粹之一，乃當之無愧。

　　從筆者小學學習書法至今，深刻感受現今政府對書法教育的漠視。根據筆者訪查發現民國六、七十年代，國小三年級開始接受書法教育，是必修科目。國中生則每週交一篇書法作品，甚至週記也必須使用毛筆。而今，國中部分完全取消，國小則由各縣市政府教育局決定，改為兩週一次或完全取消。教育當局雖偶有零星的書法比賽，但人盡皆知，教育必須從小紮根，否則只是徒具形式，書法教育當然也不例外。將身為國粹、陶冶性靈品格之書法，如此冷淡對待，何只可惜！

　　中國書法從古至今，出現了不少著名的書法家，如秦代李斯，晉被稱之為書聖的王羲之，唐代歐陽詢、顏真卿，宋朝蘇軾、米芾，元為趙孟頫，明朝董其昌，清何紹基等。這些都是大家耳熟能詳、鼎鼎有名的大書家，前人亦多論述探討。清末還有一位大家耳熟能詳的藝術大師李叔同（1880年～1942年），出家後在藝術方面，只保留了書法，其書法質樸無華，獨具一格。「二

十文章驚海內」的大師，集詩、詞、書畫、篆刻、音樂、戲劇、文學於一身，在多個領域，開中華燦爛文化藝術之先河。他把中國古代的書法藝術推向了極至，「樸拙圓滿，渾若天成」。筆者心生疑惑的是——為何眾多的藝術中？他只選擇書法成為最終陪伴他的藝術。我們都知道李叔同是一位多才多藝的藝術家，出家後諸藝盡廢，只保留書法，認為書法很有結善緣的功用。筆者膽大認為書法的藝術價值，在李叔同的心中必定高過其他藝術，且認定書法是除了藝術之外，還具有修身的功能。

　　以上所舉這些中國書家，對後世影響之深遠，無可否認。清末，台灣也誕生了一位以詩書修行的禪意書家曹秋圃，為提振書法風氣，成立「澹廬書會」研究書法，除書道藝術倍受肯定之外，詩學涵養亦受日人青睞，受邀擔任日本頭山書塾書法講師，兼任日本大藏省附屬書道振成會講師。光復以後，推動台灣書法風氣，受到各方推崇與景仰。至今，澹廬弟子仍秉持傳承的使命，繼續推動各項書法活動，提升台灣書法風氣，為台灣書壇盡心盡力。

　　至於曹秋圃之相關研究，成果豐碩，或言簡意賅、一針見血，或長篇巨構、旁徵博引，精采之論散見各書刊。然而，針對其書道藝術加以詳實精闢分析研究者，與之相較，則相形薄弱。所以，本文將深入分析其各體書法之淵源，字體結構、線條、墨韻等前後期的不同，及其對後世的影響，使其書道藝術價值獲得更進一步的肯定，進而提升人們學習書法的興趣與欣賞書法的能力。

第二節　前人研究成果探討

　　關於曹秋圃之相關研究，分述如下：

一、學位論文

　　目前僅有中國文化大學黃淑真《曹秋圃書法研究》，〔註1〕其研究方向較著重於曹秋圃的生平歷史，其敘述大綱為：
（一）曹秋圃的時代與生平：敘述其家世、師友往來、設塾教學、推廣藝文
　　　　及西遊廈門、東渡日本、回歸台灣拓展其書法事業等事蹟。
（二）曹秋圃的學書背景：以台灣在清領時期、日治時期及光復後的書法環
　　　　境為主要敘述背景，然後簡介其學書歷程。

〔註1〕黃淑真：《曹秋圃書法研究》(中國文化大學研究所美術史組碩士論文，2003.6)。

（三）曹秋圃的書法理念：以詩文國學爲基礎的書外功修養，加上迴腕法與
　　　書道禪深具個人特色的書法技術鍛鍊，匯聚而成的書法藝術觀。

（四）曹秋圃的書風演變：隸書、楷書、行書、草書的演變與風格特色。

（五）結論：肯定曹秋圃對台灣書法教育的貢獻。

　　黃淑眞蒐集了與曹秋圃相關的第一手圖片資料、文獻資料，及親朋好友、
澹廬弟子的資料，將曹秋圃的「書法人生」做了非常精闢的介紹，這些資料
提供筆者便於研究曹秋圃生平，至於書道藝術上，筆者認爲還有相當大的著
墨空間。筆者認爲此論文資料豐富，爲其一大優點。但論文格式稍嫌雜亂，
閱讀者無法一目瞭然，則爲其不圓滿之處。

二、專　書

　　李郁周著《書禪厚實曹秋圃》，〔註 2〕雄獅出版。黃恬昕著《曹秋圃》，
〔註 3〕石頭出版。以下分別概述之：

（一）《書禪厚實曹秋圃》李郁周著，此書將曹秋圃的一生分爲六階段敘述：
　　　（1）青年時期熱愛詩文創作（1895～1926 年）（0～32 歲）。
　　　（2）從詩的鍛鍊到書法的成長（1926～1935 年）（32～41 歲）。
　　　（3）從台灣的活動到日本的教學（1936～1945 年）（42～51 歲）。
　　　（4）從國文教師到書法傳授（1946～1965 年）（52～71 歲）。
　　　（5）澹廬書會的書法年展（1966～1975 年）（72～81 歲）。
　　　（6）百歲人瑞書法壽星（1976～1993 年）（82～99 歲）。

　　由以上六階段的敘述中，可以清楚的了解曹秋圃每一個時期的人生際遇
與書學發展。筆者認爲此書綱舉目張，條理分明，但少部分敘述作者較主觀。

（二）黃恬昕著《曹秋圃》，石頭出版。此書針對曹秋圃的各體書法，篆、隸、
　　　草、楷、行，分別敘述其淵源與特色，是本篇論文極重要的參考資料。
　　　筆者認爲此書與黃淑貞《曹秋圃書法研究》，雷同之處頗多，作者應爲
　　　同一人。

以上兩本專書，是僅次於黃淑貞《曹秋圃書法研究》之外的重要參考書籍。

三、期刊論文

　　筆者蒐集曹秋圃相關之期刊論文，敘述如下：

〔註 2〕李郁周：《書禪厚實曹秋圃》（台北市，雄獅美術雜誌社，2002 年）。
〔註 3〕黃恬昕：《曹秋圃》（台北市，石頭出版，2006 年）。

（一）沈德傳〈老書生曹秋圃〉：〔註4〕從曹秋圃出生、求學、教讀、作詩、
習書、台灣周遊、廈門行、脾性及書道禪，最後談及斷食和論書。

（二）戴蘭村〈莫嫌老圃秋容澹——曹秋圃先生其人其書〉：〔註5〕根據曹秋
圃〈書道之我見〉之內容對曹秋圃的書法家以評述，另附圖說明曹秋
圃不但各體兼備，且深具涵養。

（三）李銘盛〈書法家曹秋圃〉：〔註6〕內容從曹秋圃的日常生活談起，談及
他篤信佛教，早晚燒一柱香在佛堂和祖宗神位前。平日生活規律、清
茶淡飯，和澹廬學員們聚會寫字時，老師在旁指導及「迴腕執筆法」
的示範。

（四）張建富〈台灣古典書法的終結者——曹秋圃〉：〔註7〕探討曹秋圃的各
體書學淵源，肯定其隸書在書壇佔有一席之地。文末敘及曹秋圃是「今
之古人」，對「前衛書道」之不可理解且排斥之，曹秋圃的想法是中國
近代書家之通病。結語提出「優雅的詩書和傳統的人文精神，是否能
在日趨表面西化、庸俗化的現代社會中，得到傳承與光大？」這樣的
問題深具挑戰性，筆者認為這個問題確實值得深思。

（五）張建富〈日治時代曹秋圃之探討〉：〔註8〕肯定曹秋圃在日治時代的書
法貢獻與地位，及其日治時代詩作、書法探討。文中提到：謝里法在
他的台灣美術運動史上，提到唯一的書法家曹秋圃，是很特別的現象。

（六）書友編輯室：謝健輝〈台灣當代書法名家曹秋圃〉：〔註9〕篇中有曹秋
圃小傳，書法作品數幅，包括篆書、隸書、草書、行書及楷書，可惜
的是仍有部分作品沒有註明創作年代。

（七）李普同〈曹秋圃先生的書學歷程與貢獻〉：〔註10〕文中推崇讚賞曹秋圃
「有特異的稟賦，早期究心黃老；中晚年耽慕禪悅，加上儒生的修養，

〔註4〕沈德傳：〈老書生曹秋圃〉，《雄獅美術》148 期（1983 年 6 月）。

〔註5〕戴蘭村：〈莫嫌老圃秋容澹——曹秋圃先生其人其書〉，《雄獅美術》（台北市，
雄獅美術雜誌社，2003 年）。

〔註6〕李銘盛：〈書法家曹秋圃〉，《藝術家》21 卷 5 期（1985 年 10 月）。

〔註7〕張建富：〈台灣古典書法的終結者——曹秋圃〉，《國文天地》2 卷 12 期（1987
年 5 月）。

〔註8〕張建富：〈日治時代曹秋圃之探討〉，《書法教育》15 期（1987 年 5 月）。

〔註9〕書友編輯室：〈台灣當代書法名家曹秋圃〉，《書友編輯室》71 期（1993 年 1
月）。

〔註10〕李普同：〈曹秋圃先生的書學歷程與貢獻〉，《國立歷史博物館館刊：歷史文物》
3 卷 3 期（1993 年 7 月）。

腕下融儒、釋、道合而爲一。」最後以百歲彙齡書寫作品參展能媲美
日本藤原楚水，「在台灣雖不能算絕後，也算是空前了。」作爲結語。

（八）姚儀敏〈正筆正心的百齡書法家曹秋圃〉：〔註11〕文中談及發憤練字之
　　　因乃爲人所激，讚歎其獨門功夫「迴腕握筆法」，認爲曹秋圃書藝格調
　　　直追晉唐，執筆之道猶如修身，最後談及其養生之道唯靜而已。

（九）連勝彥：〈曹秋圃先生略傳〉：〔註12〕略述其生平重要事跡，並強調其
　　　書風無「館閣體」之俗，亦無日本「書道」乖戾之風，士林推崇其爲
　　　一代宗師，實當之無愧矣！

（十）丁麗麗〈我對曹師公秋圃書法之研究〉：〔註13〕主要是介紹曹秋圃之生
　　　平略歷，書法評析部分，只有短短數語，簡單介紹，並未能深入。

（十一）林進忠〈百歲書家曹容先生的書道禪修藝術〉：〔註14〕從書道參禪修
　　　　身養氣、書如其人藝道參合、傳道授業文質兼修三方面，談曹秋圃的
　　　　書道禪修藝術。

　　　以上各篇皆針對曹秋圃的生平及書法作品，做概略的敘述。生平事跡及
個人詩書涵養佔絕大部分，對於其書法技能與風格特色的介紹，與之相較，
則相形薄弱。本論文則將針對其書法作品，依篆、隸、行、草、楷做前期與
後期的分析比較，作更深一層的研究。

四、論文集

　　　於 1997 年由行政院文化建設委員會指導，「澹廬書會」出版發行的「曹
秋圃先生書法學術研討會論文集」共五篇分別敘述如下：

（一）朱仁夫〈師傳典範曹秋圃〉：〔註15〕朱仁夫先生爲大陸學者，文中首述
　　　台灣書法極重師承，澹廬書會，造就人材眾多，影響台灣書壇，至爲
　　　深遠。次爲「下筆周秦」，闡釋曹秋圃先生篆隸書法，超越碑、帖紛爭，

〔註11〕姚儀敏：〈正筆正心的百齡書法家曹秋圃〉，《中央月刊》26 卷 7 期（1993 年 7
　　　　月）。
〔註12〕連勝彥：〈曹秋圃先生略傳〉，《台北縣立文化中心季刊》42 期（1994 年 9 月）。
〔註13〕丁麗麗：〈我對曹師公秋圃書法之研究〉，《內湖高工學報》17 期（2006 年 4
　　　　月）。
〔註14〕林進忠：〈百歲書家曹容先生的書道禪修藝術〉，《北縣文化》89 期（2006 年
　　　　6 月）。
〔註15〕朱仁夫：〈師傳典範曹秋圃〉，《曹秋圃先生書法學術研討會論文集》（台
　　　　北縣，澹廬書會，1997 年）。

直追秦漢，更在異族統治之下，力爭上游。再次爲「詩心禪意」，述其詩文修爲，以及晚歲所謂「書道禪」，使書藝與禪學相參悟。最後「澹廬一代」，列舉其第二代高足之不凡成就及各展所學，傳道、傳藝，給予曹秋圃極高的評價。

（二）吳豐邦〈曹秋圃先生在台灣書法活動之研究〉：〔註16〕以曹秋圃求學過程、教學活動、社團活動、評審、個展活勤、詩書會友、書藝成就爲其研究內容。

（三）林彥助〈澹廬夫子百年詩書衍化〉：〔註17〕從曹秋圃的儒家薰陶、環境滋潤、道學研修、書學進修、載筆遊歷、揚儒宏藝、田園耕讀、佛教潛修、書風演化、詩奠藝理等多方面論述曹秋圃的詩書衍化，但書法方面的論述篇幅顯見較薄弱。

（四）李郁周〈曹秋圃書法的啓示——在現代台灣書法史上所具有的意義〉：〔註18〕本篇論文對曹秋圃的書法具較深度的研究探討，由曹秋圃的書法淵源、書法造境、書法論點及書藝傳揚等，得到的啓示加以論述。

（五）陳維德〈曹秋圃書藝理念初探〉：〔註19〕敘寫曹秋圃書藝理念是如何形成的，並且明白的指出曹秋圃的書法價值觀、學書之道、創作理念及影響其成功的要素，深入淺出的探究其書藝理念。

以上這五篇論文，立論精闢、深入淺出，對本論文深具指引價值，內容囊括了曹秋圃的生平事跡、詩書衍化過程及書學理念的探討等，其中陳維德〈曹秋圃書藝理念初探〉及李郁周〈曹秋圃書法的啓示——在現代台灣書法史上所具有的意義〉，是本篇論文極重要參考資料。關於曹秋圃的生平事跡，筆者歸納彙整，將與書法相關的部分詳加敘述。關於曹秋圃的書法淵源，個人書道藝術上的特色，筆者認爲可以作更詳盡的分析，讓讀者深入欣賞曹秋圃的各體書法結構、線條律動、墨色變化與章法布局，這是本論文所要發揮的空間。

〔註16〕吳豐邦：〈曹秋圃先生在台灣書法活動之研究〉，《曹秋圃先生書法學術研討會論文集》。

〔註17〕林彥助：〈澹廬夫子百年詩書衍化〉，《曹秋圃先生書法學術研討會論文集》。

〔註18〕李郁周：〈曹秋圃書法的啓示——在現代台灣書法史上所具有的意義〉，《曹秋圃先生書法學術研討會論文集》。

〔註19〕陳維德：〈曹秋圃書藝理念初探〉，《曹秋圃先生書法學術研討會論文集》（澹廬書會，1997年）。

第三節　研究旨趣

一、研究內容

在眾多的研究當中，該如何凸顯本論文與眾不同的研究內容呢？筆者詳閱所有資料，以下列五點為敘述重點：

（一）曹秋圃書學論著與作品：略述其生平事蹟、人生際遇、交友情形及主要著作。

（二）書學淵源：由師承、臨碑帖的順序，了解其根基的奠定與書學過程。

（三）書道藝術理念：從其身後的國學修養談及論書詩作，再敘呼吸吐納迴腕法及其書道的最高境界——書道禪。

（四）書道藝術特色：從最基本的墨色、線條、結構談起，再擴及章法布局，分析比較其前、後期不同的書藝呈現。

（五）對台灣書壇的貢獻與弟子的傳承：總結曹秋圃對書道藝術界的貢獻。

以上為本論文之研究內容，希望讀者於閱讀後，能有所斬獲。

二、研究方法

研究方法就像讀書方法，若研究方法明確，在整理、表達時，可達事半功倍的效果。本論文採取以下方法，進行研究：

（一）歷史研究法：首先蒐集、歸納整理其相關論文及著作，將已出版的作品、年譜、論文與相關的期刊，作全面性的閱讀。然後按其生平、書法淵源、書法藝術思想、風格及其傳承與貢獻，作更深一層的探討。

（二）比較分析法：分析比較研究其書法作品各體的風格，分前期、中期（因第二次世界大戰及三重洪水導致作品付之闕如）、後期的精進與異同。

（三）田野調查法：進行田野調查法，探訪後代弟子，現場觀摩太極圓迴腕運筆法，進行更確切的印證、補充，讓本論文可更具特色及存在價值。

以上三種研究方法，田野調查法是最真實且深具挑戰性的研究方法。它可以給予研究者很多的寶貴資料與研究刺激，讓本論文更具價值。

三、研究限制

任何的研究難免都會遇到困境，以下為本論文的研究限制：

（一）曹秋圃有頗多的作品，並無註明書寫日期，導致分期時無法篤定確認，作品完成於何時？造成研究上的困難。

（二）曹秋圃約 50～60 歲期間沒有作品傳世，這是因第二次世界大戰他寓居
東京，1945 年住屋慘遭戰火炸燬，及台灣光復後，國共內戰，政府遷
台，時局不寧（228 事件），生活不安，還有三重洪水之災所造成，這
是研究上的遺憾。

（三）筆者將根據現有的資料，努力克服困難，作更完整的分析與探討，但
因筆者才力有限，恐有生搬硬套之嫌，希望各方前輩不吝指證。

希望往後研究者，可更進一層，用更科學的方法，判斷出他作品的完成
時期，做更深入的研究。

四、預期研究成果

經筆者檢視、蒐集資料，預期研究成果，如下：

（一）明白曹秋圃的成長背景及環境，探究曹秋圃書法藝術的發展淵源。

（二）從作品之形成因素分析、歸納，以統整曹秋圃書道藝術的思想內涵。

（三）鑑賞曹秋圃各體書法作品之表現形式，以得知曹秋圃書法特色與風格。

（四）論述曹秋圃對其弟子書道藝術影響，及曹秋圃書道之承續。

（五）為現今的書道創作者提供參考，開拓書法的另一番新的氣象。

以上五項為本論文之預期研究成果，期盼成果達成，閱讀者能有所得。

第二章　曹秋圃的時代背景、生平與交遊

　　蘇東坡（1037～1101）有言：「古之論書者，兼論其平生。」〔註 1〕意謂要談論書法家的作品，定要兼論書家的生平背景，了解之後，才能明瞭作者創作背景受何影響，而留下了此千古名作。如同閱讀作家的文章，必先了解其時代背景，因時代背景往往和創作息息相關。所以，想要研究一書法家，必須先探討其身家背景、個性思想，才能深入鑑賞其作品。創作者，他的風格、思想，除了受大時代環境的影響之外，與本身的成長環境、人生際遇、交友情形及自身的人格特質有很大的關係。當然，想要對曹秋圃的書法作更深入一層的研究，也須論其平生。以下分曹秋圃的時代背景、曹秋圃的里籍家世、曹秋圃的人生際遇、交友情形、曹秋圃的書學論著與作品四節論述之。

第一節　曹秋圃的時代背景

　　曹秋圃誕生於清光緒 21 年，亦即民國前 17 年 8 月 22 日（西元 1895 年），在此之前，台灣屬清領時期。曹秋圃出生之年適逢中日訂馬關條約，清廷將台灣割讓給日本，此時的台灣為日治時期。民國 32 年台灣戰後，至民國 82 年 9 月 9 日曹秋圃過世，享壽近百歲（99 歲），曹秋圃剛好橫跨日治時期與戰後各 50 年。張瑞濱在〈國父紀念館館長序文〉中提到：

〔註 1〕　〔宋〕蘇軾：〈書唐代六家書後〉，《中國書論輯要》（南京，江蘇美術出版社，2000 年），頁 577。

從明鄭、前清、日治到國民政府播遷至今，台灣書法的傳承史可以
說是一部書法的融合史，由於這種多元的結合，才能造就現在的台
灣書法風格。整個台灣書法傳承夾帶了海島地理及政治因素，台灣
人在各種政體之下，不僅有海島文化，也應變出自我的風格，而這
應該是一部相當令人感動的書法史。〔註2〕

根據張瑞濱以上的說法，台灣書法根源於明鄭時期，而後前清、日治時期、國
民政府播遷（戰後），因台灣書法傳承夾帶了海島地理及政治因素，所以獨特。
此節將針對曹秋圃的時代背景，分清領時期、日治時期、戰後三個階段敘述。

一、清領時期（1683～1895 年）

清領時期始於清朝將領施琅於 1683 年攻取台灣，1895 年甲午戰爭後割讓
給日本，即清朝實質統治臺灣的時間，歷經清康熙至清光緒共計 212 年。曹
秋圃的私塾教師張希袞（1845～1939）、陳祚年（1864～1928）等，即是清領
時期經過科舉考試的秀才，曹秋圃的書學基礎受他們兩人的影響極深。

台灣科舉興辦之後，文人才逐漸出現，讀書人力求功名，書法的研練由
此開始。因為當時沒有原子筆，一切的文字作品皆由書法呈現。崔詠雪說：
「明鄭時代台灣詩社組織，文人文藝活動，即代表書法創作存件之可能性。」
〔註3〕如由國立台灣博物館典藏的鄭成功書法，這是極佳證明，且應該是台
灣書法之源流。明鄭亡後，清廷將台灣劃分為一府三縣，行政區既成復設儒
學於府州縣，以育賢儲才。康熙 26 年又開科考試，吸引閩粵學子來台應考，
清初台灣人口 20 萬，嘉慶年間 200 萬至日治時期為 250 萬。崔詠雪認為人
口增加是開發主要動力，同時也代表文化的拓展與書法作品的增量。〔註4〕
王德育在《台灣精神：現代風格與文化傳承的對話》一書中亦提到「清朝於
1683 年將台灣納入版圖後，台灣人口增加，經濟日漸繁榮，藝術品的創作才
逐漸豐富」。〔註5〕又淡江大學文鑼藝術中心編的《翰墨珠林──台灣書法傳

〔註 2〕 淡江大學文鑼藝術中心編：〈國父紀念館館長序文〉，《翰墨珠林──台灣書法
傳承展作品集》（台北縣，淡江大學文鑼藝術中心，2004 年），頁 9。

〔註 3〕 崔詠雪：〈翰墨春秋──1945 年以前的台灣書法〉，《翰墨春秋──1945 年以
前的台灣書法》（台中市，台灣美術館，2004 年），頁 23。

〔註 4〕 尹章義：〈科舉社群對於台灣開發以及台灣與大陸關係之影響〉，《談台灣開發
史研究》（台北市，聯經出版，1989 年），頁 552。

〔註 5〕 王德育：《台灣精神：現代風格與文化傳承的對話》（台北市，北市美術館，
2004 年），頁 14。

承展作品集》一書中提到：

> 道光至光緒 20（1894）年間土地的開發，美術活動已不侷限於台南
> 一地。而擴及中部、北部，換言之，除台南、鹿港以外，竹塹與台
> 北也頻頻出現美術活動。尤其值得一提的是，此時出現了幾個具備
> 龐大經濟力量的家族。抒藻揚芬，追隨前人風雅，不一定爲了參加
> 科舉，純爲尋求精神方面的閒情逸致，著名家族大興宅第。又創設
> 畫樓水榭，文人墨客之雅集常開，或當場揮毫，或交換作品，甚至
> 於有的還從對岸禮聘詩書畫名家前來充當西席。無可諱言地，中部、
> 北部的數處著名豪宅名園的出現，大大地助長了台灣美術文化的發
> 展。〔註6〕

以上所言：美術活動已不侷限於台南一地，而擴及中部、北部，換言之，除
台南、鹿港以外，竹塹與台北也頻頻出現美術活動。另外提及，具備龐大經
濟力量的家族，其中，大家皆知的板橋林家（林本源），曾先後聘謝琯樵、呂
世宜、葉化成爲西席，以下分別敘述：

（一）謝琯樵（1811～1864 年）

　　福建詔安人，能書善畫工金石，解音律亦精武術。可謂文武雙全之才子。
在台前後四年，作品頗豐，對於清代後半期台灣書畫影響頗大。

（二）呂世宜（1784～1876 年）

　　金門人，舉人，曾拜郭尚先爲師，博學多聞，精考據，工書法。日本學者
有人謂清代日治時期，台灣隸書皆屬呂氏風格，可知其對台灣書法界影響之鉅。

（三）葉化成（？）

　　福建海澄人，道光十五年舉人，曾遊於周凱門下，後因周之推薦而任板
橋林家西席，與呂世宜、謝琯樵並稱爲「林家三先生」，書法溫文秀潤與琯樵
截然不同。〔註7〕

　　他們三人對台灣書法界影響不可小覷，關於台灣早期的書學提倡，其
實台灣望族居功厥偉，除了以上所提台灣首富，板橋林本源之外，〔註 8〕

〔註6〕淡江大學文錙藝術中心編：〈台灣先賢書法藝術〉，《翰墨珠林──台灣書法傳
　　　　承展作品集》，頁 15。

〔註7〕「林家三先生」三人事跡見〈台灣先賢書法藝術〉，《翰墨珠林──台灣書法
　　　　傳承展作品集》，頁 16。

〔註8〕名聞中外的板橋林家花園，世人習稱〔林本源宅邸〕，實際上，〔林本源〕所代
　　　　表的是林家來台祖先林應寅所傳之家系，非有其人。板橋林本源家族，祖先爲

之後還有台灣望族，霧峰的林文察（1828～1864）、大龍峒的陳維英（1811～1869），他們是台灣三望族首富。〔註9〕他們提供優渥環境、使流寓儒士們能專心詩書畫的境界中，對臺灣文化藝術帶動，厥功至偉。所以說，帶動台灣的書法發展，清領時期這些秀才、舉人，還有龐大經濟力量的家族，其實功不可沒。這是清領時期台灣的文人社會背景，亦是曹秋圃出生前的時代背景。

二、日治時期（1895～1945 年）

　　日治 50 年，由於受到清朝割讓台灣及日本文化教育統治之影響，使得日治時期的台灣文人心情顯得相當複雜，因當時已無科舉，解決一輩子讀書卻無法以學問仕官的苦悶，最好的方法就是吟詠詩句。曹秋圃就是一個活生生的例子，他曾說：

> 有些學生問我：「老師年輕的時候為什麼不去考個秀才、舉人呢？」
> 我聽了覺得很好笑。日本軍五月登陸台灣，我七月出生，已經不是
> 清朝天，哪還能有什麼科舉呢？〔註10〕

因為他出生的時代是如此，所以，雖然他聰穎過人，三歲能識百字，但終其一生卻無任何高學歷的證明，只能參加詩社來突顯他的才學。當時台灣到處有文人所組成的詩社，相互以文字酬酢，總計日治時期台灣有三百餘個詩社組織，他們在這些詩社的推動下，以中國文字作詩，最直接影響的應該就是書法。因為寫一首好詩，如不能再以一手好字來襯托，似乎要失色不少。〔註11〕曹秋圃是文人，所以從小作詩寫字皆以毛筆呈現，他的字和詩一直為鄉里所讚揚。〔註12〕

　　臺灣文人在殖民初期並未受到壓抑，台灣各方面建設開發非常迅速，治安非常良好，促使許多大陸文人來台，尤其書畫家客寓者激增，例如：區建

大陸漳州龍溪人（今福建省龍溪），清乾隆四十三年（西元 1778 年），林應寅遷台，設籍在台北新莊，筆耕維生。而林家真正發跡一代就是林應寅的兒子——林平侯。參見 http://www.ta-yung.com.tw/gardon-c1.html 瀏覽於 2009.8.22。

〔註9〕 國立歷史博物館編：《台灣早期書畫展圖錄》（台北市，國立歷史博物館，1995年），頁 10。

〔註10〕 沈德傳：〈老書生曹秋圃〉，《雄獅美術》，頁 43。

〔註11〕 淡江大學文錙藝術中心編：〈台灣書法的傳承〉，《翰墨珠林——台灣書法傳承展作品集》，頁 219。

〔註12〕 筆者於 2009 年 7 月 2 日訪談林彥助紀錄。

公（1888～1972 年）、〔註 13〕陳蓁（？）、梁啓超（1873～1929 年）、蘇鏡潭（？）〔註 14〕等。當時台灣與中國的美術交流的頻繁，幾乎超出今人想像的地步，也因此台灣的書法往前邁開了一大步，名家輩出更是空前的熱絡。〔註 15〕在此列舉的日治時代名家如下：鄭鴻猷（1856～1920 年）、鄭貽林（1860～1925 年）、杜逢時（1865～1913 年）、施梅樵（1870～1949 年）等。

　　日本統治期間，一切以日本的歷史為歷史，推行的是日本的文化和教育。但是日本對於中國傳統的人文哲學，卻是非常重視，尤其書法也是日本的文化傳統，在日本所受到的重視，並不亞於中國和台灣，這使得日本的書法風格間接影響了台灣。日下部鳴鶴在清末時期受楊守敬影響，對於六朝碑風之興起貢獻最大，是影響日本近代書壇的泰斗，他的門派主宰日本漢字書壇至今。如山本竟山、澤谷星僑、久保天隨、尾崎秀眞、鷹取岳陽等人及篆刻家足達疇村，都曾與台灣書家文人有所交誼，對台灣書風或多或少有所影響。〔註 16〕

　　臺灣被日本統治之初，臺灣總督府一方面平定抗日游擊隊，另一方面改善衛生及農業生產等。民政局學務部長伊澤修二精通漢學，主張臺灣教育仍以孔孟儒家思想為主，臺灣文人畫在殖民初期並未受到壓抑，日治前期日本文藝界愛好漢學者與在地文人的互動與交流，在當時台灣文藝界尚稱良好。〔註 17〕

　　中國對日宣戰前，民間的中國傳統文化仍持續，為後半期（1927～1945年）。日治時期傳統書家在文化舞台漸行轉移之餘，紛紛出現地方區域性聯盟活動：1928 年臺南地區善化書畫會向全島募集了五百多件古今書畫展出。1929 年八月最具規模的「全島書畫展」由「新竹書畫益精會」主辦，應徵作品八百多件，選出百件加上參考作品五十件，並出版畫冊稱「現代台灣書畫大觀」，黃瀛豹（1906～）編輯，該畫冊今亦成為了解日治時期，當時傳統書畫家風格的重要參考資料。1932 年南瀛新報社主辦全島書畫展覽會於教育

〔註 13〕碑派風格之大量移入，則以廣東區建公為最。其寓臺三載，以長鋒羊毫「逆入之法」傳入清朝碑派書家鄧石如、徐三庚、張裕釗、趙之謙、吳大徵等之篆隸、魏碑。參見崔詠雪：《翰墨春秋——1945 年以前的台灣書法》，頁 37。

〔註 14〕旅台詩人，福建晉江人。光緒 17 年舉人，板橋林家之親戚，與林熊祥為表兄弟，曾任霧峰林家家庭教師。參見《翰墨珠林——台灣書法傳承展作品集》，頁 91。

〔註 15〕淡江大學文錙藝術中心編：〈台灣先賢書法藝術〉，《翰墨珠林——台灣書法傳承展作品集》，頁 18。

〔註 16〕淡江大學文錙藝術中心編：〈台灣書法的傳承〉，《翰墨珠林——台灣書法傳承展作品集》，頁 218。

〔註 17〕崔詠雪：《翰墨春秋——1945 年以前的台灣書法》，頁 25。

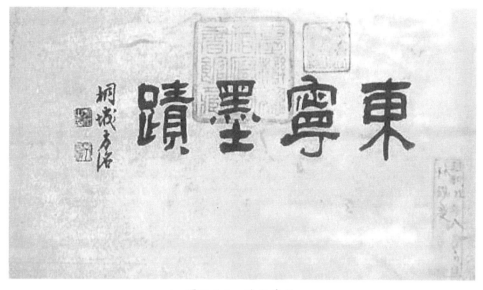

圖 2-1-1：林錫慶編

會館，展覽由北部日籍專家審查，共選出一百多件，加上臺灣收藏家之中日古今名跡，合編「東寧墨蹟」（如圖 2-1-1）。日治中期（1930 年）之後，臺灣社會因爲政策變遷，與大陸之交流受到阻隔，也促使臺灣本土書家開始以自我獨立風格表現。〔註18〕

　　日治時期的台灣是書風與詩文並進的，曹秋圃活躍於詩壇與書壇，主要原因是大時代的影響，18 歲即開始於在桃園龜崙嶺設書房教了一年多的書，且參加詩社。1913 年 19 歲的曹秋圃，有機緣回臺北進入臺灣總督府工作，在財務局稅務課擔任最基層的雇員，雖然是臺灣最高官府中的最低級職員，但也因而認識了在總督府任職的日籍大小官員，尤其總督官房祕書官兼秘書課長三村三平、文書課囑託鷹取岳陽（本名田一郎，1868～1933 年）與通信事務囑託尾崎秀眞（字白水，號古村），20 歲的曹秋圃與日本文人的第一線接觸，了解日本人深厚的漢學修養，他們的漢文、漢詩造詣絕不在曹秋圃的師長輩之下，也開啓了曹秋圃與日籍人士往來的門窗。〔註19〕27 歲又認識台北地方法院通譯官也是篆刻家澤谷星橋，兩人經常詩書往來，另外也因爲詩會的關係，與當時漢學家尾崎秀眞往來密切，由於日本總督的喜好吟詩揮翰，使全台詩人書法家受到空前絕後的禮遇，曹秋圃就是其中一位。曹秋圃曾於

〔註18〕崔詠雪：《翰墨春秋──1945 年以前的台灣書法》，頁 26～27。
〔註19〕李郁周：《書禪厚實曹秋圃》（台北市，雄獅，2002 年），頁 14。

1931 年 8 月寫了「追懷佐久間督憲」（附圖
2-1-2）的詩文書法作品，懷念左久間左馬太，
由此可見曹秋圃和日人之關係。〔註20〕又連
勝彥在《曹容逝世十週年紀念書法展》序文
中提到：

> 時日人蒙先生德化，仰之趨之，從其
> 遊者，不乏名流俊彥，諸如尾崎秀眞、
> 幣原坦氏（1870～1953）、倉岡彥助
> （？）、伊藤猷典、中村喜代三、桑田
> 六郎後藤俊瑞等，皆景仰先生之詩文
> 與書藝，先後延聘親授書法。

又

> 蘆溝橋事變前夕，先生應邀赴日，於
> 頭山滿宅第講學，以儒家聖德、仁道
> 天理，喻以大義，聽者莫不動容。時
> 京都山本竟山、東京杉溪六橋、河井荃
> 盧、足達疇村等諸名家，常與先生斟量
> 書學，皆獲青眼，並佩虛懷。〔註21〕

連勝彥說：「曹秋圃在日治時期先後擔任尾崎
秀眞、幣原坦氏（1870～1953）等人之書法
指導。」可見當時曹秋圃之書法功力並非一
般，才能受到尾崎秀眞等日人的青睞。後曹
秋圃應日人頭山滿之邀，至日本講儒家仁
道，日人尾崎秀眞等漢學大家並時常和他討
論書學，此亦顯現曹秋圃在日治時代和日本

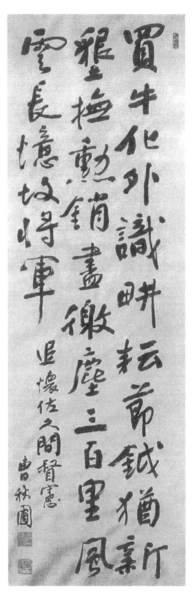

圖 2-1-2：曹秋圃行書

〔註20〕1931 年 8 月台北市古亭莊了覺寺（今南昌路十普寺）舉行第五任總督佐久間
　　　　左馬太逝世十七週年紀念書畫展覽，應邀參展的官民文士包括：山本竟山、
　　　　鷹取岳陽、須賀蓬城、幣原坦、倉岡彥助、久保天隨、魏清德、曹秋圃等人
　　　　的書法石川欽一郎、鄉原古統、王少濤、駱香林、郭雪湖等人畫作。由尾崎
　　　　秀眞編輯成《翰墨因緣》出版。詳見崔詠雪：《翰墨春秋——1945 年以前的台
　　　　灣書法》，頁 213。
〔註21〕《曹容》曹容逝世十週年紀念書法展（台北市，雄獅，2002 年），頁 14。

高層互動良好，這是日治時期的曹秋圃，學識、身分、地位皆令人欽佩、景仰。連勝彥回憶說：「戰後的曹老師非常不適應，經常聽他說：『日本時代我是大學教授，戰後我只是個小學生。』」的感慨。〔註22〕

三、戰後（民國34～）（西元1945～）

戰後的台灣初期，時局動盪，台灣經濟狀況不佳，人民生活困苦，又屬行反攻大陸政策，書法的發展皆配合政策發展，少有個人風格和藝術表現。針對台灣光復之後的50年發展情況，陳其銓在〈光復五十年台灣書法展序〉中將之分為「沉滯」、「復甦」、「重振」、「蓬勃」四個時期。〔註23〕筆者另於蓬勃期加入臺灣美展八十年（1927～2006）的大事年表記載。〔註24〕

（一）沉滯時期（約民國34～40年）（1645～1951年）

台灣光復初期，因物資缺乏，人民生活艱困，書法屬精神生活，人民在生活困頓的狀態是無力發展的。民國38年，政府播遷台灣，雖有中原大批書法人士，成為台灣書壇的主力，但因為政治的因素以及組織社團的限制，且政府的重要措施，皆以民生經濟為主，使得書法的發展呈現停滯狀態。

（二）復甦時期（約民國40～56年）（1951～1967年）

民國40年間，因受日人一句：「貴國30年後，可派人到敝國研習書法。」〔註25〕之刺激，而引起相關當局的注意，才開始有學校的寫字措施。民國46年教育部舉辦以書畫為主的第四屆全國美展，漸漸地基隆書法會（第一個向政府登記有案的民間書法團體）舉辦中日書法展（47年），引起各方矚目。這次展覽，台灣地區應邀展出者，臺籍書家有張李德和（1892～1972年）、曹秋圃、鄭香圃、施雲從、施壽柏、張國珍、魏經龍（1908～）、黃祖等二十餘人。大陸渡台書家有于右任、宗孝忱、馬紹文、陶芸樓、馬壽華、董作賓、王壯為、呂佛庭等也是二十餘人。應徵「臨書組」的得獎人如黃篤生、曾安田、連勝彥等青年，今天正活躍於書壇；「創作組」得獎人也多壯年人，如新竹黃丁炎等。〔註26〕51年夏，台灣省政府成立「台灣省政府同仁書法研究會」，會

〔註22〕筆者2009年7月至清傳商職採訪連勝彥，連勝彥口述。
〔註23〕陳其銓：〈光復五十年台灣書法展序〉，《光復五十年台灣書法展》（台北市，何創時基金會，1995年），頁8。
〔註24〕蕭瓊瑞研究主持：臺灣美展八十年（臺中市，臺灣美術館，2009年），頁29。
〔註25〕陳其銓：《光復五十年台灣書法展》，頁8。
〔註26〕李郁周：〈李普同對中日書法交流的貢獻——從基隆書道會談起〉，《李普同書

員達三百餘人。53 年，中國標準草書研究會正式成立，對于右任先生倡導標準草書精神加以發揚，此期書壇最大的轉變該是大陸渡海來台的書家與台籍書家的互動。當時，大陸來台的書家中，影響較大的應推于右任（1879～1943年），它不僅是當時的黨國大老，擔任監察院院長，更以精湛的書法造詣，很快在台灣掀起于書風潮。他的碑體基礎所融合而成的書法風格，和標準草書的創起，都在台灣的書壇造成相當大的震撼。于右任書法風格之純厚，被喻為當代的第一人，雖然只在台居十餘年，但是對於台灣書法的發展影響甚巨。大陸渡台的書家除了于右任之外，還有吳敬恆（1865～1953 年）、溥心畬（1896～1963 年），以及帶來台灣從所未有的甲骨文書法的董作賓（1895～1963 年），及在金石書法方面頗有成就的高拜石（1901～1969 年）和丁念先（1906～1969年）等。〔註27〕民國 56 年（1967）以後，在中國書法學會的規畫策動下，加強中日書道交流，日人推動書法教育的熱忱，往往為台灣書壇帶來衝擊與省思，如第 22 屆台灣全省美展籌備會將書法正式列入美展項目，對書法寫作和人才的發掘，均具有重大意義，這時的書法可說已全面性的發展，進入復甦階段。〔註28〕

　　這個階段台灣書家中首推出生於 1895 年的曹秋圃，曹秋圃具有獨到書法功力，深受日本書壇及大陸渡台的書家之景仰，在日治時期 1929 年，成立的澹廬書會，光復後，仍扮演著非常重要的角色。另有李普同（1918～1998 年）運用團體的力量與大陸渡台書家相互交流，他投入于右任門下，除了效法于右任的書法風格，更成為當時台邑書家與渡台書家融合的橋樑。〔註29〕

　　1958 年，李普同熱心推動台灣書壇的融合，如成立中國書法學會，把台籍書家與渡台書家聯繫起來，這是非常有意義的工作。由於是台籍書家主辦的活動，能夠看到渡台書家與台籍書家的作品共同展出，可是換成政府機關主導的書法活動或大型展覽，台籍書家便被打壓，幾乎沒有立足的空間。在1970 年前後，除了曹秋圃與魏經龍是省展評審之外，沒有任何台籍書家擔任評審委員或受邀參展，這是台籍書家被封殺在體制外的實況，台籍書家在 1970

　　　法紀念展》（台北市，史博館，1999 年），頁 10。
〔註27〕淡江大學文錙藝術中心編：〈台灣書法的傳承〉，《翰墨珠林──台灣書法傳承展作品集》，頁 221。
〔註28〕陳其銓：《光復五十年台灣書法展》，頁 8。
〔註29〕淡江大學文錙藝術中心編：〈台灣書法的傳承〉，《翰墨珠林──台灣書法傳承展作品集》，頁 222。

年代已從台灣書壇全面引退。曹秋圃常說：「日本時代我的書法地位在『天尾頂』（天上）；台灣光復以後，衰落來『土腳兜』（地上）。」〔註30〕這種感觸，相信大家都可以理解。

（三）重振時期（約民國 57～68 年）（1968～1979 年）

國民政府遷台二十年間，經過生聚教訓的苦難時段，因經濟的復甦轉入突飛猛進，提升了各項經濟建設，也改善了國民生活，由於過分注重物質追求而忽略了精神的發展，也影響了社會風氣日趨頹靡。先總統 蔣公於民國 58年（1969）成立中華文化復興委員會，將文化工作全面推展。〔註31〕其實，此期的書法已經從式微逐漸發展起來，也有許多書家受到重視，像謝宗安（1907～1998 年）、朱玖瑩（1899～1997 年）、臺靜農（1902～1990 年）、王壯爲（1909～1998 年）、馬壽華（1893～1986 年）、程滄波（1903～1989 年）、王靜芝（1916～2002 年）、陳其銓（1917～2003 年）等人都發揮了相當的影響力。〔註32〕歷史悠久的「澹廬書塾」，正式改爲「澹廬書會」以強化組織，對書法的傳承與推廣，有其相當成效。〔註33〕此時的台灣書法已全面發展，進入重振時期。

（四）蓬勃時期（約 69～84 年）（1980～1995 年）

此期的曹秋圃（82 年逝世）如倒吃甘蔗般，雖然已進入 86 歲高齡，但卻備受尊敬與重視，書法事業可說是如日中天。民國 69 年以後，中青代書法家先後崛起，小型書會繼「十人書會」、「八儔書會」、「澹廬書會」之後，有「敢覽齋」、〔註34〕「愼獨軒」、〔註35〕「弘道書藝會」、〔註36〕「中國書學苑」〔註37〕相繼成立。此外尚有「心太平室」、〔註38〕「玄風書道館」，〔註39〕亦爲時重。

〔註30〕李郁周：〈李普同對中日書法交流的貢獻——從基隆書道會談起〉，《李普同書法紀念展》，頁 15。

〔註31〕陳其銓：《光復五十年台灣書法展》，頁 9。

〔註32〕淡江大學文錙藝術中心編：〈台灣書法的傳承〉，《翰墨珠林——台灣書法傳承展作品集》，頁 222。

〔註33〕陳其銓：《光復五十年台灣書法展》，頁 9。

〔註34〕爲謝宗安所創，成員均屬謝氏門人。

〔註35〕爲王愷和所創，成員均屬王氏門人。

〔註36〕爲陳其銓所創，成員均屬陳氏門人。

〔註37〕爲寇培深所創，成員均屬陳氏門人。

〔註38〕爲李普同所創，成員均屬陳氏門人。

〔註39〕爲陳丁奇所創，成員均屬陳氏門人。

以上各類小型書會，均屬前輩書家組成或領導，所有成員，均有相當水準與品質。〔註40〕之後，還有中青代組成的「換鵝書會」、〔註41〕「墨潮書會」、〔註42〕「一德書會」〔註43〕等書會，展覽雅集頻頻，一些公立藝教機構展覽場地檔期，往往排列兩年以上。中國書法教育學會，復於民國69年（1980）公開全國書法教育會議，並有論文發表，對各大學院校研究所以書學寫碩士論文的，有很大的激勵作用。「中國書法教育學會」、「中國書學會」也先後舉辦國際書學研討會，助長書學研究風氣。〔註44〕其中「換鵝書會」的組成分子，大部分成員為「澹廬」弟子，還有「一德書會」為曹秋圃得意門生黃金陵所創。

中國大陸開放後，增強兩岸書法學術交流，內政部頒布新的人民社團登記辦法後，全國性或地區性的書法社團，更如雨後春筍，相繼申請設立。各學會、各縣市、救國團、及文建會等，於每年寒暑假期辦理書法講習會，以培養書法教育師資，加強書法教育的全面推展。各類書法社團及文教基金會也利用各種紀念日舉行揮毫活動。〔註45〕

現今，為順應時代多元文化和社會背景，本應朝著繼續傳統書法的傳揚、開拓新的書法藝術境界、積極推展社區普及風氣發展，繼續書法的傳承。〔註46〕但因為政治因素、經濟因素，以及教育政策的修改，（1946～2006 年）省展因廢省及藝術生態丕變於 60 屆後停辦。2008 首屆「台灣美術雙年展」以嶄新面貌呼應當前藝術生態成為台灣全島性官辦美展的新里程碑，書法這項藝術目前正接受各方面嚴屬的考驗。

〔註40〕陳其銓：《光復五十年台灣書法展》，頁9。
〔註41〕換鵝書會成立於民國63年，成員有連勝彥、黃金陵、曾安田、周澄、蘇天賜、施春茂、謝健輝、陳坤一、陳維德、薛平南、杜忠誥、李郁周、黃宗義、林隆達等 14 位。其中連勝彥、黃金陵、曾安田、謝健輝為曹秋圃得意門生。
〔註42〕成立於 1976 年，是全台灣乃至全中國第一個標舉傳統與現代並蓄的書法協會。
〔註43〕1982 年1 月成立於台北市，指導老師黃金陵，成立之時會員 17 人，黃金陵為曹秋圃得意門生。
〔註44〕陳其銓：《光復五十年台灣書法展》，頁9。
〔註45〕陳其銓：《光復五十年台灣書法展》，頁9。
〔註46〕淡江大學文錙藝術中心編：〈台灣書法的傳承〉，《翰墨珠林——台灣書法傳承展作品集》，頁222。

第二節　曹秋圃的里籍家世

　　曹秋圃（1895～1993）本名淡，後改容，號澹廬、老嫌、菊痴、水如等，字號皆取自韓琦詩句：「莫嫌老圃秋容淡，且看黃花晚節香。」後以字行。曹秋圃原籍福建省漳州府平和縣，先世以太平天國之亂，由福建平和縣播遷來台墾地，父親興漢公始由士林搬至大稻埕經商，曹秋圃在此度過了前半世。戰後遷至淡水河的另一岸三重埔，晚年才移居台北市區。曹秋圃誕生於清光緒 21 年，即民國前 17 年（1895）8 月 22 日，卒於民國 82 年（1993）9 月 9 日，享壽百歲。出生之年適逢中日訂馬關條約，清廷將台灣割讓給日本。根據沈德傳〈老書生曹秋圃〉中記載：

> 日本軍五月登陸台灣，我七月出生，已經不是清朝天……何況那時
> 候滿清正慈禧太后聽政，朝廷內問題重重，國家又動盪不安；加上
> 洪、楊番變亂（即太平天國之亂），搞得天翻地覆，人心惶惶，真的
> 是內憂外患齊至。〔註47〕

所以曹秋圃一生經歷了台灣政局最不穩定、最動盪不安的時代，除了日本長達五十一年之殖民統治，還有台灣光復以後的白色恐怖時期，史稱二二八事件。也許是上蒼眷顧，所以曹秋圃都能安然度過，因而成就了他永垂不朽的書法事業。陳振濂（1956～）說：

> 藝術家之可貴，還是在時代的限制中，能給自己規定出可行的目標，
> 從而進行超越他人的藝術實踐。時代的需要及其所提供的條件，會
> 給藝術家提供充滿創造精神的良好環境。〔註48〕

曹秋圃即是這樣一位令人佩服的人物，在日本殖民統治及台灣光復以後的白色恐怖時期，民心無法安定的時代限制中，他還為自己定出確切的目標，不但不為時代所困，反而因為這樣混亂不安的環境，更加激勵曹秋圃的藝術創作之心，也因此才能成就自己，創造出不朽的書法事業。

一、曹秋圃的家世背景

　　據《曹氏族譜》記載：

> 始祖曹公先是寧化連城縣人氏，第十一世祖師貴公（生於明英宗正
> 統八年，卒於孝宗弘治十八年，1443～1505 年），始遷移漳州平和

〔註47〕沈德傳：〈老書生曹秋圃〉，《雄獅美術》148 期（1983 年），頁 43。
〔註48〕陳振濂：《書法學》，頁 656。

縣梧坑鄉。〔註49〕

另外，據曹秋圃哲嗣曹恕口述，其祖父曹興漢（1841～1917）經營農具買賣，以擇日營生，逐漸累積家產。每年大稻埕霞海城隍廟（1859 年落成）誕辰，必定辦流水席，免費宴請遠近老顧客。〔註50〕在這樣的環境之下，為日後曹秋圃各方面的發展，奠定良好的根基。

由於曹興漢對陰陽易理研究頗深，以致家藏書籍豐厚，曹氏自小耳濡目染，加上天資聰慧，3 歲時即能指讀迪化街上楹聯商號近百字，幼年時期即紮下深厚的漢學基礎，詩、書兼能，因此在當時被譽為「神童」。但由於父親早逝，曹秋圃早歲受自母親的教誨影響更深、更遠。

母親邱端為士林宿儒邱譽次女，茂才邱龍圖姑母，〔註51〕27 歲歸曹興漢，邱氏課子甚嚴，曹秋圃有詩跋「慈母每喜余讀書，見酒輒戒，雖出他鄉，常以諭示。」從邱端的家世來看，父親邱譽及兄長之子邱龍圖皆為鄉里尊崇的讀書人，影響所及，邱氏必以詩禮治家，嘗曰：「家之興替，視在兒孫，使無儋石，若兒孫不廢詩書，未為窮困，彼富有萬鍾，倘後起乏人，亦何益之有。」又「居家之詩書分，為立身之良田，用斯語以垂訓分自可傳。」〔註52〕曹秋圃父親早逝，所以母親肩負起養子之重責大任，母子相依為命，感情至深。所以慈母過世，對曹秋圃而言，頓失依靠，故其依古禮守喪三年。守喪期間，開始專心寫字，往往練到天亮才罷休，勤練詩書為報答親恩。曹秋圃深厚的書道基礎便是此時建立的。孫女曹真記述道：

> 祖父侍母至孝，曾祖母邱氏謝世，經年後，他老人家適從先生處學寫竹，因畫了一幅「竹報平安」的畫，題詩於畫上：「傷心慈母竹，何處問平安，苦雨淒風夜，竿成淚未乾。」此詩充分刻畫出他的一片孝心，令我記得十分清楚。〔註53〕

可見曹秋圃一生立身嚴謹，處世態度積極認真，對書道藝術擇善固執，即來

〔註49〕《曹氏祖譜》，頁 10。
〔註50〕黃淑貞：《曹秋圃書法研究》（中國文化大學研究所美術史組碩士論文，2003.6），頁 116。
〔註51〕邱龍圖秀才（1864～），日治時期畢業於芝山巖國語學校，曾任教於國語學校五年後，又為公學校教師，氣質溫厚，明治三十年（1897）授佩紳章。《台灣列紳傳》（台北，台灣總督府編輯發行，1916 年），頁 52。
〔註52〕邱氏逝世紀念軸文，林述三撰，蔡宜甫書，1926 年。
〔註53〕曹真：〈依於仁，游於藝〉，《時報週刊》第 473 期，頁 136。參考《台北市志》卷九人物志，（台北文獻會 1980 年），頁 96。

自母親的深切的教誨。「傷心慈母竹，何處問平安。」這是人世間的苦楚，有幸成為母子，最後終將一別，當時熟悉的慈母身影如今已消失不見，不知可到何處詢問母親是否安好，只能獨自堅強成長奮鬥，以報親恩。「苦雨淒風夜，竿成淚未乾。」夜闌人靜時刻是最讓人思念的時刻，又遇淒風苦雨，淚水因此如淒風中的苦雨無法停止，筍都以成竿了，淚水都還無法停止，喪親之慟，表露無遺。

　　根據林彥助的敘述：曹師亦從母親過世的這一年開始行善，只要從報紙上看到那兒有貧困人家需要救濟協助，他必親自送達，一直至 92 歲，送善款迷路之後，才由其弟子謝建輝代送，共 60 年。行善之心，令人感動、佩服。

二、曹秋圃的求學過程

　　人稱「神童」的曹秋圃，小時聰穎過人。求學年代雖無法取得功名，但於私塾求學時頗得老師何誥廷、陳作淦、張希袞等先後讚賞。曹秋圃 10 歲進入何誥廷私塾讀書，11 歲曹秋圃進入大稻埕公學校（今太平國小）二年級，這是日本統治台灣初期實施的國民基礎教育，課程中包括修身、習字，臨寫日人玉木享書寫的習字帖。在學校裡對曹秋圃較重要的藝文老師是楊嘯霞與陳作淦兩位先生，以下就其師承分別敘述之。

（一）何承恩（1847～1969 年）

　　字誥廷，號鶴熙，大稻埕中北街人（今迪化街二段）。為日治初期，旅居廈門十年，與鄉中台籍讀書人結社吟詠，以解家國之思。自光緒 31 年（1905），母喪歸台後，以講學維生，四方來學者數十人，包括大稻埕一帶各階層人士，如富商、醫生等。〔註 54〕曹秋圃由其母邱氏帶至學堂，初學三字經。後來何誥廷受基隆當地紳商之聘，轉往基隆教學，期間每逢週六、日回大稻埕，必定召喚曹秋圃前往其住處，曹秋圃的詩書修養即在此時奠基。〔註 55〕何承恩為現代書法家何濟臻之父。

　　曹秋圃 10 歲進入何誥廷私塾讀書，何氏是前清秀才，對曹秋圃認真學習的態度，往往傾囊而授，老師對他的厚愛，曹秋圃感念在心。一直以來，曹秋圃和老師之情感，如同家人般深厚。

〔註 54〕參考《台北市志》卷九人物志，（台北文獻會，1980 年），頁 96。
〔註 55〕參見黃淑真：《曹秋圃書法研究》，頁 14。

（二）陳作淦（～1927.11）

蘆洲鄉大竹圍莊人，世代耕讀，作淦克紹箕裘，讀書為文，授廩生。後移居大稻埕杜厝街經商（今迪化街二段）。日本統治初期，攜眷舉家內渡後，不久返台，以作育英才及詩書自娛，曾教授漢文於公學校。曹秋圃即於公學校就學期間得識陳氏，並向其請益。〔註56〕

（三）張希袞（1845～1939年）

泉州同安人，先祖於乾隆末年定居士林，世以務農為業，後移居大稻埕普願街（中北街之北）。張氏聰明好學，為大龍峒舉人陳維英之姪陳樹藍弟子，為文生員。明治三十三年，曾任大稻埕公學校漢文教師，前後共十年。〔註57〕台灣日日新報有刊登〈為張先生祝壽贊成者多至三百人〉，可見其受當世之人敬重。刊登內容如下：

> 前報所云。為張希袞先生祝壽一事。刻下緣故者。及諸門生。竝地方紳商。贊成者既近三百左右。當此道德日淪之秋。能得多數贊同。可見尊師重道之美風。今尚未全沒。〔註58〕

曹秋圃16歲從公學校畢業後，就到張希袞所在的樹人書院學習，張希袞楷書為顏楷法度，曹秋圃楷書墊基於此。曹秋圃以顏法運轉行草、楷書各體得自於張氏最多。〔註59〕

（四）陳祚年（1864～1928.4年）

原名宗賦，字叔堯，號篇竹，文生員。幼年從父遷臺，居艋舺八甲莊大稻埕。自幼好學，精通經史，生性高逸，不喜仕途，在家設三復書齋，課徒為娛。後返台，與陳作淦、謝尊五（謝長廷祖父）等合組宏道公司，經營不善收業。後又受板橋林朝棟之聘，赴閩督辦製造樟腦，皆不成功。陳氏善詩文對聯，晚年以書法遣興，作品各體兼備，由顏真卿麻姑仙壇記入鍾繇楷隸，行草尤精緻。〔註60〕其中隸意入行草的扁勢書風，曹氏受其影響最大。曹秋圃曾自述：

〔註56〕參見黃淑眞：《曹秋圃書法研究》，頁15。

〔註57〕《台灣列紳傳》（台北，台灣總督府，1916年），頁5～6。

〔註58〕台灣日日新報，1926年11月14日，08本刊。

〔註59〕黃恬昕：《曹秋圃》（台北市，石頭出版，2006年），頁1。

〔註60〕淡江大學文錙藝術中心編：〈台灣書法的傳承〉，《翰墨珠林——台灣書法傳承展作品集》，頁79。

小時候，我記性很好，老師授課，馬上就記住。不管是暗抄（默寫）或活唸（背誦），全都滾瓜爛熟；課文每一篇章都深印心中，絕不怕老師測試；因此，老師對我的關愛也是不同的。有一日，我的課業溫習完畢出外散心在廟埕看到有人奕棋，心生好奇，於是湊近觀望（那時候我的棋步已經走的既穩又好），正巧被老師遇著。他既不罵我也不責備；靠過來捬著我的頭，卻用反語挖苦著說：「某人啊！棋子可要認真研習喲；別日總督府說不定會要一名善奕棋子的高手和總督大人比手；屆時你的棋步下得精到的話，馬上就會被推薦錄用。你就好好研究棋子吧！這可是大好進身之階呀！」老師的話聽在我心裡，我明白；他到底是護愛我、器重我，所以故意說出這樣的話，給我一個機會教育。〔註61〕

曹秋圃和陳祚年感情很好，內心極度感念師恩，曾於台灣日日新報發表〈喜篇竹先生歸台一詩〉，內容如下：

扁舟記泛香精去。相送榕城又五年。契闊情懷蕭一采。倦慵身世柳三眠。孔丘託操曾望魯。樂毅還書每憶燕。畢竟枌榆忘不得。歸來重晤酒杯前。〔註62〕

只要老師離開一陣子之後，曹秋圃就會盼望老師歸來，歸來之後，一定會宴請老師喝一杯的，感情之深厚由此可見。

林彥助回憶其師上課時的情景說：「曹秋圃早期教授學生國學知識亦相當嚴格，每回學生上課時，總會抽背上回教授的課程，如果背錯或者背不好就會罰站在課堂上。」〔註63〕我想這應是曹秋圃感念師恩而有所承續吧！

（五）楊仲佐（1876～1968年）

文化仕紳、詩人。號嘯震，又號網溪，碩儒楊克彰次子。弱冠時，他的詩文即聞名於鄉里。乙未，臺灣失陷，從父內渡，於廈門創辦中學，春風化人；數年後返臺，居臺北加蚋仔莊（今東園區），擔任《臺灣日日新報》筆政，中年數次遊歷大陸，遍訪名山大川，著有《神州筆記》，刊載於報端。戰後，任台北縣文獻委員會委員，自80歲至逝世94歲止。楊氏為日治時期受尊敬的詩壇前輩，由於曾任職公學校，曹氏每以嘯霞夫子稱之。楊仲佐著有《網

〔註61〕沈德傳：〈老書生曹秋圃〉，頁43。此為沈德傳採訪整理資料。

〔註62〕台灣日日新報，1925年1月26日，04曹秋圃，詩壇。

〔註63〕西元2009年7月2日，筆者於澹廬文教基金會採訪林彥助紀錄。

溪詩集》、《古今格言精選》。〔註64〕

　　1919 年，他為避離塵囂，擇於龜崙蘭溪莊，營建雅築（今永和市網溪里），人稱「網溪別墅」。〔註65〕網溪蘭菊聞名全島，《曹秋圃詩書選集》中，有數篇網溪園賞花、吟唱，所留下的詩作，如〈題嘯霞先生網溪叢菊〉：

> 東籬禁耐風雨凄，十月秋花始放齊。報道故山〔註66〕披尺八，矮藤踏遍網溪西。
>
> 挾霜鬥月藐芳曹，瑪瑙盤盂出野蒿，贏得秋容消息好，看花似鯽過江多。〔註67〕

另有〈祝嘯霞先生八秩大慶〉一首，內容如下：

> 仁者宜高壽，非關造物私，欣看蘭菊友，相伴到期頤。〔註68〕

由此可證：曹秋圃與嘯霞先生之互動與深厚情誼。

第三節　曹秋圃的人生際遇、交友情形

　　曹秋圃一生歷練豐富，朋友眾多，人際關係極佳。民國 18 年，先生 35 歲（1929 年），創辦澹廬書會，並任會長。生平第一次書法個展，是由尾崎秀真、連雅堂、魏清德等人聯名向書界推薦。展出作品三百餘件，會上也匯集一群對書法有興趣者成立澹廬書會。日後，不管是北遊日本、南遊台灣本島、西往廈門，或舉辦個展，都受到朋友的盛情款待與支持。筆者將曹秋圃在 52 歲之前稱青壯年時期，此期曹秋圃衝勁十足，各項經歷亦豐沛，在書道上更是日見精進，是屬於書法融通醞釀期，也因為 52 歲第二次世界大戰結束，曹秋圃自日返台，可清楚作一分界點。52 歲至 80 歲之間稱中老年期，此期則屬書法風格形成期。81 歲至 100 歲稱之為晚年時期，此期為書法生命之傳承延續期，以下就此分別敘述之。

〔註64〕淡江大學文錙藝術中心編：〈台灣書法的傳承〉，《翰墨珠林──台灣書法傳承展作品集》，頁 206～207。

〔註65〕淡江大學文錙藝術中心編：〈台灣書法的傳承〉，頁 206～207。網溪別墅在今永和市博愛街，目前仍保存完整，並於 1991 年成立「楊三郎美術館」（楊仲佐之子為著名畫家楊三郎）。

〔註66〕參見曹秋圃：《曹秋圃詩書選集》，頁 212。註：故山望蜀名纖維種。

〔註67〕曹秋圃：《曹秋圃詩書選集》，頁 212。

〔註68〕曹秋圃：《曹秋圃詩書選集》，頁 248。

一、青壯年時期（18歲～52歲）（1912～1946年）

青年時期的曹秋圃，剛開始是活躍於詩壇，至成立澹廬書會之後，他成功的由詩壇轉向書壇。青壯年時期亦為其書道藝術之醞釀期，所謂「行萬里路，勝讀萬卷書」。曹秋圃亦於此期，三次北遊日本、暢遊台灣、飽覽山川、三次西遊廈門、因此而結識各地名流。以下分別敘述之：

（一）由詩壇建立書道根基

曹秋圃從小天資聰穎，又受到楊仲佐等詩人老師極深的影響，日治時期又常與日人交遊吟詩，所以曹秋圃是因為詩學涵養深厚，先得利於詩壇，而後才進入書壇的。

曹秋圃的漢學基礎在何誥廷、陳作淦與張希袞三位前輩指導之下，已有相當根基，當時日本公學校教育雖已貫徹，但一般士紳階級仍延請漢學老師至家中所設私塾教學，研讀儒家倫理道德規範，如《四書》《五經》，初級《幼學瓊林》與《秋水軒尺牘》等書信應用文體，奠定紮實的國學基礎。

曹秋圃18歲，接受桃園名紳黃其祥之邀，在桃園龜崙嶺設館授徒教授漢文、《四書》《五經》。他曾自述：「厝裏做的成啥生意！（曹父經營一家糊燈籠的民藝小店，僅夠維持一家生計）我必須及早為自己設想。」〔註69〕他還很謙虛的說，當時他的學識淺薄，都是因為教學相長的關係，他的學問才能與日增長。他說：

> 在我教學時，常會有學生要求教授一些內容較深的文章，而那些文章咱以前又沒讀到，那麼能在學生面前說：「老師也沒讀過，你們自己看嗎？」當然不行，那就太漏氣了。因此，這類文章我都必須事前研習熟讀，作充分的準備，然後站在講台上傳授給他們。〔註70〕

由此，我們可以看出曹秋圃獨立自主的個性，及為人師表謙虛、認真、負責的態度。弟子黃金陵說：「曹老師作學問是很紮實的。」〔註71〕

19歲進入總督府財務局稅務課任雇員，日人尾崎秀真、鷹取岳陽等人，即在此時相識。辭去總督府雇員之後，曾先後在桃園塔寮坑及台北橋旁授塾教授漢文、書法。青年時期的曹秋圃也是一位詩人，在20歲左右，他的

〔註69〕沈德傳：〈老書生曹秋圃〉，頁43。
〔註70〕沈德傳：〈老書生曹秋圃〉，頁43～44。
〔註71〕筆者於2009年6月22日，電話訪問黃金陵內容。

詩就已經寫得相當出色了。他說：「少年時候，眞是年少志高，自以爲萬能，什麼都行，什麼都想一試。詩就是那個時候在指南宮學的。」〔註72〕當然，這是他自謙的說法。曹秋圃以「神童」的資質，學詩當然只要經過人家面授要訣，一點破，當場即能賦詩，所以就成爲早期瀛社的一名社員。曹秋圃青年時期以詩聞名，與詩友往來頻繁，尾崎先生爲當時名士，挹揚文藝不遺餘力，曾多次鼓動各界資助藝文活動，如發起曹秋圃作品發表會，並鼓勵曹氏往日本內地發展。

　　22 歲時與元配藍隨（1897～1933）女士結婚，台北內湖人，育有三男三女。23 歲父親去世後，曾在如記茶行、東亞藥局做過帳房。25 歲左右，再向陳祚年請益，陳氏是前清秀才，善詩文對聯，書法則各體兼備，草書最精，其中隸意入行草的扁勢書風影響曹氏最明顯。27 歲時，認識台北地方法院通譯官也是篆刻家澤谷星橋。日人尾崎、澤谷兩位前輩的學養，是曹秋圃文字學與書畫古董知識的良師益友。日本統治台灣期間，總督府常常以詩會宴請日台文士，籠絡台人；這些文士要有漢學詩文的修養，才華造詣若不在時人之上，不可能被列入邀請名單的。30 歲的曹秋圃能夠應邀參加總督官邸的詩酒之會，自非泛泛之輩。〔註73〕

　　32 歲這年秋天，母親逝世，守喪期間，開始專心寫字，往往練到天明。他自己經常回憶最初練字的辛苦經驗。他說：

> 練字說來眞是辛苦囉！經常從入夜寫到天明，寫得指尖出血作
> 繭……。我們那時書寫練習的工具和材料，都是因陋就簡，……小
> 楷字是買帳簿紙來練習，……大字是用大人不要用的壞筆頭、沾水，
> 在磨平的石磚上練習。〔註74〕

曹秋圃守喪三年，苦練三年。姚儀敏在〈正筆正心的百齡書法家曹秋圃〉中將曹秋圃的好學情形，和寫蕉葉的唐代大書法家懷素相比擬。〔註75〕34 歲那年，草書獲得台南善化書道會之全島書畫展第六名，行書獲日本東京戊辰書道會第一回展佳作。這時「台灣美術展覽會」（1927～1936）年，正如火如荼地進行中，共歷時十年，曹秋圃也藉此機會，正式而且成功的由詩壇轉向書壇。

〔註72〕沈德傳：〈老書生曹秋圃〉，頁44。
〔註73〕李郁周：《書禪厚實曹秋圃》（台北，雄獅叢書，2002年），頁20。
〔註74〕沈德傳：〈老書生曹秋圃〉，頁44。
〔註75〕姚儀敏：〈正筆正心的百齡書法家曹秋圃〉，《中央月刊》，26卷7期（1993年7月），頁90。

（二）成立澹廬書會

　　1929 年 1 月，曹秋圃 35 歲，由尾崎秀眞、連雅堂、魏清德、劉克明、大津鶴嶺等人紛紛聯名向書界推薦，第一次個展於台北博物館，〔註76〕展出草、行、隸作品共三百餘件，此次個展逐漸奠定他在台灣書壇的地位。因此，於展覽會上匯集了對書法有興趣的人士，成立澹廬書會，就澹廬書房的學生中，選拔對書法有興趣者組成書會，會員包括郭介甫、許禮培、連曼生、陳春松、劉澤生、闕山寺、何濟漆、周清流、林賜福與高賜義等十餘人，這是台籍書人創辦的師門書會。

　　澹廬書會的聚會場所在澹廬書房，每次上課先上漢文，課程結束之後，師生拿出各自的書法作品，先讀所寫的詩文內容，再指點書寫的要領與優劣之處，彼此互相觀摩、切磋成長，並定期舉辦展覽。

（三）三次北遊日本

1、第一次旅日（1930 年 9 月～12 月）

　　曹秋圃曾旅遊日本三次，1930 年 9 月是首次，曹秋圃 35 歲，受到尾崎秀眞、羅秀惠等文友鼓勵，載筆遊歷日本京都、東京等地。9 月先拜訪京都山本竟山（1863～1934），並向他求得一副以張遷碑風格書寫的隸書對聯：「書有別才歸雅正，字無俗體愛來禽。」落款為「老嫌先生正之，竟山由定。」（如附圖2-3-1）竟山為日下部鳴鶴弟子，書法理論與創作皆稱一流。〔註77〕10 月由木下雅樂磨式介紹，入大本教修行，包括參拜大八洲神社。11 月入選日本泰東書道院第 1 回展，12 月由山本竟山、三村三平、鷹取岳陽等「京都台灣會」的成員，為曹秋圃發起書法展售會傳單（如附圖 2-3-2），另於三村三平故鄉日本福井（越前）揮毫應索。此行除飽覽日本風光，又會見文友山本竟山、鷹取岳陽、足達疇村等。足達疇村 16 歲即有篆刻作品傳世，篆刻技法樸實無華，頗追石鼓風貌，「秋圃長生」、「澹廬」、「書道禪」、「秋圃」、「神遊」等印，是足達疇村為曹秋圃所刻。此次旅遊詩作亦豐富，如〈扶桑途次即景〉9 首、〈京都（洛陽）雜詠〉18 首等，常見於書法作品中，盤桓數月，於 12 月 24 日回台，可謂滿載而歸。

〔註76〕黃恬昕：《曹秋圃》，頁 2。

〔註77〕山本竟山為日本旅台書法家，師事神谷簡齋、日下部鳴鶴。1902 年經羅振玉之薦，至湖北拜訪書學泰斗楊守敬。隔年，寄居楊守敬邸，觀賞楊氏收藏之金石書畫。參見淡江大學文錙藝術中心編：〈台灣書法的傳承〉，《翰墨珠林——台灣書法傳承展作品集》，頁 183。

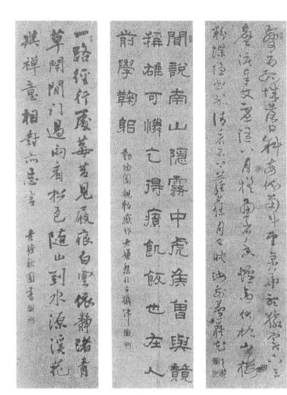

圖 2-3-1：山本竟山隸書　　　　　圖 2-3-2：曹秋圃第一次旅日書法展傳單

2、第二次旅日（1936 年 4 月～9 月）

　　曹秋圃 42 歲遊歷日本北九州，7 月於日本北九州小倉圓應寺舉行個展 3 天，列名推薦的人士有 6 個市的市長、13 位中等學校的校長、6 位辯護士（律師）、8 位醫學博士、12 位醫院院長、還有企業家、議長、議員等共 70 餘人，可謂名聞遐邇，這次展出作品潤例與 1933 年在台灣的相比，提高一倍。〔註 78〕

　　後聞長女睢睢病亡（18 歲），作〈客中哭女〉詩，〔註 79〕9 月初歸台。歸台之後，即擔任以台北帝國大學總長（校長）弊原坦為會長，林熊祥為副會長的台灣書道協會所舉辦的第一囘（日本）全國書道展覽，評審委員 17 人中只有曹秋圃是台籍人士，〔註 80〕筆者認為這是曹秋圃書法志業的一大轉捩點，因為日本統治台灣時期，書法活動幾乎都是日人主導，台人書法家的表現受到日人青睞，實屬不易。所以，此次的評審委員資格，對曹秋圃而言，

〔註 78〕李郁周：《書禪厚實曹秋圃》，頁 68～69。

〔註 79〕參見曹秋圃：《曹秋圃詩書選集》，頁 237。

〔註 80〕李郁周：《書禪厚實曹秋圃》，頁 69。

具有相當大的鼓勵作用，致使曹秋圃信心大增的繼續發展書法志業。

3、第三次旅日（1940 秋～1946 年 3 月）

1940 年秋天，受日本頭山滿（1855～1944）之邀，任頭山私塾書法講師，兼任大藏省書道振成會講師，除了指導書法外，有時也講解漢詩的作法，教導日本人寫漢詩。寓居東京 6 年，曹秋圃（46 歲）蓄積實力等待機會，拜訪篆刻家足達疇村等。另外，杉溪六橋亦為其寫書法潤例，價位是 1938 年在台灣的兩倍多，敦請東京政、法、商、學、醫各界知名之士，頭山滿等共 50 餘人，共同連署推薦（如附圖 2-3-3）。

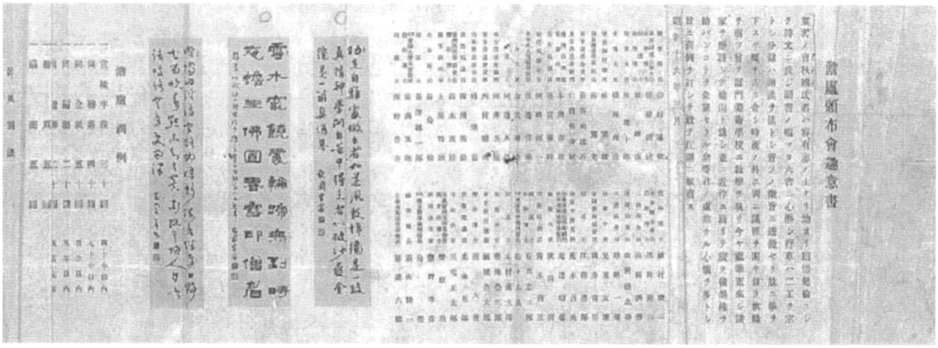

圖 2-3-3：曹秋圃第 3 次旅日書法展潤利傳單

1941 年 4 月於藤原楚水主編的日本書法雜誌《書苑》月刊，刊出曹秋圃的〈禮器碑評〉短文，由此可以推測曹秋圃受到當時日本書壇的重視，不可言喻。在這 6 年期間，除了外出授課之外，還時常與書法界人士往來，如河井荃廬、尾崎秀眞等，並於 1944 年日記中記載「河井先生贈送曹秋圃三希堂藏名家題跋冊印本，勉余臨漢隸《衡方碑》《西狹頌》，後又贈《黃龍碑》。」〔註81〕

1944 年 5 月，曹秋圃臨完懷素《自敘帖》，始臨隋代楷書名作《龍藏寺碑》。另外，日記亦紀錄「迴腕法」的練習情形，「數日來於郊苑散步中，以杖代筆行執筆法，頗有得也（每日五百回環）。」12 月，曹秋圃寫信給頭山泉（頭山滿之子）、河井荃廬等數人，自覺筆勢宏大，頗有大陸五嶽大河氣概，這是曹秋圃夢寐以求的最高境界。〔註82〕

〔註81〕李郁周：《書禪厚實曹秋圃》，頁 85。《西狹頌》又名《李翕碑》《惠安西表》，俗稱《黃龍碑》。

〔註82〕黃淑貞：《曹秋圃書法研究》，頁 266～267。

至第二次世界大戰，河井被炸身亡，1945 年（52 歲）5 月東京居所被炸毀，於 1946 年 3 月，其女娟娟日本東京成德女子商業學校畢業之後，才離日返台。

（四）暢遊台灣，飽覽山川

1924 年底，宜蘭縣鐵路完工後，往東部後山的交通便利，曹秋圃於 1931 年曾往花蓮、太魯閣及台東地區。1933 年往宜蘭、羅東、蘇澳、頭城等地。1937 年再往宜蘭及 1938 年往花東等地重遊，行程包括：開辦個展及書法演講，並有豐富詩作，除了唱和詩外，還有記遊詩如〈太魯閣雜詠〉等。曹秋圃於 1931 年東遊花蓮、太魯閣及台東地區，驚見花蓮太魯閣峽谷，鬼斧神工與造化神奇，心胸豁然開朗，書法風格也因此改變，如山川之開合跌宕氣勢，書友編輯室在〈台灣當代書法名家曹秋圃〉一文中敘述道：

> 讀萬卷書，行萬里路，探奧尋幽，窮造化之浩瀚，陶然韻真，通物
> 理郁文采，東台名勝峻極登登，氣聳霄漢，勢吞汪洋，麗景萬千，
> 至此以拓心域，飄渺如天馬行空，寄於詩即寶劍光寒，百篇可就，
> 仙逸如野鵑翻雲，神鋒迅疾，以先生之修持真如天人交會，奮雷墜
> 石，鳳舞蛟騰，情已洋溢於東台，太魯閣諸詩書作矣。〔註83〕

大自然可開闊人們的胸襟，滌盡人們世俗之氣。尤其是太魯閣峽谷山川之美，如奮雷墜石、鳳舞蛟騰、氣聳霄漢、勢吞汪洋。難怪乎曹秋圃驚見於此，改變於此。

（五）三次西遊廈門（1934、1935、1940 年）

1934 年 11 月 15 日（停留 3 週），由廈門美專黃燧弼等共同發起作品發表會於台灣公館會 3 樓。

1935 年 1 月至 3 月赴廈門，舉辦第二次個展於廈門通俗教育館，兩次個展改變了廈門人「台灣蟳無膏」的想法，當時《全閩報》、《台灣日日新報》、《新民報》等都有報導。〔註84〕這年 4 月曹秋圃 41 歲，任私立廈門美術專科學校書法教授。因為曹秋圃一心為書法事業奔波，常年不在家中，元配藍隨不幸於 1933 年（曹秋圃 39 歲）逝世，家中幼兒須有人照顧，由日人尾崎秀真、廈門美專創辦人黃燧弼作媒，陳韻卿（艋舺人）與曹秋圃結為連理。陳

〔註83〕書友編輯室：〈台灣當代書法名家曹秋圃〉，《書友》71 期（1993 年 1 月），頁 10。
〔註84〕黃恬昕：《曹秋圃》，頁 2。

氏爲知書達禮之人，兩人情感令人羨慕。但因曹秋圃書法事業正如日中天，因此所有家務全落在陳氏一人肩上，身爲六個孩子的後母更加難爲！曹秋圃的長女睢睢，自小體弱多病，竟於陳氏嫁曹秋圃的隔年去世，使得陳氏心力交瘁，不幸於適曹第三年（1938 年）謝世。同年，曹秋圃再娶謝秀爲第二繼室，白頭到老。

1940 年 1 月《台灣日日新報》於廈門辦理書道獎勵會，曹秋圃被推薦爲書道使，2 月廈門市政府舉辦書法比賽，聘請曹秋圃爲審查委員。接著中國廈門青年會爲觀賞曹秋圃臨場揮毫的氣勢，在廈門第四小學禮堂舉行書法講習會，報名者相當踴躍。

（六）結識名流

曹秋圃青壯年時期，廣結善緣。往來中國、日本、台灣等地，結識了三地的藝文人士、宗教界人士及相關人物，朋友之多、交際之廣，泛泛之輩難與之相較。

1. 詩人

年輕時代的曹秋圃就已是南北皆知的詩人，所以因詩而結識的朋友，遍布各地。除了日人尾崎秀眞和鷹取岳陽等人外，還包括台南舉人羅秀惠、史學家連雅堂、埔里名士施雲梯兄弟、嘉義詩書名家蘇友讓、鴉社張李德和。另外，還有台中、豐原、彰化及花蓮等地的詩人。

2. 藝文人士

1934～1935 年兩年間，曹秋圃經常往返台灣與廈門兩地，結識廈門美專書畫家及當地藝文人士，如美專校長黃燧弼、國畫家王逸雲、文學家謝雲聲、報界蘇眇公等。曹氏與書畫古董收藏家的往來頻繁，故亦擅長鑑賞。台灣早期書畫名家作品如呂世宜、摯友尾崎秀眞亦富藏書畫名作，曹秋圃本人亦富有收藏，收藏品包括晚明、清初及近代書畫名家作品和文玩超過 30 件，這些都是曹秋圃書法臨摹與創作的良師。曹秋圃對文藝活動參與十分熱烈，又與楊三郎、林錦鴻、呂鐵、郭雪湖、陳敬輝籌組「六硯會」，目的爲建立一所現代美術館，可惜並未實現理想！

3. 書畫團體

1936 年曹秋圃開始擔任各項重大展賽評審職務，與書畫團體多所接觸，如台灣書道協會（1936 年）以台北帝國大學總長幣原坦爲會長、林熊祥爲副

會長，評審委員 17 人中只有曹秋圃是台籍人士。台灣書道會（1938年），評審委員 24 位，多為各師範學校、中等學校教師，尾崎秀真、曹秋圃為知名人士。基隆東壁書道會（1939 年舉辦第一回全國書畫展）展覽會聘請曹秋圃、張純甫、村上英夫、尾崎秀真為審查員。1940 年 5 月，基隆東壁書道會改組為基隆書道會，舉顏滄海為會長，李普同（1918～1998 年）、林耀西（1911～）、林成基為主要工作人員，聘曹秋圃為顧問。1970 年，曹秋圃曾有專函致台灣省政教育廳長潘振求，推薦李普同擔任第 25屆審查委員，〔註85〕事雖未成，但情感之深厚可因而見之。

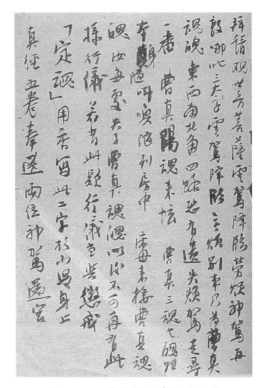

圖 2-3-4：曹秋圃所寫驅病之符

4. 宗教界

　　曹秋圃因為身體的關係，一輩子與宗教保持相當密切的關係，據其弟子林彥助述，曹秋圃自幼領悟力極高，卻體弱多病，曹秋圃十來歲即接受方外嘉來法師指導吐納呼吸法，後又從一德禪師、覺淨上人、凌雲寺本圓上人等論經談道；36 歲遊日本，曾入大本教修行，得識教主王仁三郎，王仁三郎寫了「書聖師」三個字送給他。後來，再隨慈悲派任旭公修行（1939 年左右）。〔註86〕道教影響了曹秋圃一輩子，所以他參與廟宇的興建與事務相當熱絡。〔註87〕對於道教教意義深入研究，除了修身養氣之外，還學了驅病的「符」（如附圖 2-3-4），這是曹秋圃為其孫女曹真小時候生病所寫的符，希望他早日康復，從此可見其對道教的信任程度，並非一般。佛教則晚年影響較深，弟

〔註85〕　李郁周：《書禪厚實曹秋圃》，頁 125。

〔註86〕　筆者於 2009 年 7 月 2 日於澹盧文教基金會訪談紀錄。

〔註87〕　連勝彥說：「三重先嗇宮每年神農大帝生日，曹秋圃皆擔任糾儀官一職，為先嗇宮顧問。」當時曹秋圃的想法已相當先進，主張不燒金紙，但因個人力量抵不過眾多信徒，並未成功。筆者於 2009 年 7 月 18 日訪談紀錄。

子林彥助說：「曹老師 90 歲以後開始吃齋、唸佛。」〔註88〕

綜上所述：因為曹秋圃個人的努力及各界人士的幫助與刺激，成就了曹秋圃的書道志業。

二、中老年時期（52 歲～81 歲）（1946～1975 年）

曹秋圃因三女娟娟學業的關係，於民國 35 年（1946 年）年台灣戰後回台，然而此時的環境，已大不同於日本統治時期。民國 38 年國民政府迫遷來台，大批中原人士掌握了一切。藝文活動幾乎由大陸渡台書家主導，本土台灣書家僅有張李德和、林熊祥、曹秋圃、李普同等人。起初因言語不通，中原人士與本土書家產生隔閡，而後經歷了十幾年的時間，至民國 47 年（1958 年），基隆書法研究會盛大舉辦了第一屆中日文化交流展才開始改變。曹秋圃等台籍人士與中國渡台文人于右任、王壯為、馬紹文等較頻繁接觸之後，曹秋圃漸漸活躍起來。以下參考李郁周《書禪厚實曹秋圃》一書，〔註89〕將中老年分為二期：

（一）從國文教師到書法傳授（1946～1965 年）

1946 年 9 月曹秋圃應臺灣省立臺北建國中學校長陳文彬之聘，任國文科教師。1947 年 2 月台灣發生「二二八事件」，建國中學校長陳文彬因故辭職到北京，孫嘉時接任校長。8 月續聘曹秋圃為國文教師聘期兩年。

1948 年 2 月，曹秋圃受聘為建國中學校內書法指導委員會主任委員，指導有書法興趣、有書法發展潛力的學生。6 月曹秋圃辭去建國中學國文教席，接受臺灣省通志館館長林獻堂的禮聘，轉任通志館顧問委員會顧問。1949 年曹秋圃從臺北市遷到三重市福德南路自建平房居住，栽花、種菜自得其樂。日治時期曹秋圃初設書房時，以教授漢文為主，書法為輔，創立「澹廬書會」後，以文與書法並重。設專修塾時，則以書法為主，漢詩、漢文為輔，並時常隨機指導做人做事的道理，師生有如父子般的親近。

（二）赴日訪問與澹廬書會的書法年展活動（1966～1975 年）

早在 1930 年代，澹廬弟子即在日本或臺灣舉辦的書畫展中嶄露頭角。1966 年 11 月，應日本教育書道聯盟之邀，曹秋圃任第二屆書法訪日代表團代表赴日訪問，72 歲的曹秋圃第一次搭飛機，此次停留三個月，分別於東京及福岡

〔註88〕筆者於 2009 年 7 月 2 日於澹廬文教基金會訪談紀錄。
〔註89〕李郁周：《書禪厚實曹秋圃》，頁 93～96。

舉辦書法展。獲日華書畫協會顧問大平竹八郎具名撰寫展覽推薦文，其中有一段話如下：

> 曹秋圃先生雖在七十有三高齡，猶矍鑠逾常，能以書道通禪道，創太極圈執筆法，奠定學書基礎，得其法者，凡書之構造技術而外，體格與品格兼進。今視其精神，知非深得於斯道者，不能有如是之表現也。〔註90〕

這是對曹秋圃最真誠的讚美，2月18日東京人士，又為曹秋圃舉行歡送會，場面十分盛大。但與1941年相比，已不可同日而語，因日本前輩書家早已不在人世。

　　關於書會的交流活動，列舉詩作證明之，1962年9月教師節，中國書法學會應中日文化交流活動而成立，作〈喜中國書法學會成立〉：

> 發揚國粹競朝曦，數典寧忘尚藝時；紙貴洛陽應有待，莫教毛穎自看卑。〔註91〕

1965年作〈乙巳年基隆書初會賦示諸子〉成詩三首：

> 筆陣祥光藹，關門霸氣凌，他時秦漢壘，問訊孰先登。
> 光風開筆陣，意氣壓春雲，橫掃他年事，先鏖此日軍。
> 進度推陳已出新，魏碑晉帖有傳人，龍蛇飛舞春風裏，顛素莊虞見本真。〔註92〕

1968年作〈基隆書道研究會歡迎標準草書訪華團宴會席上揮毫口占〉：

> 春風風雅會，筆底競千花；度索扶桑客，原來是一家。〔註93〕

1969年月，澹廬書會成立四十週年，於臺北市中華路國軍文藝活動中心，舉辦第一屆澹廬師生一門展，這次展覽特別邀請馬壽華書寫介紹內容以示慎重，曹秋圃心中自有一番欣慰，作〈己酉秋澹廬一門展席上賦詩此誌喜〉：

> 左海鴻鈞一氣生，筆風墨雨乍陰晴；年來書道隤唐甚，喜見千軍出管城。〔註94〕

此後每年九月例行展出，曹秋圃提攜後進的心意使人敬佩。

　　1971年日本書家松本芳翠（1893～1971年）創立書海社五十週年，歷史

〔註90〕李郁周：《書禪厚實曹秋圃》，頁118。
〔註91〕黃淑貞：《曹秋圃書法研究》，頁135。
〔註92〕《澹廬詩草初稿二集》手抄本，1962～1964。
〔註93〕黃淑貞：《曹秋圃書法研究》，頁137。
〔註94〕李郁周：《書禪厚實曹秋圃》，頁127。

博物館舉辦中日書法聯合展覽，臺灣地區受邀的書法家中，只有曹秋圃、林熊祥、李普同為台籍，其餘 61 人皆為大陸渡台書人，大陸書家獨占書壇不言可喻。

1974 年 8 月，第 29 屆臺灣省美展聘曹秋圃為評議委員（至 1988 年第 43屆，共 15 次），國立歷史博物館也在此時為曹秋圃舉行 80 回顧展，這個展出對曹秋圃的書道藝術是一大肯定。

日本戰前即成立的「書海社」，於 1971 年來台展出，此次展出作品水準高且整齊，十分受到矚目，而該社會長松本芳翠卻於會員來台展出前不久逝世，消息傳來，最使曹氏愴然，作輓聯：

> 作客扶桑憶最真，揮毫瀟灑出群倫；同年屈指無多輩，靈耗傳來倍愴神。〔註95〕

從以上詩作中可以看出：曹秋圃不僅是一位愛護學子的良師，亦是位情感豐厚的益友，並且是一位深具國際觀的書法家。

三、晚年時期（82 歲～99 歲）（1976～1993 年）

晚年的曹秋圃還是開心的忙碌於書道志業，且不遺餘力的提攜後進。由以下詩作證明之，1981 黃金陵獲中山文藝獎，作〈題祝金陵賢隸 70 年中山文藝獎行、草、隸、篆獨占鰲頭〉：

> 臨池默默廿春秋，放筆超然莫與作，此日中山多體獎，鹿江書藝壯濤頭。〔註96〕

1985 年〈戊戌 11 月中日文化交流書法展感作〉：

> 字表人間相，筆開國際華；奔雷看滔墨，四壁跳龍蛇。〔註97〕

1992 年 11 月，台灣省美術館（今國立台灣美術館）提前兩年舉辦「曹秋圃百齡書法回顧展」，展出六週，並出版專輯。1993 年 4 月，歷史博物館亦提前舉行「曹秋圃百齡書法回顧展」，史博館共舉辦過曹秋圃八秩、九秩、百齡三次回顧展。李普同亦於 1993 年 7 月撰寫〈曹秋圃先生的書學歷程與貢獻〉發表於歷史博物館季刊第三卷第三期。1993 年 9 月 9 日，曹秋圃在家屬與門生的低聲誦佛號下，安詳的往生，長眠於台北縣觀音山東麓墓園。〔註98〕

〔註95〕曹秋圃：《曹秋圃詩書選集》，頁 94。
〔註96〕曹秋圃：《曹秋圃詩書選集》，頁 257。
〔註97〕曹秋圃：《曹秋圃詩書選集》，頁 94。
〔註98〕李郁周：《書禪厚實曹秋圃》，頁 149。

　　曹秋圃活了近一百年，橫跨兩個世紀，從事書道創作與書道教育超過七十年，如此對書道藝術執著、犧牲、奉獻的書法家，應是「前無古人，後無來者」。在這期間他留下極爲豐富的作品與行跡，弟子亦遍布台灣各地，他是臺灣書道藝術的堅持者，一生爲書道藝術盡心盡力，做爲欣賞或研究的對象，其價值是永續的。

第四節　曹秋圃的書學論著與書法作品

　　曹秋圃所處的時代，正是大動盪的時代，時代賦予他責任，同時賦予他機遇；歷史使他受盡了煎熬痛苦，同時也使他得到崇高的洗禮。他在書法藝術上的成就，早已是無可取代，本節將針對其傳世書論部分：〈禮器碑評〉、〔註99〕〈金石文字〉、〔註100〕〈書道之我見〉、〔註101〕〈澹廬詩選〉。〔註102〕書法部分《澹廬書法集》、〔註103〕《曹秋圃書法集》、〔註104〕《曹秋圃》、〔註105〕《曹秋圃詩書選集》、〔註106〕《曹秋圃百齡書法回顧展》、〔註107〕《曹容》，〔註108〕逐一敘述之：

一、書學論著

　　曹秋圃寫了一輩子的書法，將其心得發表於期刊雜誌上，共有以下四篇：

（一）〈禮器碑評〉

　　1941年4月曹秋圃47歲，發表於日本《書苑》書法雜誌月刊第五卷第四期，此期月刊以漢代《禮器碑》爲探討特輯，共有三篇專論、二十七篇短文，除了曹秋圃的〈禮器碑評〉以漢文書寫外，其餘都是日文。〔註109〕〈禮器碑

〔註99〕　〈禮器碑評〉，《書苑》，第五卷第四期（1941年4月）。
〔註100〕〈金石文字〉，《臺灣省通志館館刊》創刊號（1948年10月）。
〔註101〕〈書道之我見〉，《書畫家》，第二卷第三期（1978年10月）。
〔註102〕〈澹廬詩選〉錄於《曹秋圃詩書選集》（台北縣，澹廬書會，1983年）。
〔註103〕《澹廬書法集》（台北縣，澹廬書法專修塾出版，1971年）。
〔註104〕《曹秋圃書法集》（八秩）（台北縣，澹廬書會出版，1977年）。
〔註105〕《曹秋圃詩書選集》（台北縣，澹廬書會行，1983年）。
〔註106〕《曹秋圃百齡書法回顧展》（台中市，臺灣省立美術館，1992年）。
〔註107〕《曹秋圃》（台北市，何創時基金會出版，1997年）。
〔註108〕《曹容》曹容逝世十週年紀念書法展作品集（台北縣，中華澹廬書會出版，2003年）。
〔註109〕《書禪厚實曹秋圃》，82頁。

評〉短文內容如下：

> 夫隸體固多以古拙之筆致出之，此《禮器碑》筆畫起止處如斬銅截
> 鐵，而於古茂中時露峻穎之氣，尤爲可貴。至其波磔鋒利如同作楷，
> 其輕提重捺處不難尋繹。然漢碑結字大都由篆而來，渾樸靜遠取重
> 乎神，結體易入，取神獨難。讀漢碑知結體以樸拙爲主眼，入手處
> 悟得入，一得永得。而神氣所在，帖帖不同，求得神與古會，則已
> 超於象外矣。《禮器碑》爲漢碑中逸品，特以其俊逸之氣多，學之者
> 每易流於輕，故善對臨池者，未嘗不擱筆三歎，顧漢碑之難學有如
> 此。〔註110〕

根據上文內容可得知：曹秋圃身爲隸體大家，不是沒有原因的，對《禮器碑》的評論有相當深刻的體悟，得知「其俊逸之氣多，學之者每易流於輕」，這是親自臨寫過《禮器碑》的人都有的經驗，常將《禮器碑》臨得細瘦而無力。而曹秋圃強調「筆畫起止處如斬銅截鐵」，清楚的告知讀者，筆畫雖細瘦，卻該筆筆如斬銅截鐵那樣的勁道十足，樸拙古茂，的確是相當不容易的。漢碑結字大都由篆而來，渾樸靜遠取重乎神，結體易入，取神獨難。這又是曹秋圃深入考究之後的最高境界，也是他一直強調的部分，臨寫必須取碑帖之神。

（二）〈金石文字〉

1948 年 10 月曹秋圃 54 歲，發表於《台灣省通志館館刊》創刊號，這是他的書法見解在刊物登載的第二次，根據李郁周在《書禪厚實曹秋圃》書中記載得知：這篇〈金石文字〉預定記述台灣當時已有或存有的銅器與石器，是《台灣金石文字史》的卷頭語開場白，原文末尾有「待續」兩字，可惜沒有續篇，無疾而終。〔註111〕〈金石文字〉和〈禮器碑評〉比較則爲較正式的文章。內容節錄如下：

> 台灣文化歷史較淺，向來遂缺金石之著錄。金石文字之類，頗關文
> 化淵源，考獻徵文在所必采。金文台灣無出，由外省搬入諸鼎彝儀
> 器，待採訪陸續登出。石文遠無可考，清康乾以後，學宮廨署之碑
> 碣，名勝古蹟之摩崖，不少概見。但若例以周宣王之石鼓，秦始皇
> 之嶧山，相去逕庭矣。

〔註110〕曹秋圃：〈禮器碑評〉，《書苑》，第五卷第四期。

〔註111〕李郁周：《書禪厚實曹秋圃》，96 頁。

此段強調台灣文化歷史較淺，金文台灣無出，石文遠無可考，周宣王之石鼓，秦始皇之嶧山，應是曹秋圃較肯定的金石文字。又：

> 文字貴演變，時代精神初未可蔑視，上古且莫論，中古夏殷周尚古文大篆，經戰國至嬴秦，一變爲小篆，爲分隸，漢再變爲章草，爲楷書，規模準則，晉唐遞盛。六朝北魏，碑版則遠紹秦漢，險勁挺拔，自成一代風氣。自是以後，宋元明至於清初，千四百餘年間，所謂眞也，行也，草也，皆奉晉唐爲圭臬，未敢越雷池一步。清之初葉，殷周鼎彝，頻見出土。於是講究金文之風起，摹漢魏石文者，亦相繼而興。迨清末民初，期間四十年，更由殷墟，發掘甲骨卜辭，而許氏說文，多所辨正，學者便之。顧有清二百六十七年間，雖未見有何等制作，其餘考古追古摹古之盛，蔚爲一代大觀。

此段敘述文字的演變過程，及金石文字於清初陸續出土後，考古、追古、摹古之盛況，蔚爲一代大觀。又：

> 而台灣孤島不興焉，三百年來，雖碑碣林立，摩崖掃壁，散見名山，均不外爲眞行草書，所謂考古追古摹古之迹，百無一焉。故孤懸海外之台灣，經滿清之世，於國中文字學潮流，有隔世之感。日人据台半世紀，其殖民政策之橫暴且別論，其文化工作之進步，尤其文字學及圖畫學之促進，可謂駕滿清二百十一年之治績而過之，未可以倭奴無文化而少之也。〔註112〕

台灣孤島考古追古摹古之迹，百無一焉，日人据台半世紀，文字學及圖畫學之促進，可謂駕滿清二百十一年之治績而過之，日人對我先哲精神所賦予之文字學，不特不禁，且從而鼓勵之，曹秋圃由衷感激。

（三）〈書道之我見〉

　　1978 年 10 月曹秋圃 84 歲，發表〈書道之我見〉於《書畫家》雜誌月刊第二卷第三期，全文三千六百字，前面三分之一完成於 1962 年，以〈書道管見〉爲名，寄給嘉義張李德和，以應嘉義縣文獻會的徵文。〔註113〕〈書道之我見〉內容詳述曹秋圃對書道獨特的見解，這是曹秋圃書法理論的主軸，內容簡述如下：

> 書道爲中國五千年最寶貴最值得研究之國粹，但數十年來被歐美新

〔註112〕曹秋圃：〈金石文字〉，《台灣省通志館館刊》創刊號，頁 35～36。
〔註113〕李郁周：《書禪厚實曹秋圃》，頁 140。

風吹置高閣。茲逢中國文化復興運動之新機，使此國粹之書道，得
見重興，幸何如之。謹就所見，略陳一二，以質諸高明。

以上為曹秋圃欣逢中國文化復興運動，對為中國國粹之書道，因歐美新風而
漸被遺忘，藉此契機提出個人看法。

書道之為道，學之不難，卒業為難，卒業得有生氣而品高者為尤難，
古人謂十年讀書，必十年養氣，余謂攻書道者當倍之。所謂妙品入
神之書使千百年後批閱之如晤對其人，令人正襟起敬，非尊其爵位
之隆，慕其勳名之盛，實其氣骨其神韻躍然紙上，有足感人者。

曹秋圃以書法為終身事業，一路走來始終如一，他以書法為修身之道，首重
養身，然後寫字。十年讀書，必十年養氣，攻書道者當加倍，最後才能將作
者之氣骨神韻，傳輸至筆畫、字裡行間，百年之後，欣賞他的字就像看見他
的人。

然一代不及一代，遞趨而下，豈後人之努力不及前人，抑失之真傳
耶！蓋時代之情勢，及個人之天稟與修養固之使然。顧自炎漢以降，
談書道者，率以筆勢結字為要訣。甚至成譜盈帙，其秘者在筆墨之
外傳心，故後之學者，終莫能期及前人之肩背。間有天縱之才，能
留空前絕後之業者，實非偶然。始則名師授之環境相之，終於悟入
超絕獨得之趣，彼烏可及哉。

書法之所以一代不如一代，乃因時代之情勢、個人之天稟、修養、名師授之
等狀況來決定。它強調太平盛世的字和紛亂時代的字絕對不同，如唐代重法，
明朝重勢。他又說：

何謂時代性，即統合眾多個性，而成時代之潮流是也。窈就近代，
約言之，明朝末葉，當李自成張獻忠之亂，明祚將盡時，書風亦為
之一變。如傅山、倪元璐、許友、黃道周、王鐸諸名家之字，皆有
一種激昂、慷慨、跌宕、不羈之筆勢，以寫胸中鬱勃氣焰。至清朝
康、熙、雍正、乾隆間，天下太平。當時朝野山名流，如姜西溟、
沈繹堂、陳香泉、蔣湘帆、王蒻林、張天瓶、劉石庵、王夢樓輩所
寫之字，皆端莊秀麗，無劍拔弩張之筆，而表出其當時昇平氣象。

又：

昔揚子雲謂書為「心畫」意起止用為心事之敷宣，亦足以為性情之
表現。蓋謂心天官也，心之發露，即有生終其身吉凶，禍福繫焉。

時代所有治亂興衰之表現存焉，其爲道也，雖毅然攻苦學人，終其

身上難得其端倪，遑論其他。然則書之爲道，豈容以小技而藐之哉。

曹秋圃確信一個人所寫出來的字，是可以看出他的吉凶禍福，〔註 114〕因爲那
是一個人性情好壞的表現，學書者要明書道與書法，更要明書道與人道聯在
一起。昔人所以有「心畫」者，即謂一下筆，其人之性靈從筆端露出。怎可
視爲小技而藐視書道呢？

或謂書不求取專家之書，畫不求取專家之畫，以其拘於形跡，無眞
性情之可言。此語最得吾心，最切中現代所謂書畫家之病。有如宋
儒論學，不在章句，而在乎章句之外，靜以求之，悟而得之。余謂
書道之學不專在乎筆勢結字，而在乎取神，正與此同。

又言：

然書學一科，雖如何奧妙，如何難學究必有其道、有其法。學者得
其法，得其道而進。必能有成，必能得其奧妙。此謂有内美才有外
美之表現，大學篇「誠於中形於外」之謂也。其或有結體精，而品
格低者，或品格高而結體不及者，雖與其人之天分有關，然修養與
用功之勤怠，實爲主要原因。

南朝齊書法家王僧虔〈筆意贊〉：「書之妙道，神采爲上，形質次之，兼之者
方可紹於古人。」〔註 115〕亦同於曹秋圃所言。在此我們以清代大書家沈尹默
在《名家談書法》一書中所作的解釋來說明：

說到書法妙道，自然應該以神彩爲首要，而形質則在於次要地位。
但學書總是先從形質入手的，也不可能有無形質而單有神彩的字，
即所謂皮之不存，毛將焉附。我以爲僧虔所說的形質，是指有了相
當程度進行且織而成的形質，僅僅具有這樣的形質，而無神彩可觀，
不能就算已經進入書法之門，所以又說，兼之者方可紹於古人。我
一向有一種妄論，對於形質雖然差些，（這是一向不曾注意點畫筆法
的緣故）而神彩確有可觀，這樣的書家，不是天分過人，就是修養
有素的不凡人物，給他以前人所稱爲善書者的稱號，是足以當之無
愧的。如果是只具有整秩方光的形質，而缺乏奕奕動人的神彩，那

〔註 114〕曹秋圃：〈書道之我見〉，頁 43〜46。

〔註 115〕〔南朝〕王僧虔：〈筆意贊〉，《歷代書法論文選》（台北市，華正書局，1997
年），頁 57。

就是一般所說的字匠體。〔註116〕

曹秋圃認爲取神雖與書者之天分有關，但最重要的還是由個人之修養與努力用功來決定，最後必須展現自己的真性情，不拘於專家之形跡，而創造出自己的風格。

> 學者即明書道與書法，進而修如何執筆，運筆以正其心，此點非徹底明白不可。古人有云：「執筆似將軍」。即是言執筆如執武器，要用力尤要用丹田力。按古文「筆」「聿」字之構造，已啓示執筆之法在內。運筆要循太極圈，以靜其心，並穩定執筆力。何謂太極圈，《易經繫辭》曰：「易有太極，是生兩儀。」天地未分之前曰無極，即黑白（兩儀）未分以前之意。就人身言，爲思慮未起時之境，即無念無想，精神統一之謂。

曹秋圃強調天有天道，人有人道，書法亦有書道，我們必須遵循一定的法則。首先強調「執筆似將軍」，執筆就像執武器。所謂「夫紙者筆陣也，筆者刀矟也，墨者鍪甲也，水硯者城池也，心意者將軍也，本領者副將也，結構者謀略也，颺筆者吉凶也，出入者號令也，屈折者殺戮也。」〔註117〕「書聖」王羲之將寫字的用具和情境做一具體的譬喻，「心意者將軍也」，亦即爲曹秋圃「執筆似將軍」，執筆必須靠心意始能使轉，就像軍隊的靈魂全掌控在將軍的手中一樣。再來曹秋圃強調用力要用丹田力，運筆要循太極圈，目的是要於寫字時，無念無想，精神統一。這是曹秋圃自創的太極圈執筆迴腕法。同於〈王羲之題魏夫人『筆陣圖』後〉所言：「夫欲書者，先乾研墨，凝神靜思，預想字型大小、偃仰、平直、振動，令筋脈相連，意在筆前，然後作字。」〔註118〕亦如同王僧虔〈筆意贊〉所說：「心忘於手，筆忘於書，心手遺情，筆書相忘。」〔註119〕的境界。他又說：

> 本人由積年經驗，知從書道研究所得，內可以修養自己品格，外可以矯正人們性情。昔柳公權答唐穆宗問筆法曰：「心正則筆正」。是說明書道由修養而進，使得其正。至於讀書、養氣是缺一不得。昔蘇長公詩，有「退筆如山未足珍。讀書萬卷始通神」。則以多讀書爲主，多習寫次之。與楊惺吾五要素，皆爲學者之換骨金丹。故世之

〔註116〕馬國權等編：《名家談書法》（香港，商務印書館，2001 年），頁 14～15。
〔註117〕〔東晉〕王羲之：〈題衛夫人筆陣圖後〉，《歷代書法論文選》，頁 24。
〔註118〕〔東晉〕王羲之：〈題魏夫人『筆陣圖』後〉，《歷代書法論文選》，頁 24～25。
〔註119〕〔南朝〕王僧虔：〈筆意贊〉，《歷代書法論文選》，頁 57。

> 學書者如牛毛，成家者如麟角，皆不得其法，不得其門而入。

最後結論爲：

> 我書法學書，曾請當局由小學再授毛筆字，雖有見諸實施，然十多
> 數屬於數衍而已，還未上軌道，讓日本著先鞭，摹仿歐美最力之日
> 本。亦已於前年開始再授小學毛筆字課。先進國之我們，尚瞠乎在
> 後，豈可哉？〔註120〕

以上曹秋圃敘述的重點有：「內美才有外美的表現」，著重心性的修養，因爲
心性的修養，關係著字的永久性、持續性。而「執筆似將軍」則爲曹秋圃獨
創的「太極圈迴腕執筆法」，曹秋圃強調執筆如執武器，要用力尤要用丹田力，
且在思慮未起、無念無想、精神統一之時寫字，可達修身靜心之境界。「書道
具有時代性」，筆者認爲此說法頗具研究價值。最後，曹秋圃感嘆我們對書法
教育之不重視，在此復興中華文化之際，應向日本書道界看齊，以防國粹書
粹之廢墜。

（四）〈澹廬詩選〉

　　收錄於《曹秋圃詩書選集》中，爲 1919 年至 1981 年間作品，但 1961 至
1971 年間共 11 年，完全不見任何詩作，據聞是曹秋圃的部分《澹廬詩稿》遺
失，無法選入。〔註121〕〈澹廬詩選〉內容，除了早期詩社集會上的唱和詩外，
還包括記遊寫景、感時記事，中日書法交流展紀盛、中國書法學會活動寫實、
澹廬書會月例會活動記錄與澹廬門人得獎誌喜，以及與其他書法家交往的應
酬詩文等。

二、書法作品

　　曹秋圃將其一生，展現於以下書法作品中，共有六冊，分析如下：

（一）《澹廬書法集》：澹廬書會民國六十年印行，計有 33 件，篆書 2 件、隸
　　　書 9 件、草書 10 件、楷書 1 件、行書 11 件，是經過曹秋圃應允之後發
　　　行的最早著作。

（二）《曹秋圃書法集》（八秩）：民國六十六年，澹廬書會出版，王壯爲、李
　　　猷爲之作序。以八十回顧展爲主，並將早期作品置於前，晚期作品置
　　　於後，計 128 件，其中以行書居多，次則草、隸，再次爲篆、楷；文

〔註120〕曹秋圃：〈書道之我見〉，頁 46。
〔註121〕李郁周：《書禪厚實曹秋圃》，頁 142。

字內容以自賦詩三十一件，次為唐詩及宋、元、清之詩，餘則為菜根譚、書論、聯語、匾額等，編排順序仍以篆、隸、楷書為先，次為草、行書。

（三）《曹秋圃詩書選集》（九秩）：民國七十二年出刊，謝建輝編，陳奇祿、何浩天、陳其寅為之序，水牛圖書出版。共收錄曹秋圃 202 幅書法作品，其中篆書作品 13 幅，隸書作品 54 幅，楷書作品 2 幅，草書作品 44 幅（章草占其中 5 幅），行書作品最多共 89 幅。202 幅作品中，有 115 幅是未確立創作時間，30～39 歲 11 幅，40～49 歲 8 幅，50～59 歲 0 幅，60～69 歲 5 幅，70～79 歲 18 幅，80～89 歲 38 幅，90～100 歲 6 幅。〈澹廬詩選〉附於書法作品之後，詩作 270 餘首，缺民國 50 年至 60 年的作品。

（四）《曹秋圃百齡書法回顧展》（百歲集）：民國八十一年，因逢曹公百歲華誕，台灣省立美術館以先生一生宏揚書道，澹泊明志，培育英才，默默耕耘，尤以復興中華文化，耗盡心血，厥功至偉，特為之舉辦百齡書法展，並梓刻紀念集，內容有篆書作品 1 幅，隸書作品 24 幅，楷書作品 1 幅，草書作品 25 幅（章草占其中幾幅），行書作品最多共 56 幅，總共 107 幅。李郁周在《書禪厚實曹秋圃》一書中提到：「曹秋圃作品自 1927 年至 1992 年，時間跨度太長，許多 1927、28、29 年的隸草行各體作品，被當作 1987、88、89 年的新作編輯，剛好相差 60 年，或許可以說曹秋圃少年便有老成之作。」〔註122〕

（五）《曹秋圃》（百零三歲）：民國八十六年，杜三鑫、陳瑞玲、楊淑芬編輯，陳俊穎攝影，澹廬弟子林彥助序，何創時基金會出版。收錄曹秋圃作品共 88 幅：篆書作品 2 幅，隸書作品 15 幅，楷書作品 2 幅，草書作品 21 幅，行書作品最多共 48 幅。88 幅作品中，有 19 幅是未確立創作時間，30～40 歲 9 幅，40～50 歲 1 幅，50～60 歲 0 幅，60～70 歲 4 幅，70～80 歲 23 幅，80～90 歲 28 幅，90～100 歲 4 幅。

（六）《曹容》曹容逝世十週年紀念書法展作品集：民國九十二年，中華澹廬書會編輯，連勝彥發行，由蘇貞昌縣長寫序，內附曹秋圃畫像、照片，倪搏九、張光賓、呂佛庭、陳其銓四人之賀詞等。曹秋圃書法作品格式多樣化，有橫幅、條幅、扇面小品、中堂、對聯。共收錄篆書作品 4

〔註122〕李郁周：《書禪厚實曹秋圃》，頁 149。

幅，隸書作品 21 幅，楷書作品 1 幅，草書作品 32 幅，行書作品最多共 42 幅，總共 100 幅。

總結以上論述：曹秋圃書學論述雖然不多，卻可見其書道之整體精神。筆者以為，曹秋圃若能留下更多的書論，對後世學習者，應有更多的幫助。關於他的書法作品集，曹秋圃一生與書法相伴，留存僅以上六冊，而且部分作品重複，實不能算多。筆者希望往後書家，作品集結成冊時，應依創作時間前後順序編排，作品集將更臻完美。

第三章　曹秋圃的書學淵源

　　劉勰在《文心雕龍》中所謂「沿根討葉，思轉自圓。」〔註1〕意指藝術家在追求個人藝術風格過程中，必然受到來自不同學習對象及環境的影響，再依個人吸收之多寡、領會之深淺以及師承、家學、資質等因素，逐漸發展出個人獨特風貌，此即風格的形成。任何一位藝術家，一生所累積的藝術形象觀念，不論是內在的或是外在的；是自發的抑或外鑠的，都將成為創作的靈感因子，最後孕育出個人獨特的風格。綜觀曹秋圃的書法，可謂陶鑄百家而出。曹秋圃究竟是受了哪些人的影響，而形成如今之風貌？此章為探尋其書學之淵源，洞悉其師承之脈絡，將就其行書、楷書、隸書、草書和篆書分別論述之。

第一節　行書、楷書淵源

　　曹秋圃自幼天資聰慧，三歲即能識百字，親友、街坊，皆嘖嘖稱奇。母親邱端來自士林讀書世家，課子甚嚴，曹秋圃一生受其母親的影響最大。其出生於清光緒 21 年，適逢台灣割讓給日本，時局動盪，至 9 歲才入私塾，受何誥廷啟蒙，後又師事陳作淦、陳祚年（如附圖 3-1-1）、張希袞等，專攻國學與書法，奠定厚實根底。曹秋圃曾自述幼年習書之情形：

　　　　早年習字是臨什麼字帖，這個我已記不得了。不過我還記住那時似
　　　　乎很少臨專門的帖，都是拿起筆就寫；有什麼字，看甚麼字，就臨

〔註1〕劉勰：《文心雕龍注釋》，周振甫注，體性第二十七，（台北市，里仁書局，1984年），頁 536。

什麼字：久而久之，各個字體
的結構和筆法運走，自然就體
悟在心了。〔註2〕

由此可見，曹秋圃初學書法並未刻意
專學某一家，而是「有什麼字，看甚
麼字，就臨什麼字」。九歲才入何誥廷
私塾，奠定良好的漢學基礎。十一歲
進入大稻埕公學校（今太平國小）二
年級，這是日本統治台灣初期實施的
國民基礎教育，課程包括修身、習字，
習字部分是臨寫日人玉木享書寫的習
字帖（如附圖 3-1-2），風格接近王羲
之、顏真卿。〔註3〕在國民學校期間，
對曹秋圃的藝文影響較深的是楊秀霞
與陳作淦兩位老師，楊氏是詩壇前
輩，對曹秋圃往後的詩學之路，奠定
良好的基礎。陳作淦為前清秀才，曹
秋圃的漢文根基也因他而更加厚實穩
固。曹秋圃 16 歲進入樹人書院，在張
希袞門下學習書法，張希袞是寫顏一
大家，曹秋圃以顏法運轉行書、楷書
各體，得力於張希袞最多，陳祚年則
以扁平隸書運行行草影響較深，此為
行書、楷書之淵源。

　　筆者採訪曹秋圃弟子（林彥助、
黃金陵、連勝彥）亦得到證實。曹秋
圃弟子告訴筆者：「曹秋圃早期教授弟
子，以顏真卿及柳公權的碑帖為主。」

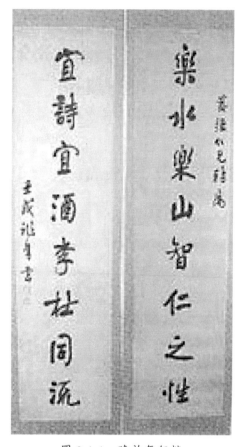

圖 3-1-1：陳祚年行楷

圖 3-1-2：玉木享書寫國民習字帖

〔註2〕陳維德：〈曹秋圃書藝理念初探〉，《曹秋圃先生書法學術研討會論文集》（澹
　　　　廬書會，1997 年），頁 51。
〔註3〕黃恬昕：《曹秋圃》（書藝珍品賞析套書，石頭出版，2006 年），頁 1。

〔註4〕可知曹秋圃楷書除了張希袞、陳祚年亦深受顏眞卿及柳公權的影響。另外，筆者以曹秋圃遺留下來的楷書作品分析，除了顏眞卿及柳公權外，還有鍾繇《薦季直表》及隋代《龍藏寺碑》。行書除了陳祚年影響較深外，還有劉石庵，以下先敘述行書，後寫楷書（以受影響的前後順序敘述之）。

一、行　書

（一）陳祚年（1864～1928 年）

字淑堯，號篇竹，祖籍福建同安，後遷台北大稻埕。日治初期，返回福建廈門，後又回台。詩文創作俱佳，行草頗有隸意，傳授漢學尤力。陳祚年是影響曹秋圃書法最直接的人物之一。陳氏在日治後曾任職福建閩報，因經商關係，數度往來於台灣與廈門兩岸，曹秋圃也在此時（約 1920 年前後）拜陳氏爲師。陳氏爲台人中講論八法第一人，在福建一帶往來時，必定十分留意民國時期上海尚古山房、掃葉山房等出版精細的書蹟影本，影響所及，曹秋圃的書法眼界與眼力必增益不少。在曹秋圃的詩篇中關於陳祚年的部分，比其他師長爲多。

陳氏書法由顏眞卿《麻姑仙壇記》而入鍾繇隸楷，可惜隸書與楷書多散佚不見，以下〈擬編陳祚年氏遺稿〉刊登內容可爲證明：

> 故茂才陳祚年氏，字篇竹，號叔堯。精古學，工詩聯善書法，平生
> 所做雖多，惜未存搞。今也其哲嗣陳乃渠氏，不忍使其尊人心血湮
> 滅，擬編集問世，方致力於蒐集遺稿，倘各界有存陳氏遺作，不論
> 文、詩聯，請惠寄台北市……他日集成，各贈一冊以酬之云。〔註5〕

雖然事後努力蒐集補救，但今可見者，多爲揉合隸意入行草的扁平行書（如圖 3-1-4）。

附圖 3-1-3〈萬慮三更〉、〈自靜無求〉爲少數以顏眞卿楷書爲結構書寫的行書作品，由落款可知，此二件作品是陳祚年送給曹秋圃的，可見其師生情誼深厚。附圖 3-1-4 李白〈廬山謠〉釋文爲「我本楚狂人，鳳歌笑孔丘。手持綠玉杖，朝別黃鶴樓。五嶽尋仙不辭遠，一生好入名山遊。廬山秀出南斗旁，屏風九疊雲錦張，影落明湖青黛光。金闕前開二峰長，銀河倒掛三石梁。香爐瀑布遙相望，回崖沓嶂凌蒼蒼。」陳祚年行書古樸拙趣，與附圖 3-1-5 相較

〔註4〕 筆者於 2009 年 7 月訪談紀錄。
〔註5〕 《台灣日日新報》，西元 1932 年 8 月 25 日，08 漢文，擬編陳祚年氏遺稿。

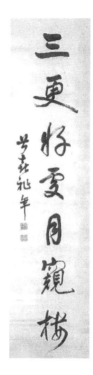

圖 3-1-3：陳祚年行書

圖 3-1-4：陳祚年行書

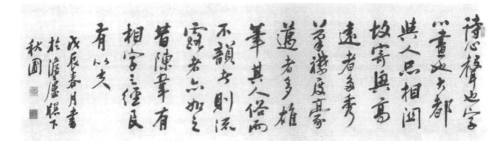

圖 3-1-5：曹秋圃行書

得知，曹秋圃早期行書面貌部分胎息自此，皆有扁平之形。附圖 3-1-5 此幅為曹秋圃 34 歲的行書作品，與其師陳祚年以隸意書行草的筆鋒相似，字形相仿，但在筆法方、圓、粗、細的運用與筆力上，仍略遜陳師一籌，曹秋圃當時功力尚不及其師，實因其字形結構不穩。此件作品的篇幅格式，未做妥善處理與安排（從第一行至落款向左下傾斜），乃因此時期曹秋圃的書藝，正在起步精進中，這樣的疏失是無可避免的。根據黃金陵的敘述：曹秋圃有一個習慣，只要一下筆，即使寫壞了，也要將作品完成，所以難免會有幾件疏失的作品留存下來。

　　此件作品的內容「詩，心聲也；字，心畫也。」正是曹秋圃一生奉行的目標，寫詩表達個人的思想與看法，寫字顯示出個人的氣度與涵養。

（二）劉墉（1719～1804 年）

　　字崇如，號石庵，青原等，通經史百家，文風甚佳，然為書名所掩，遍臨諸名家，功力極深。用墨濃烈，豐腴遒勁，時稱「濃墨宰相」，與翁方綱、梁同書、王文治並稱四大家。張台生對曹秋圃書法評論說：「行書方面，先生亦脫胎自顏柳，而部分不疾不徐之圓筆筆趣，乃擷取清末民初臺灣書壇日漸流行之劉石庵的筆勢。」〔註6〕

　　曹秋圃書法先受顏、柳之引領，後又受台灣書壇流行趨勢影響，加入劉墉筆勢，劉墉的傳世書法作品以行書居多。

　　曹秋圃的作品附圖 3-1-7〈水社海紀遊近作〉與劉墉作品附圖 3-1-6 比較，附圖 3-1-7 字體大小變化相當明顯，「日」、「分」、「名」字形刻意縮小，附圖 3-1-6「看」、「多」、「如」字形亦是，筆劃輕重粗細、墨色變化皆十分誇

〔註 6〕張台生：《台灣地區前輩美術家作品特展（二）──書法專輯》（台中市，台灣省立美術館，1994 年），頁 65。

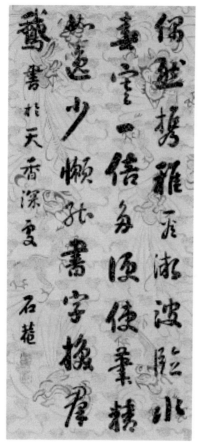
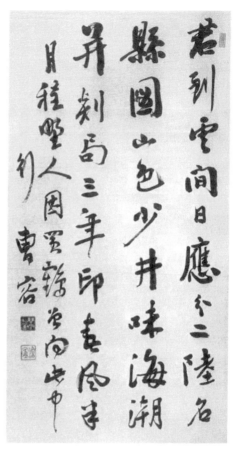

圖 3-1-6：劉墉行書　　　　　　圖 3-1-7：曹秋圃行書

張，兩幅相較尤以「少」字一二筆相似度最高，「少」字的最後一筆，應是曹秋圃刻意修正的，因為劉墉將「少」字最後一筆寫肥了。筆者認為一個具有自我意識的藝術家，對學習絕不全盤接收，而是加入自己的判斷，然後修正創新，但仍可看出曹秋圃行書章法布局，部分受了劉墉之影響。

二、楷　書

（一）張希袞（1847～1939 年）

字補臣，台北大稻埕人。同治年間秀才，博學多識，通經史百家，日治初期曾任大稻埕公學校漢文教師，解職後登門求教者仍應接不暇，授徒不輟，〔註7〕曹秋圃是其中之一。

〔註 7〕李郁周：《書禪厚實曹秋圃》（台北市，雄獅雜誌，2002 年），頁 11。

張希袞楷書來自於顏、柳家法，方正嚴謹，結體採縱勢，曹秋圃早年書法由此奠定基礎。根據林彥助的說法，曹秋圃早年常常寫柳體。曹秋圃所藏張希袞《文天祥正氣歌》四屏（如附圖 3-1-8），涵融了顏書的厚實與柳體的峻拔，氣象典麗，〔註 8〕曹秋圃因為是張希袞的學生，所以在筆法、結構上必深受其影響。曹秋圃 60 歲的楷書代表作品《先嗇公建宮二百週年紀念碑》（附圖 3-1-13）與張希袞《文天祥正氣歌》四屏在結構、章法、行氣頗相近。

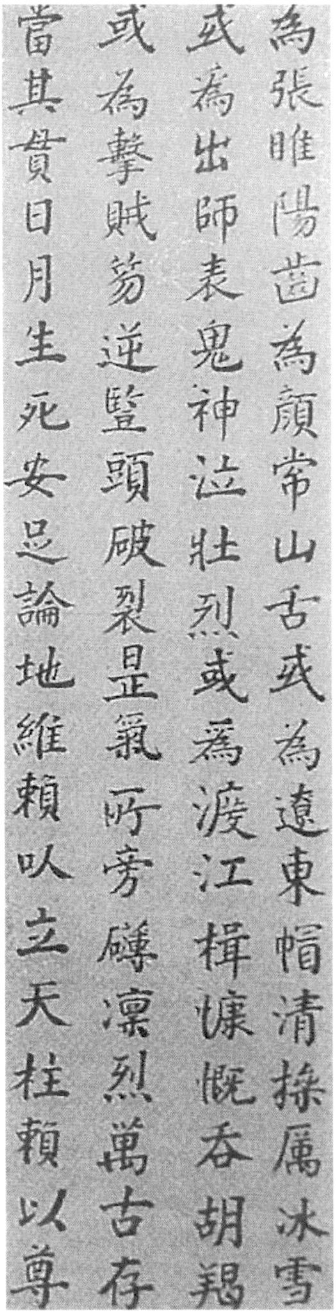

（二）鍾繇《薦季直表》

陳祚年是影響曹秋圃書法最直接的人物之一，因陳氏書法由顏真卿《麻姑仙壇記》而入鍾繇隸楷，所以鍾繇一定也相當程度的影響。曹秋圃在《曹秋圃詩書選集》中有一幅很特殊的作品〈劉禹錫西塞山懷古〉（如附圖 3-1-10），不管是筆意、結構、字形，皆酷似鍾繇《薦季直表》的書體氣勢，隸意十分濃厚，類似這樣的作品，故宮博物院也藏有一幅〈唐詩〉作品，可見鍾繇《薦季直表》亦影響了曹秋圃。

鍾繇是三國曹魏時的大臣，是楷書早期的代表性的書家，他開創了由《隸》入《楷》的新體，所以他的楷書作品隸意很重、字形較扁（如附圖 3-1-11 鍾繇《薦季直表》）。張懷瓘《書斷》評曰：「真書絕世，剛柔備焉，點畫之間，多有異趣，可謂幽深無際，古雅有餘。秦漢以來，一人而已。」〔註 9〕他在中國書法史上享有崇高地位，孫過庭《書譜》亦說：「夫自古

圖 3-1-8：張希袞楷書文天祥
　　　　　正氣歌四屏之一

〔註 8〕黃恬昕：《曹秋圃》，頁 1。
〔註 9〕華正人編：《歷代書法論文選》（台北市，華正書局有限公司，1997 年），頁 162。

之善書，漢魏有鍾、張之絕，晉末稱二王之妙。
王羲之云：『頃尋諸名書，鍾、張信爲絕倫，
其餘不足觀。』〔註 10〕可以說對鍾繇推崇備
至。當時，愛才的一代梟雄曹操也曾向他討教
過書法。

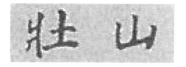

圖 3-1-9：張希袞楷書放大

　　相信曹秋圃在陳祚年門下，應知鍾繇楷書在中國書法史上享有崇高地
位，所以臨寫鍾繇楷書以吸其精粹，由附圖 3-1-10 與附圖 3-1-11 可以明顯
看出曹秋圃與鍾繇字形、筆法、筆意的相同處，如附圖 3-1-10「人」、「今」、

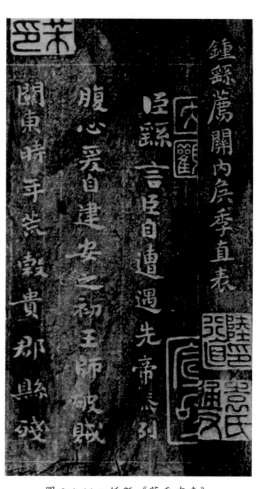

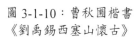

圖 3-1-10：曹秋圃楷書　　　　　圖 3-1-11：鍾繇《薦季直表》
《劉禹錫西塞山懷古》

〔註 10〕王仁鈞著：《書譜導讀》（台北市，蕙風堂筆墨有限公司，2003 年），頁 50。

「家」、「故」的捺筆和附圖 3-1-11 鍾繇《薦季直表》的「穀」字捺筆相同，附圖 3-1-10 第一行的兩個「王」字和附圖 3-1-11 鍾繇薦季直表的「王」字，筆法、筆意、結構則完全相同。

　　由以上得知：曹秋圃楷書的結構、筆意，的確受了鍾繇《薦季直表》的影響。

（三）顏真卿的《多寶塔碑》《顏勤禮碑》

　　顏真卿（709～785 年）的字宛如其人，沉著、剛毅。他是唯一能和「書聖」王羲之互相抗衡，先後輝映的書法家。他突破初唐瘦硬的書風，以凜然之氣，化秀媚爲雄渾，另闢出一條寫楷書的新路。這種新的書法特質是：筋肉飽滿，線條豐潤而富彈性，結體寬博而氣勢恢宏。

　　由於唐太宗對王羲之的書法推崇備至，因此初唐、盛唐書風以清秀婉媚、瀟灑俊逸爲基調。顏真卿的書法則透出剛正、坦蕩的將帥之風，筆落處大刀闊斧、不加雕飾。其所遺留下來的碑包括《多寶塔碑》（如附圖 3-1-12）、《大唐中興頌》、《顏勤禮碑》、《顏氏家廟碑》，無不展現出這種雄強渾厚、宏博開張的壯闊氣勢。

　　劉熙載《書概》云：「書，如也，如其才，如其學，如其志，總之曰如其人而已。」〔註 11〕衡諸於不同書家多樣的書藝面貌，這種審美理論固然有其侷限性，但在顏真卿其人其書卻得到完美的印證，顏真卿的書法作品裏充分的表現出人格內涵，可以說是卓越人格與藝術風格的完美統一，是善與美的結合，因此得以光耀千古，被後世奉爲圭臬。

圖 3-1-12：顏真卿多寶塔碑

〔註11〕〔清〕劉熙載：《藝概》（台北市，漢京文化事業有限公司，1985 年），頁 169。

曹秋圃留下的楷書作品並不多，現今留存下來的少數作品中，最成熟且最具代表性的應屬：台北市三重市《先嗇宮建宮二百週年紀念碑》（如附圖3-1-13），以顏體法度書寫，當年曹秋圃60歲，字體結構謹嚴，氣象恢弘。以下就先嗇宮部分字跡，和顏真卿的《多寶塔碑》及《顏勤禮碑》的部分單字，做細部的切割比較，從比較中可清晰看出，曹秋圃的楷書源自顏真卿。顏真卿《多寶塔碑》「并」、「國」、「書」和《顏勤禮碑》「之」、「年」（附圖3-1-15）與曹秋圃《先嗇宮》楷書（附圖3-1-14）相較，顯而易見，結構、筆法或線條幾乎如出一轍，可見曹秋圃楷書受顏真卿的影響極大。

圖3-1-14：曹秋圃《先嗇宮》楷書局部單字放大

圖3-1-15 局部放大：顏真卿《多寶塔》碑「并」、「國」、「書」，《顏勤禮碑》「之」、「年」

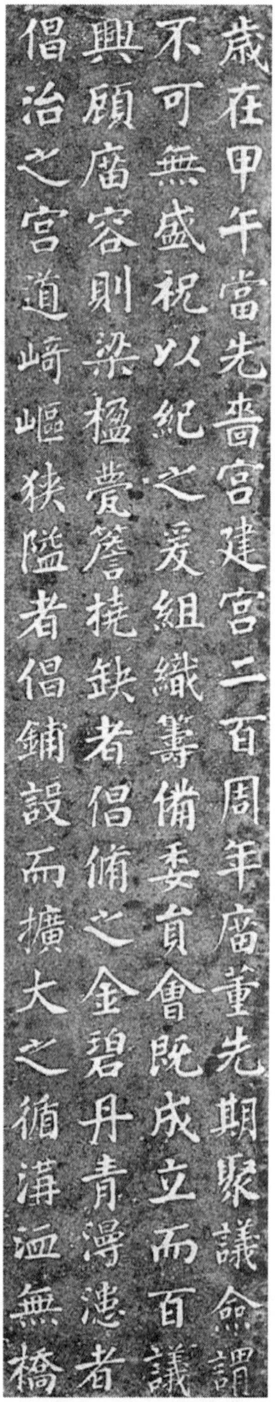

圖3-1-13：曹秋圃《先嗇宮紀念碑》局部

歲在甲午當先嗇宮建宮二百週年廟董先期眾議僉謂不可無盛祝以紀之爰組織籌備委員會既成立而百議興顧廟容則梁椌覺簷橈缺者倡俯之金碧丹青漫漶者倡治之宮道崎嶇狹隘者倡鋪設而擴大之循溯洄無橋

（四）柳公權（778～865 年）

另外，根據曹秋圃的弟子敘述：「柳公權亦是影響其楷書的人物之一。」從《先嗇宮建宮二百週年紀念碑》（附圖 3-1-16）字裡行間不難查出，其結構、筆劃亦具有柳公權的俊秀。曹秋圃 60 歲的楷書作品，實在是很難單純以一帖一碑為主，這是任何一個書家都很難達成的。

柳公權是唐朝有名的書法家，字誠懸。他的書法結體遒勁、落筆清朗雄秀，而且字字嚴謹、一絲不苟，後世以「顏柳」並稱，成為歷代書藝的楷模。宋朝書法家米芾稱讚其字「如深山道士，修養已成，神氣清健，無一點塵俗。」〔註12〕米芾對柳公權如此的讚賞，其實用在曹秋圃身上，亦恰如其分，因為曹秋圃和柳公權一樣強調「心正則筆正」，並且強調修身養氣是超越一切的。

所謂字如其人，事實上書法、繪畫等藝術作品，可相當程度地反映出作者的性格、修養，也能看出作者的思想感情。柳公權正因其剛毅不阿的高尚情操，及人品素養才使其清勁挺拔的書風躍然紙上。後人非但重其書藝，且仰慕其人品，使書法與人格並垂不朽。若說曹秋圃是柳公權最忠實的精神實踐者，一點也不為過。

（五）龍藏寺碑

隋碑中最有名的就是《龍藏寺碑》（附圖 3-1-17）和《董美人墓誌》，前者質妍，後者清麗，二者體現出來的審美趣味已初具文人氣質，異於前代魏碑時期的民間書風，這種審美傾向完備於後來的初唐，對此隋碑功不可沒。〔註13〕《龍藏

圖 3-1-16：柳公權楷書玄秘塔碑局部

圖 3-1-17：龍藏寺碑

〔註12〕〔宋〕米芾：《海岳書評》，頁 30。
〔註13〕http://hk.geocities.com，歷代書法，流覽於 2009 年 5 月 10 日。

寺碑》是曹秋圃在 1944 年，第三次旅居日本時開始臨寫的。據李郁周所言：
「1944 年五月初曹秋圃臨完懷素草書《自敘帖》；五月下旬，開始臨寫隋代楷
書名作《龍藏寺碑》；至七月上旬對《龍藏寺碑》頗有感悟。」〔註14〕可惜的
是曹秋圃在日本的臨寫的作品，於第二次世界大戰戰火中付之一炬，至今很
難於其他作品中尋出蛛絲馬跡。1971 年，曹秋圃 78 歲所寫〈崔子玉座右銘〉
（附圖 3-1-18）筆畫較柔美、結構亦顯疏朗，〔註15〕應多少受了《龍藏寺碑》
影響。

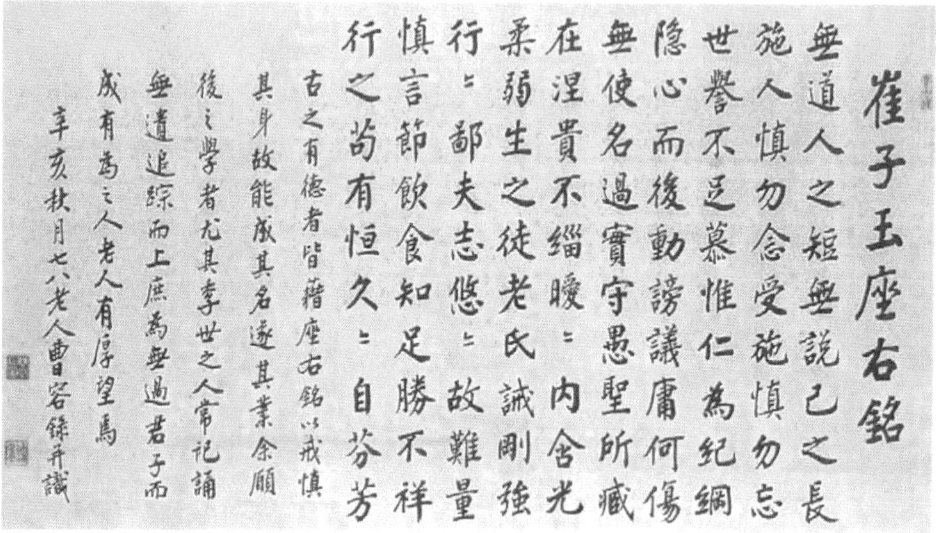

圖 3-1-18：崔子玉座右銘

圖 3-1-18 崔子玉座右銘單字局部放大

　　由以上得知：曹秋圃的行書受陳祚年、劉石庵影響。楷書除了書法老師
張希袞、陳祚年的影響外，亦受顏眞卿、柳公權、鍾繇和《龍藏寺碑》的影
響。但由曹秋圃楷書代表作品，台北市三重市《先嗇公建宮二百週年紀念碑》
可看出曹秋圃的楷書，應受顏眞卿影響最爲深遠。

〔註14〕李郁周：《書禪厚實曹秋圃》，頁 86。
〔註15〕李郁周：《書禪厚實曹秋圃》，頁 136。

　　曹秋圃留下的楷書作品並不多，林彥助提及曹秋圃教學時以顏眞卿、柳公權、歐陽詢、虞世南、褚遂良等人爲主，依學生個性選定之，由此可知，其識見之廣。旅居日本時亦曾臨完《龍藏寺碑》，楷書的基礎應極爲穩固，但現今所留存的楷書作品卻極少。弟子黃金陵說：「因爲那時曹老師幫人寫『悼祭文』，喪禮結束後，就燒掉了。」林彥助和連勝彥則提到：「曹老師常常以楷書寫『喜帳』、『壽屛』，所以楷書作品難留存。」〔註16〕

第二節　隷書淵源

　　黃金陵說：「當時曹秋圃所臨寫的隷書是以陳曼生（鴻壽）的《錢唐許君墓誌銘》爲主，然後以各家爲輔。」〔註17〕除金農、呂西村、陳蓁等人，亦加入兩漢《張遷碑》、《華山碑》、《西狹頌》、《禮器碑》、《衡方碑》等，最後融合自己個人的看法，形成個人的風格。據李郁周在〈曹秋圃書法的啓示〉一文中所言：

> 曹秋圃作隷自謂取法漢代〈張遷碑〉，這在他早期的隷書作品中，處處可見〈張遷碑〉形意；他自承學過金農的漆隷，所以橫平豎直中特別重視橫畫的表現；此外，清人陳鴻壽隷書運筆直截、構字留白的特色，也隱約走入曹秋圃的筆中，漢碑與清隷的合融是曹氏隷書的淵源。〔註18〕

若依弟子黃金陵的說法，則和李郁周有些出入。李郁周說：「曹秋圃作隷自謂取法漢代《張遷碑》，且在他早期的隷書作品中，處處可見《張遷碑》形意」，似乎在告訴讀者曹秋圃臨摹隷書是以《張遷碑》爲主，以金農的漆隷和清人陳鴻壽隷書爲輔。可是黃金陵卻篤定的說曹秋圃所寫隷書是以陳曼生（鴻壽）的《錢唐許君墓誌銘》（如附圖 3-2-3）爲主。黃金陵還說：「《張遷碑》只是偶爾寫寫，隷書的根基都是從陳曼生（鴻壽）的《錢唐許君墓誌銘》而奠定。」林彥助也是這麼認定的。〔註19〕根據筆者觀看曹秋圃早期作品，黃金陵的說法可信度較高。以下分別敘述之：

〔註16〕筆者於 2009 年 7 月 2 日、18 日之採訪記錄。
〔註17〕筆者於 2009 年 6 月 22 日採訪黃金陵記錄。
〔註18〕李郁周：〈曹秋圃書法的啓示〉，《曹秋圃先生書法學術研討會論文集》（台北縣，澹廬書會，1997 年），頁 43。
〔註19〕筆者於 2009 年 6 月 22 日採訪黃金陵記錄，7 月 2 日採訪林彥助記錄。

一、陳鴻壽《錢唐許君墓誌銘》

陳鴻壽（1768〜1822年）浙江錢塘（今杭州）人，字子恭，號曼生，是清代藝壇一代大師。陳鴻壽於藝術涉獵廣泛，工書畫、篆刻。而且造詣極高，爲著名的「西泠八家」之一，他的書法以隸書和行書最爲知名。他的隸書清勁瀟灑、結體自由、穿插挪讓、相映成趣，在當時是一種創新的風格（附圖3-2-1）。他廣泛學習漢碑，尤其善於從漢摩崖石刻中汲取營養，在用筆上金石氣十足、結體奇特，形成個人特殊風格。筆劃如銀畫鐵鉤，意境蕭疏簡淡、奇崛老辣。陳鴻壽的隸書較之以往的隸書具有「狂怪」的特點，說明他有創新的勇氣和才能。但在結字和章法上，用筆仍然屬守古法，筆筆中鋒，力透紙背。

圖 3-2-1：陳鴻壽隸書

黃金陵說：「曹老師的書法走向以『古、老、樸、拙』爲最終目標。」〔註20〕陳鴻壽的隸書，用筆守古法，古隸筆意濃厚。曹秋圃臨帖只臨七分，只取帖中之神髓，所以他最後捨陳鴻壽狂怪的特點，而取其古拙。（如附圖3-2-6）落款爲「隸尚高古，當以神會，不當以筆墨求工也」，可印證他臨帖取其神。又於其〈書道之我見〉中亦如是說：

> 余謂書道之學，不專在乎筆勢結字，而在乎取神，……或謂臨書如遇異人，但當觀取其舉止神氣，不當取其耳、目、口、鼻之同於人者。〔註21〕

如附圖 3-2-4 與附圖 3-2-5「牧」、「月」兩字的比較可明顯看出，曹秋圃臨帖除了在架構、筆畫粗細，盡量求其相似之外，最重要的是取其字中神韻。徐永進在〈草書藝術〉中說：

> 臨碑帖，不要與影印機爭功，不必斤斤於刻劃。只要知道聚散開闔之理，就可以自由運用無礙。守著古人的碑帖，激發出自己的精神，借著古人的屍體，喚回自己的靈魂，以「借屍還魂」的方式練習碑帖，寫出自己的感受，注入生猛鮮活的生命力，是日後創作上的眞

〔註20〕筆者於2009年6月16日電話訪問黃金陵老師紀錄。
〔註21〕曹秋圃：〈書道之我見〉，頁44。

圖 3-2-2：曹秋圃隸書　　　　　　　圖 3-2-3：陳鴻綬隸書

圖 3-2-4：曹秋圃隸書單字放大　　　圖 3-2-5：陳鴻綬隸書單字放大

功力，大本錢，駕馭碑帖，主宰碑帖，而不受綑綁。〔註22〕

徐永進提出「守著古人的碑帖，激發出自己的精神，借著古人的屍體，喚回自己的靈魂」，筆者認為這是身為一個書家，最後生命力的展現，也就是個人風格即將形成之時的功力。雖說「臨碑帖，不要與影印機爭功，不必斤斤於刻劃。」但是在風格形成之前，還是必須要仔細臨摹碑帖中的筆意與架構的，此乃寫書法基本功力，基本功力奠定才能取其神韻。

民國24年，已小有書名的林耀西向曹秋圃拜師學藝時，曾質疑「迴腕法」、「曼生體」的隸法教學。在曹師的要求下，林氏也不能免俗的寫了些曼生體，可見曹氏對此風的偏好。〔註23〕筆者認為曹秋圃的隸書作品中，以仿學陳鴻壽的曼生體較有特殊筆意，點畫敧斜中富趣味，橫直畫粗細而有變化，乾濕亦恰如其分。

曹秋圃早期隸書受陳鴻綬的影響最大，因為在他的《曹秋圃百齡書法回顧展》頁38、頁40（如附圖3-2-7）、頁42，其中，頁95（書寫年代標示錯誤，提早了60年）四件作品，經黃金陵驗證為曹秋圃早期臨寫陳鴻綬《錢唐許君墓誌銘》的作品，這是可以確認的。如圖3-2-6主要表現陳曼生的趣味點畫，其中還包含了些許的金農的橫粗直細、陳簠的特殊厚重橫畫、以及呂世宜鉤法的展現，這是曹秋圃的隸書早期作品中，較富變化且具有深度、靈動性較高的作品，不僅點劃生動、墨色豐富，布局亦顯雅致。

其實任何一位書家，早期的作品都是充滿著不確定性，因為他不斷的吸收來自各家的經典名作，所以作品的變化性極高，難有個人的風格展現，絕大多數都是到中晚期，融會各家的精粹，然後加上自己的個性及純熟的書寫技能，才能逐漸走出自己的路，形成自己獨特的風格。

二、金農（1687～1763年）

仁和（今浙江杭州）人，久居揚州，原名司農，字壽田。39歲後，更名為農，更字恥春亭長、壽道士、金吉金、金廿六郎、如壽門，一生所署之齋館別號眾多，有冬心先生、江湖聽雨翁、稽留山民、昔耶居士、枯梅庵主、心出家庵粥飯僧、仙壇掃花人等。他嗜奇好學，工於詩文書法，詩文古奧奇特，並精於鑑別，他收藏的金石文字多至千卷，性好遊歷，足跡遍天下。

〔註22〕國立歷史博物館編輯委員會編輯：《筆歌墨舞──書法藝術》（台北市，史博館，1999年），頁176。

〔註23〕黃恬昕：《曹秋圃》，頁10。

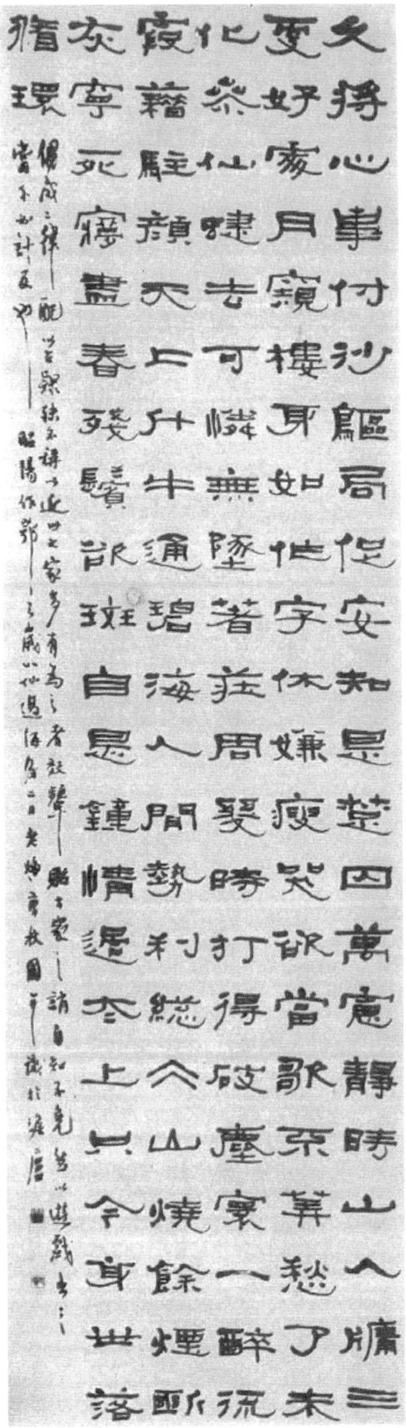

圖 3-2-6：曹秋圃隸書

圖 3-2-7：曹秋圃隸書

金農的隸書早年是「墨守漢人繩墨」的風格規整，筆劃沉厚樸實，其筆劃未送到而收鋒，結構嚴密，多內斂之勢，而少外拓之姿，具有樸素簡潔風格。50 歲既負盛名之後，他獨創一種「渴筆八分」融漢隸和魏楷於一體的「漆書」新書體，筆劃方正，棱角分明，橫劃粗重而豎劃纖細，墨色烏黑光亮，猶如漆成，這是其大膽創新、自闢蹊徑的標誌，獨創一格，附圖 3-2-8 是金農漆書的代表作品，金農融合了《國山碑》、《天發神讖碑》等書法名作，創出了以質拙樸厚爲體、楷書中雜有隸意、個性極強的「漆書」，綜觀歷代書家，的確深具個人風格，在「揚州八怪」中成爲最有成就的一位。〔註24〕

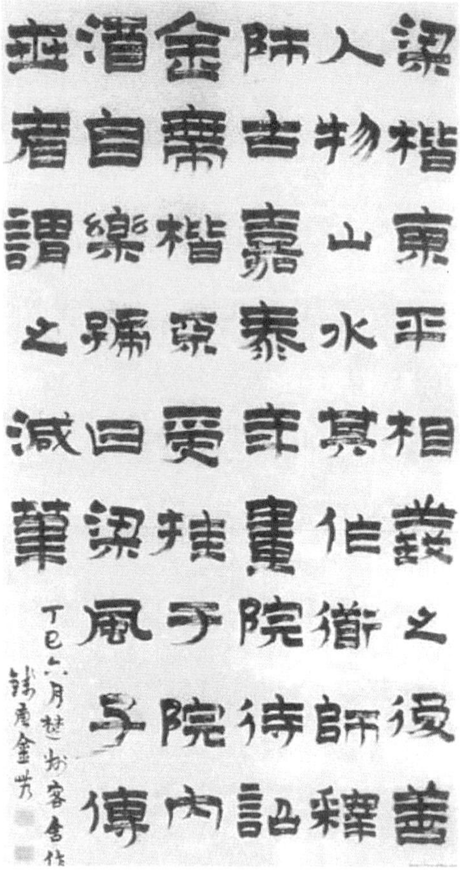

曹秋圃的隸書作品裡，有〈隸書劉方平月夜詩〉、〈澹廬主人學隸〉

圖 3-2-8：金農隸書

（如附圖 3-2-9）、〈隸書李建勳詩句〉、〈隸書顧況聽角絕句〉（如附圖 3-2-10）等。這些作品中的筆劃可以很清楚的看出金農「渴筆八分」的筆意，但曹秋圃因爲尚未學到箇中精萃，所以作品中可見其渴筆（濕中帶乾）已變成乾筆，這是他的所有作品中，寫得較不具水準的。因爲他並未學到金農「漆書」渴中帶勁的主要精神，筆力一定送到筆尖，如「子」的最後一筆（如附圖 3-2-11 金農隸書局部放大），是濕、乾、濕、乾、濕依著節奏至濕筆結束收尾，曹秋圃初期只學到他的乾澀，例如：「澹廬主人學隸」作品中，「青」、「苔」、「長」、「松」四字（如附圖 3-2-12 曹秋圃隸書局部放大），渴筆過多，只見燥氣，如「青」的第一筆，「長」的第五筆橫畫，以及「長」的捺筆，顯現筆力較弱，整幅作品，顯而易見其乾澀有餘，而溫潤不足。

〔註24〕http：//www.9610.com 清代書法，劉有林。流覽於 2009 年 3 月 1 日。

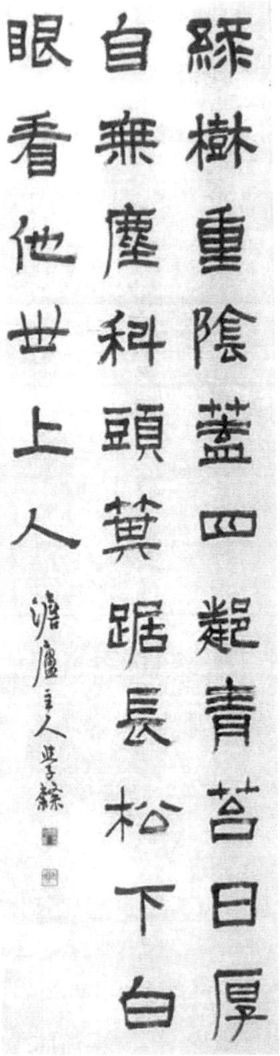

眼看他世上人

綠樹重陰藍四圍青苔日厚
自無塵科頭箕踞長松下白
橱廬主人坐弄□
□

圖 3-2-9：曹秋圃隸書

故園黃葉滿青苔夢後城頭
曉角哀此夜斷腸人不見起
行殘月影徘徊
顧沈德潛句秋圃□
□

圖 3-2-10：曹秋圃隸書

圖 3-2-11：金農隸書局部放大

圖 3-2-12：曹秋圃的隸書局部放大

附圖 3-2-10〈顧況聽角絕句〉不僅在結構上顯見縈實、緊湊，筆法上亦熟練多了，如「人」字與「後」、「徘」、「徊」等字的「彳」篇旁，已得金農之精神。附圖3-2-13〈唐玄度論十體書〉整體的結構，比起先前的隸書作品〈隸書李建勳詩句〉縈實，筆劃也厚實溫潤多了，且橫畫粗、直畫細，此時已得金農「漆書」神髓，風格已接近金農的漆書（詳見附圖3-2-8）。

三、呂世宜（1784～1868 年）

李郁周在〈曹秋圃書法的啓示〉一文中明白的指出，曹秋圃晚期隸書的「橫平豎直」，〔註25〕明顯是受到呂世宜的影響。〔註26〕

圖 3-2-13：曹秋圃隸書

〔註25〕隸書分爲秦隸和漢隸：一、秦隸早期的隸書，又稱爲「古隸」，這是隸書剛萌芽型的書體，這種字體的特點是半篆半隸，筆劃雖由圓轉變爲方折，但還沒有後來隸書的波磔和挑法，字形上仍然保持著細長的狀態。這種字體是用折筆來寫，而不像小篆是用轉筆，寫起來比較快，字形長方大小不拘，而不像秦小篆都是長方形而且大小整齊劃一。所以，這種秦隸，有人也稱做「篆書兼古隸書」。二、漢隸、漢碑上的字體叫做隸書，漢隸是發展成熟了的隸書，一般都把漢隸就叫做隸書。到了西漢恆帝、靈帝時，隸書已發展到成熟的階段，這時期的隸書，與秦隸有著較大的差別，筆劃間有波磔，字形扁平，這也是隸書的主要特色。與篆書相比，在字體結構上，隸書明顯的特點，主要是把篆書那種曲折的弧線變爲直線，而且字體的偏旁部首也大爲簡化，成爲方塊字。它的特徵是：隸書的筆劃只有直線方折而少圓轉，最明顯的還有使用波磔、挑法產生一種「蠶頭雁尾」的形狀。所以隸書在不同的時代幾乎就會有不同的樣貌，發展至清代又展現書家不同的風貌，呂世宜較接近秦隸，橫平可算是秦隸的特色，豎直就是呂世宜的個人特色了。

〔註26〕李郁周：〈曹秋圃書法的啓示〉，頁 43。

呂世宜，字西村，號可合，福建同安廈門人。博學多聞，精通書法，篆隸尤佳，與伊秉綬齊名。清末、日治時代，臺人寫隸書多由呂氏入門，也多走瘦勁俊拔一脈，形成獨特的地域性精神。書家如黃彥鴻、鄭鴻猷等曾受到影響，甚至曹容也曾經在此風籠罩之下。〔註27〕呂氏最精隸書，附圖3-2-14其橫平豎直表現與曹秋圃的後期作品（附圖3-2-16）較相近。1926年林熊光舉辦「板橋三先生遺作展」，展出呂世宜、謝琯樵、葉化成三位曾為板橋林家塾師的書畫作品百餘件，曹秋圃必定親臨觀賞。曹秋圃1934年在廈門活動時期，曾為廈門美專中文系講師蘇警予所藏（撈蝦翁與西村手札墨蹟）題詩，「韻事入郵筒，契深呂不翁；當年金石趣，恍惚見周公。」呂不翁即隸書大家呂世宜；周公即周凱，曹秋圃早年為青年詩家時期，從富藏台灣早年金石書畫的尾崎秀真處必看到不少周、呂兩人作品，所以應當多少受其影響，因有此詩。〔註28〕

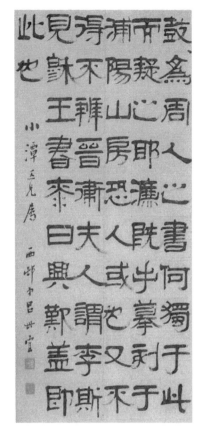

圖3-2-14：呂世宜隸書

至於曹秋圃是否臨寫呂世宜的作品，我們不得而知，但根據黃金陵的說法：「書家到一定的書法境界，不須臨寫，光憑眼力就可以看出那位書家的書寫技巧與特色，然後不著痕跡的融入自身的風格中。」〔註29〕此即如同杜甫詩句「春風潛入夜，潤物細無聲」，〔註30〕書家猶如萬物在不自覺的狀況下，接受春風之潤澤，也就是各家各派的滋潤。筆者相信，當時曹秋圃一定會有那樣的功力，倘若曹秋圃和呂世宜有一定的交情，那是會有些許影響的。

〔註27〕張炳煌、崔成宗編：《2004台灣書法論集》（台北市，里仁書局，2005年），頁74。

〔註28〕黃恬昕：《曹秋圃》，頁8。

〔註29〕筆者2009年6月16日之電話訪問記錄。

〔註30〕杜甫：〈春夜喜雨〉，《中國文學總欣賞：唐詩欣賞7》（台北，地球出版社），頁255。

四、陳蓁

號髯僧，福建舉人。能詩善文，尤工書擅
隸篆。現台北萬華龍山寺，有其揮毫之楹聯兩
對。根據輔大麥青龠教授的四種流派分析中，
有一股福建舉人陳蓁傳入的「隸代篆形」書法
流派風行於新竹以北地區。陳蓁的書法，日治
時代以來，台人書畫論著中都是以「小篆」視
之，這種特殊的「篆隸合體」，是篆是隸頗不易
界定（如附圖 3-2-15）。〔註 31〕

圖 3-2-15：陳蓁書法

曹秋圃早期作品「李建勳詩句」、「稽留山
民有此隸」（稽留山民是金農的別號），可看出
帶有陳蓁和金農筆意。曹秋圃民國 43 年為先嗇
宮所寫的隸書作品（附圖 3-2-16），筆劃粗細神
似陳蓁的平板厚實線條，較無顯著的變化。唯
字形結構上，曹秋圃是屬於扁平中略帶方正
的，而陳蓁則是屬長條狀的。曹秋圃早期橫畫
有波折、直畫有敧斜，愈至晚期「橫平豎直」
的筆畫愈明顯（附圖 3-2-16）。

黃金陵說：「曹秋圃一生書法走向，以『古、
老、樸、拙』四字為最終目標，平樸厚實，寓
變化於平穩，得自然醇實之美。」〔註 32〕曹秋
圃臨寫碑帖非常精準，不僅要形體、架構像，
也要捉住書家之神韻，最後脫離外在的形式書
寫法則，此乃工之極也，亦即「反璞歸真」，顯
現曹秋圃個人風格。

圖 3-2-16：曹秋圃隸書

五、張遷碑

曹秋圃的作品中，以張遷碑（附圖 3-2-17）筆意呈現的有〈張遷碑筆意截
書述古篇〉、〈虞集書說〉、〈畫錦堂記〉等。

〔註 31〕林偉洲、張子文、郭啟傳撰：《台灣歷史人物小傳——明清時期》（國家圖書
館，2001 年），頁 57。

〔註 32〕筆者於 2009 年 6 月 16 日之電話訪問記錄。

張遷碑立於東漢靈帝中平三年（186 年），明代初年發現。原石在山東東平，現保存在山東泰安岱廟內。碑文十六行，每行有四十二字，碑帖的內容是關於張遷的生平事跡及為人。碑文的書體端莊、典雅，筆致剛勁挺拔、凝煉，且富於變化。運用大、小、長、短、扁、方、粗、細的筆劃差異，互相參用，富優雅之美，它是東漢末年隸書體的代表之作，在書法史上佔有重要地位，是好書者必研習的重要法帖。〔註33〕

當然曹秋圃也深受其影響，於 1929 年（35歲）所寫的〈張遷碑筆意截書述古篇〉（附圖3-2-18）可看出曹秋圃隸書的方筆已逐漸增多，此件作品亦可以看出陳鴻綬《錢唐許君墓誌銘》的筆法，字形、結構因臨張遷碑而變得比較方正，橫畫已不是橫平，而是相背筆劃增多（如：「平」字上下橫畫，「無」字的三橫畫），筆劃粗細對應差異性亦增多。於同一年所寫的〈虞集書說〉可看出曹秋圃隸書的方筆已漸厚實，字體結構也變得更方正，顯見受張遷碑方筆的影響匪淺。

六、華山碑

東漢延熹八年（165 年）四月立，碑在陝西華陰西嶽廟中，明嘉靖三十四年毀於地震。此碑局部（如附圖3-2-19）是藝術性很高的名碑之一，體勢端莊，雍榮典雅，清朱彝尊評此碑說：「漢隸分三種：一種方整，一種流麗，一種奇古。惟延熹《華嶽碑》正變乖合，靡所不有，兼三者之長，當為漢隸第一品。」〔註34〕

圖 3-2-17：張遷碑局部

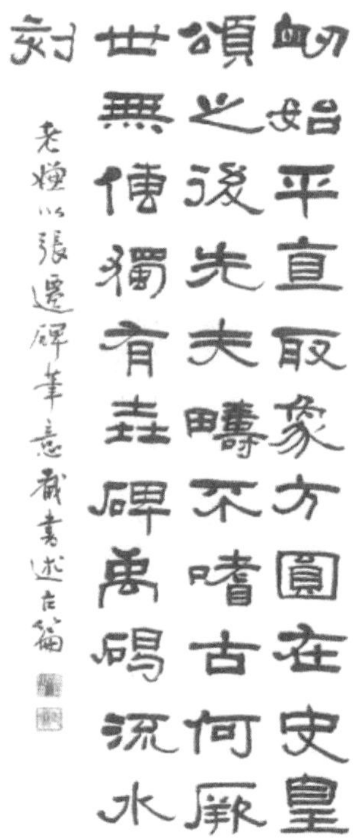

圖 3-2-18：曹秋圃隸書

〔註33〕http://www.oosa.net/華夏經緯網，平正有餘劉炳森，2005 年。
〔註34〕http://big5.xinhuanet.com 中華文化信息網，隸書的法帖──張遷碑。

在曹秋圃隸書作品中有一件〈華山祠堂碑考〉局部（如圖3-2-20），是曹秋圃臨此碑之證據，「內」、「又」、「祠」字的撇筆往上勾乃一大特色。

圖3-2-19：華山碑

七、西狹頌

《西狹頌》是東漢時期傑出的摩崖巨構，全稱《漢武都太守漢陽阿陽李翕西狹頌》，又名《李翕碑》，俗稱《黃龍碑》局部（附圖3-2-21）。其文體優美，遣詞精彩，集篆額、正文、題名、題記及刻圖爲一體。其氣韻高古的書法藝術和宏樸簡勁的漢畫風格，爲中外書畫家稱讚不已。康有爲《廣藝舟雙輯》贊其「疏宕」；楊守敬《評碑記》譽其「方整雄偉，首尾無一缺失」。〔註35〕1944年春天，曹秋圃第三次遊日本時，日人河井荃廬要曹秋圃臨寫《西狹頌》及《衡方碑》。《西狹頌》整體的特色屬高古，可惜的是，當時曹秋圃臨寫的作品於第二次世界大戰中付之一炬。至今，只能從當時旅日時的書法潤利傳單作品中略尋一二，如附圖3-2-23之圓轉筆劃。

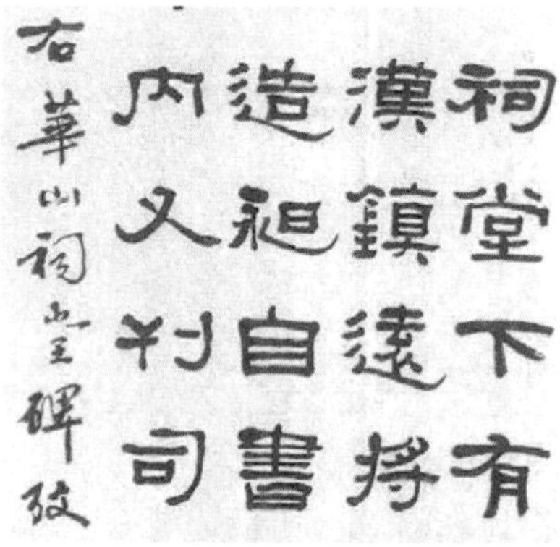

圖3-2-20：曹秋圃隸書

八、衡方碑

全稱《漢故衛尉卿衡府君之碑》（如附圖3-2-22）此碑字體方拙樸實，以拙取勝，間架穩實厚重，如虎臥閣下。筆劃端正粗壯，折角棱條分明，有嚴峻之態。章法行密字滿，於平正之中存欹斜之變。翁

圖3-2-21：西狹頌

〔註35〕http://blog.21nowart.com，金丹書法空間，中國在線藝術網。

方綱說：「是碑書體寬綽而閎，密處不甚留隙地，似開後來顏魯公正書之漸。」楊守敬《平碑記》也說：「此碑古健豐腴，當不在《華山碑》之下。」清代著名書法家伊秉綬隸書即源於此。〔註36〕《衡方碑》風格特徵為笨拙的結構和矛盾對比及異常強烈的線條，但笨拙並不是呆板僵硬；而是故作姿態的另一種美，另一種變化。

　　附圖3-2-23筆劃端正粗壯，折角稜條分明，有嚴峻之態，字橫畫密處不甚留隙地，於平正之中存欹斜之變，且每個字的結構疏密相當分明，如「到」、「印」是左密右疏，「饒」、「無」、「時」是上密下疏，還有「看」、「春」、「時」的欹斜之筆，頗有畫龍點睛之妙，此作很明顯較近似於《衡方碑》。

圖3-2-22：衡方碑

九、禮器碑

　　全稱《漢魯相韓勑造孔廟禮器碑》（如附圖3-2-24），四面刻，均為隸書。碑陽十六行，行三十六字，文後有韓勑等九人題名。碑陰及兩側皆題名。此碑自宋至今著錄最多，是一件書法藝術性很高的作品，歷來被推為隸書極則。書風細勁雄健，端嚴而峻逸，方整秀麗兼而有之。碑之後半部及碑陰是其最精彩部分。藝術價值極高。一向被認為是漢碑中精典之作。清楊守敬也說：「漢隸如《開通褒斜道》、《楊君石門頌》之類，以性情勝者也；《景君》、《魯峻》、《封龍山》之類，以形質勝者也；兼之者惟推此碑。要而論之，寓奇險於平正，寓疏秀於嚴密，所以難也。」〔註37〕此碑字口完整，碑側之字鋒芒如新，尤其飄逸多姿，縱橫迭宕，更為書家所激賞，攻漢隸者，多以《禮器》為楷模。〔註38〕

　　曹秋圃曾於1941年於日本《書苑》月刊發表《禮器碑》評，本論文於第二章第三節曹秋圃的主要著作中已作詳盡論述，由此可得知，曹秋圃對禮器碑之深入研究，倘若未臨寫，怎能有如此精闢之見解？

〔註36〕http://www.wenyi.com，碑帖鑑賞。
〔註37〕劉文華編：《禮器碑》明拓本，（河南，河南美術出版社，2007年），頁3。
〔註38〕http://www.yingbishufa.com，中國硬筆書法在線。

圖 3-2-23：曹秋圃隸書　　　　　圖 3-2-24：漢禮器碑局部

　　總括而言：曹秋圃早期隸書作品以陳曼生（鴻壽）的《錢唐許君墓誌銘》為主，加入金農漆書、呂世宜、陳蓁筆法。再以《張遷碑》隸書筆勢錄寫古人論書文字，作品有：晉衛恆的〈四體書勢〉、唐虞世南的〈筆髓論〉、唐張懷懽〈文字論〉、唐玄度〈論十體書〉、宋〈宣和書譜〉、宋周必大〈論書〉、宋范成大〈石湖集〉等，曹秋圃寫作時亦不忘將書學知識輸入腦海中。後又加入《禮器碑》、《華山碑》、《西狹頌》、《衡方碑》等碑帖，更充實他的書學理論與技巧。《文心雕龍》第四十八篇曾云：

　　　　凡操千曲而後曉聲，觀千劍而後識器。〔註39〕

楊子雲亦曰：

　　　　能觀千劍，而後能劍；能讀千賦，而後能賦。〔註40〕

─────────────

〔註39〕劉勰：《文心雕龍注釋》，周振甫注，知音第四十八，（台北市，里仁書局，1984年），頁888。

〔註40〕康有為著：〈卷一購碑第三〉，《廣藝舟雙楫疏證》（台北市，華正書局，1985年），頁19。

曹秋圃的書藝之所以典雅厚實，乃因其臨摹了為數不少的碑帖，碑與碑之間筆畫、字形、結構彼此互相交融而形成。林彥助說：「曹老師的書藝追求的是『書卷氣』與『金石氣』。」〔註41〕書卷氣是平時的閱讀而日漸形成，而金石氣即是由這些碑中習得。附圖 3-2-25 是曹秋圃 72 歲的隸書作品，曹秋圃融合了各家各派，加入自己的內在涵養與心性所展現出來的，其筆力遒勁、結構獨特、章法布白舒朗、落款簡潔，既可見其高古又能見其方拙樸實，是曹秋圃的中晚期隸書難得的佳作。

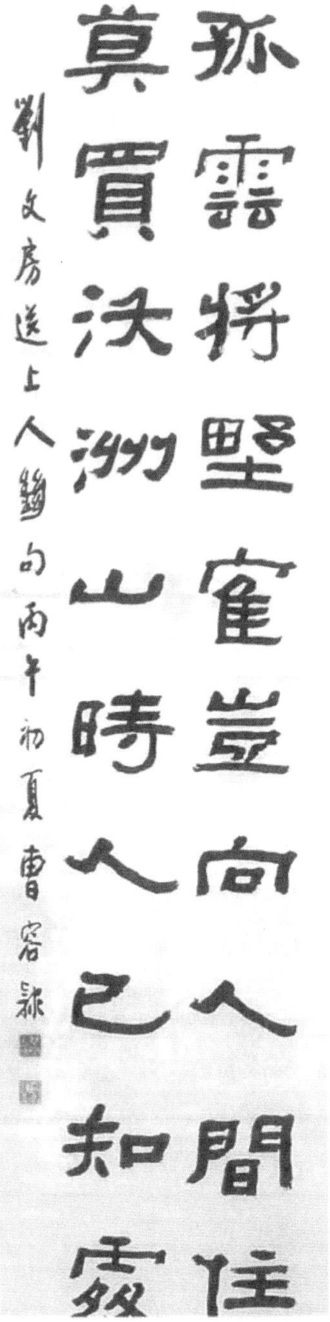

第三節　草書淵源

歷代每一位書家，在他的作品形成的過程中，必定臨摹眾家，取其精華。或取筆法筆意，或取線條粗細，或取墨色濃淡深淺，或取結構大小變化，或取章法布局，曹秋圃當然亦是如此。李郁周在〈曹秋圃的書法啟示〉論文中提到：「出生在台灣，台灣前輩書法家的書學成就，必然影響曹秋圃的書學歷程，這是近水樓臺的地緣關係。」〔註42〕

曹秋圃草書的淵源，早期除了業師陳祚年、張希袞外，另有明代草書名家如：王鐸、倪元璐、傅山等的墨跡都是曹秋圃學習的對象。曹秋圃在《曹秋圃書法集》中有一件作品（附圖 3-3-1）落款為「甲戌首春，偶擬明末諸家筆意，殊不可及，時代使然歟，乃友人見之，以為曾遊過神州大陸者，始能臻此，其然豈其

圖 3-2-25：劉文房送上人絕句

〔註41〕筆者於 2009 年 6 月 16 日之電話訪問記錄。
〔註42〕李郁周：〈曹秋圃書法的啟示〉，頁 43。

然乎，五嶽未遊夢境常悒悒，他日倘屐齒印徧大江南北，又不知下筆作如何氣槩耶。老嫌秋圃并識」可證明他的確臨摹過明末諸家作品。

其實，行書、草書在某些地方是互相影響的，曹秋圃草書主要以唐朝孫過庭《書譜》、懷素《自敘帖》為主，以下即是影響曹秋圃草書造詣較深的人物及其書法作品，分別論述之。

一、孫過庭《書譜》

孫過庭（活動於七世紀後期），一說名虔禮，字過庭，河南陳留人，一說名過庭，字虔禮，浙江富陽人。根據本卷自題，為吳郡人，名過庭。出身寒微，至不惑之年，始出任率府錄事參軍之職，因性高潔遭讒議而去官。之後，專注於書法研究。孫過庭專習王羲之草書，筆法精熟，唐代無人能與他相比。書譜不僅是一篇文辭優美的書學理論，也是草書藝術的理想典範，卷中融合質樸與妍美書風，運筆中鋒側鋒並用，筆鋒或藏或露，忽起忽倒，隨時都在變化，令人目不暇給，筆勢縱橫灑脫，達到心手相忘之境。〔註43〕

在王仁鈞的《書譜導讀》書中他提出：《書譜》（附圖 3-3-2）是以王羲之的草書型態為指歸的書藝作品，每字獨出，甚少綿接；各字之間，卻有著適當的呼應意味，使上下氣勢貫聯。〔註44〕這是書譜的特色，雖每字獨出，卻有著適當的呼應意味。《書譜》全書共有 350 多行，每行 8-12 字不等，全文共 3728 字（其中有若干殘缺和衍文）。

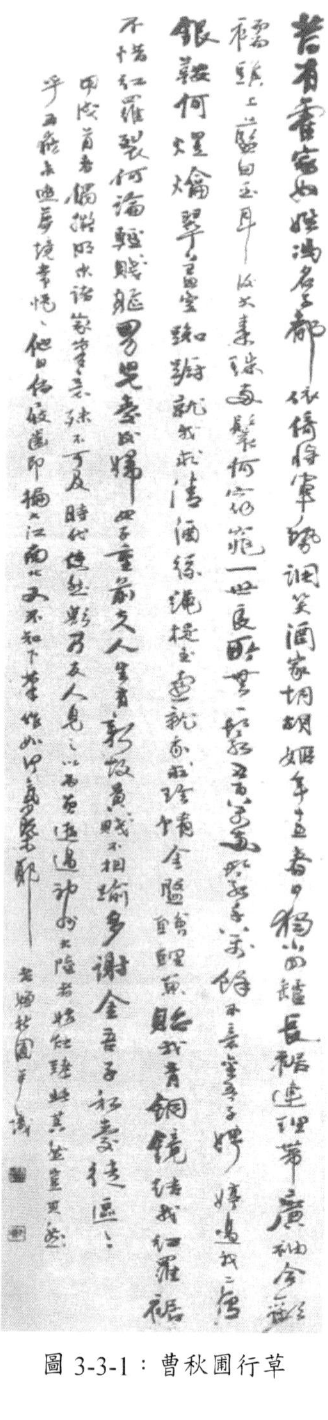

圖 3-3-1：曹秋圃行草

〔註43〕故宮博物院網站。2008 年 7 月 24 日。撰稿／何傳馨。
〔註44〕王仁鈞：《書譜導讀》（台北市，蕙風堂，2003 年），頁39。

圖 3-3-2：書譜局部

圖 3-3-3 曹秋圃行草局部放大　　　　　　圖 3-3-3：曹秋圃行草

　　《書譜》幾乎是每位書家在習書過程中，一定要臨寫的，因爲它不僅在書論上有「發前人所未發的見解」，在書跡上亦有過人之處。據黃金陵和林彥助及連勝彥三人共同說法，都證明曹師臨寫過孫過庭《書譜》。我們若從曹秋圃的作品中，一樣可以尋出蛛絲馬跡，如曹秋圃草書作品中，字與字之間的連筆較少，附圖 3-3-3 亦幾無連筆，大部分屬意連而筆不連，通篇筆調豪爽，但因曹秋圃楷書深受顏眞卿影響，所以草書作品筆畫比《書譜》厚實、沉著。

二、懷素〈自敍帖〉

　　懷素（725～785 年）俗姓錢，唐湖南長沙人，字藏眞。雖然是出家人，但性情疏放，不拘小節，常在喝醉時，遇到廟寺白牆，提筆就書寫。據說他少年時家貧，無法買紙，就常常以芭蕉葉當做紙，用來寫字，勤練書法，寫禿的毛筆，棄成一堆，埋成筆塚。〔註 45〕幼年就事佛的懷素，頗好書法，爲

〔註 45〕http://web.cca.gov.tw 目擊古中國，典藏精品，書法。流覽於 2009 年 7 月 15 日。

了目睹前人書蹟，開拓視野，特別離開家鄉，拜訪當代名公，其中尚包括今日熟知的書法名家顏眞卿。大曆 12 年（西元 777 年），懷素摘錄部分贈詩和序，寫成〈自敘帖〉此卷（如附圖 3-3-4）。〈自敘帖〉以狂草寫成，全幅充滿令人驚奇的變化，除用筆圓轉外，更打破字距、間距的限制，行筆時，上、下字筆意相連，造成字型豐富的變化，配合用筆的律動，呈現懷素不拘成法的創作精神，也可看出當時人對懷素書法藝術具有深刻的認識。〔註 46〕〈自敘帖〉一開始還遵守字與字、行與行的規則，中段以後，雲龍飛動，呈現了草書狂放不羈的特性，把中國文字解體成一種純粹視覺性的音樂享受，這是懷素狂草的個人魅力，也是〈自敘帖〉之所以流傳至今的原因。

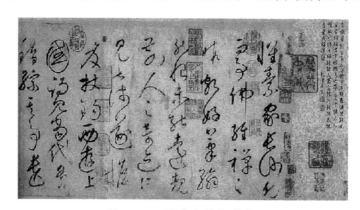

圖 3-3-4：懷素自敘帖局部

圖 3-3-4 懷素自敘帖局部單字放大

圖 3-3-5 局部單字放大　　　　　　　　　　圖 3-3-5：曹秋圃草書

〔註 46〕http://www.npm.gov.tw，國立故宮博物院。流覽於 2009 年 7 月 15 日。

　　雖然在曹秋圃的草書作品中，無法找到他臨懷素書法狂草的相似作品，這是因爲臨懷素狂草的作品，皆於第二次世界大戰中被無情的戰火焚毀，所以現在我們只能從曹秋圃的草書中的用筆方式，來探究其中是否有懷素狂草的蹤影。我們知道，懷素〈自敘帖〉（如附圖3-3-4）筆跡圓轉，筆筆中鋒，是他用筆的最大特色。筆者比較曹秋圃草書（如附圖3-3-5）和影響他書家草書的作品中發現，曹秋圃的草書圓轉之筆多於其他書家，也許這是唯一能看出曹秋圃受懷素影響的地方。附圖3-3-4釋文爲「東郡趨庭日，南樓縱目初，浮雲連海岱，平野入青徐，孤嶂秦碑在，荒城魯殿餘，從來多古意，臨眺獨躊躇。」圓轉筆劃多於折筆，如附圖3-3-5局部單字放大「南」、「庭日」、「雲」等。

三、王鐸（1592～1652 年）

　　字覺斯，一字覺之。號嵩樵、十樵、白雪道人、雲岩漫士等。河南孟津人，世稱「王孟津」，有「神筆王鐸」之譽，明末清初時的著名書法家。

　　王鐸博學好古，工於詩文，書法筆力雄健，長於布白，楷、行、隸、草各體，無不令人驚歎，其書主要得力於鍾繇、王羲之、王獻之、顏眞卿、米芾等各家，學米芾幾可亂眞，展現出其堅實的「學古」功底，學古且能自出胸臆，清梁巘評其「書得執筆法，學米南宮之蒼老勁健，全以力勝，然體格近怪，只爲名家。」〔註47〕王鐸行草書宗王羲之、王獻之，楷書出鍾元常，雖模仿鍾、王，最後亦能自出胸臆，走出自己的路，而自成一格，這是每位書家必經之路，曹秋圃亦是如此。

　　在我國書法史上，王鐸取法高古，與拘謹乏趣、滑弱無力的書風相抗衡，大膽創新，開創一代書風。王鐸的行書，恣肆隨性，揮灑自如，用筆沉著痛快，縱橫跌宕（喝醉酒走路之姿態），表現了撼人心魄的雄渾氣勢，極富感染力。曹秋圃在〈書道之我見〉中提到，書家的風格部分受時代背景的影響：

> 何謂時代性，即統合眾多個性，而成時代之潮流也。……明朝末葉，
> 當李自成張獻忠之亂，名祚將盡時，書風亦爲之一變。如傅山、倪
> 元璐、王鐸……諸名家之字，皆有一種激昂、慷慨、跌宕不羈之筆
> 勢，以寫其胸中鬱勃氣焰。〔註48〕

由上可知，曹秋圃應有受明末王鐸等人的影響，附圖3-3-6王鐸46歲的作品

〔註47〕〔清〕梁巘：〈評書帖〉，《歷代書法論文選》，頁538。
〔註48〕曹秋圃：〈書道之我見〉，頁45。

（曹秋圃所藏）與附圖 3-3-8 曹秋圃的作品與，兩件作品互相對照，不難看出曹秋圃在筆法、墨色、章法上受其影響頗深。附圖 3-3-8 是曹秋圃於 1931 年（37 歲），飽覽花東海岸及太魯閣峽谷的壯闊風光後的行書作品，強烈的章法布局及氣勢，墨色的運用鮮明，產生強烈的層次感，空間布白、疏密有致，筆調輕重揮灑自如，線條氣勢奔放，是曹秋圃眾多作品中，章法、布局、筆法屬較誇張的作品，誇張的程度並不亞於王鐸。

曹秋圃另有一幅於 1936 年（42 歲）所寫的「仙臺初見」作品（附圖 3-3-9），字裡行間可見其氣勢磅礴，形似王鐸，和曹秋圃 41 歲的作品（附圖 3-3-7）有極顯著的差異，41 歲時作品俊秀、清麗、爽朗，「仙臺初見」則瀟灑、豁達雄渾、不拘謹，所以，應可認為曹秋圃行書部分受王鐸影響。

此外，王鐸在結構處理上的構成意識也是前所未有的，空間的切割完全具有次序觀念，和強有力的理性處置效果，在變幻的行書中錘鍊出冷靜、有條不紊的效果。王鐸在筆墨上的創新也展現開拓性，他的線條遒勁蒼老，含蓄多變，於不經意的飛騰跳擲中表現出特殊個性，時而以濃、淡大膽製造線條與塊面的強烈對比，形成一種強烈的節奏，使人對他的能力敬佩不已。曹秋圃行書亦曾嘗試學著王鐸的墨色層次變化，但最後還是歸於自然呈現。

| 圖 3-3-6：王鐸行書 | 圖 3-3-7：曹秋圃行書 | 圖 3-3-8：曹秋圃行書 | 圖 3-3-9：曹秋圃行書 |

　　王鐸將書法形式以誇張對比顯現是一大創舉，在他以前還沒有人能像他那樣，主動地追求墨色的強烈變化和「漲墨」效果。〔註49〕王鐸的書法作品和創新精神，影響了明代以後數百年，直至當代仍受海內外名家推崇，中國大陸書法大師沈尹默、日本的村上三島都受其影響，在日本還有名為「明清調」的書法團體，以王鐸為宗，甚至認為「后王（鐸）勝前王（羲之）」。〔註50〕

　　由此可知，王鐸的書風對中國書法後來的發展，產生了巨大影響，曹秋圃只是其中之一。王鐸在結構處理上的構成意識，無人能及，仔細審視他的每一個字都好似一個人的姿態，或躺、或臥、或行、或立，有時以敧斜的姿態和跟你招招手；有時又施之以漲墨，害羞的隱藏他的臉，不可否認，王鐸的確深具個人魅力。王鐸的書風甚至也擴及到海外書壇，特別對東瀛書法影響頗深，甚至目前台灣書法界，他的影響力仍持續蔓延中……

　　根據黃金陵的說法，曹秋圃於東台灣太魯閣旅遊（1931年）回來之後，書風有巨大改變，那是因為東台灣太魯閣的崇山峻嶺、自然磅礡的氣勢，讓他眼界大開，而有所啟發。筆者認為除此之外，另一原因為曹秋圃受明末諸家的影響，（附圖3-3-1）的落款，曹秋圃認為臺灣及日本皆為島嶼國家，所以難有磅礡的氣勢，若學學大陸書家應可改善。學了之後，自己心有所感，雖讓人誤解其遊覽過神州，但曹秋圃認為還是無法完全迄及，因為明末的時代背景和他所處的時代背景不同。後期因曹秋圃溫柔敦厚、剛正不阿的個性，以及為了養氣而練就的迴腕運筆法和書道禪的理念，最後書道仍趨向平靜、淳樸、厚實之路，也因此形成最吻合他的個人風格。

四、倪元璐（1593～1644年）

　　字汝玉，號鴻寶，浙江上虞人，明代著名的書畫家。崇禎末年，李自成陷京師，自縊死。天啓七年（1627）出任江西鄉試之主考官，時宦官魏忠賢壟斷朝政，敗壞綱紀，元璐出考題譏諷之。思宗即位，誅魏忠賢，元璐才倖免於禍。〔註51〕

　　其書法學顏真卿，清吳德璇〈初月樓論書隨筆〉評曰：「明人中學魯公者，無過倪文公。」〔註52〕其書深得魯公厚實勁健之筆意，而更為勁峭，結體趨

〔註49〕 http://www.9610.com 書法空間，明代書法。流覽於2009年5月10日。
〔註50〕 http://art.people.com 人民網，記王鐸〈臨淳化閣帖草書卷〉張宇星，2006年。流覽於2009年5月10日。
〔註51〕 http://www.shxw.com 中國書法網，倪元璐作品欣賞。流覽於2009年5月10日。
〔註52〕 〔清〕吳德璇：〈初月樓論書隨筆〉，《歷代書法論文選》（台北市，華正書局，1997年），頁554。

於扁方，呈欹側之勢，以險寓正，風格奇倔剛毅，於明末自成一格。康有為曾評：「明人無不能行書，倪鴻寶新理異態尤多。」〔註53〕

　　倪元璐忠貞愛國，個性剛直，生存於明朝末年極端不穩定的年代，書法雖學剛直厚實的顏真卿，卻自創出瀟灑連綿的草書，形成獨特的風格。具有深厚顏真卿書法底子的曹秋圃，亦有收藏其作品，當然行筆之間亦有雷同之處，厚實筆調中偶有趨向狂野，曹秋圃亦得魯公（顏真卿）厚實勁健之筆意，結體趨於扁方，用筆蒼古勁爽，結字跌宕奇逸，章法字距茂密，唯行距較不如元璐寬疏，兩者皆注重節奏變化，以氣骨見長。曹秋圃草書如（附圖3-3-10）〈白樂天詩〉，釋文為「一夜新霜著風清，芭蕉新折敗荷傾，耐寒唯有東籬菊，金粟花開曉更清。」與倪元璐草書如（附圖3-3-11），兩者相似之處為：筆劃的輕、重、粗、細懸殊，斜撇連綿之筆繁多，整件作品造成視覺上強烈的跳動感，所以可以證實曹秋圃確實是受到倪元璐的影響。

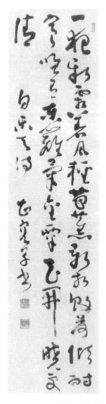
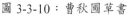

圖3-3-10：曹秋圃草書

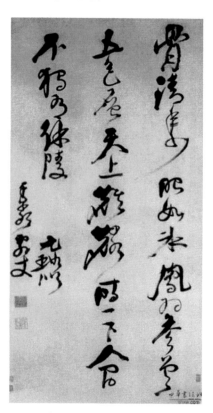

圖3-3-11：倪元璐草書

〔註53〕〔清〕康有為：〈廣藝舟雙楫〉，《歷代書法論文選》，頁800。

五、傅山（1607～1684年）

字青主、僑山、公它等，名
號甚多，入清後又名眞山，號朱
衣道人、觀化翁，山西陽曲（今
山西太原市郊）人。傅山通曉經
史、諸子、釋老之學，著有《霜
紅龕集》四十卷。長於書畫，專
精鑑賞，並開清代金石學之源。
他也是一位醫術高明的醫學
家，在文學藝術上他更是一位富
有批判和創造精神的思想啓蒙
先驅。「寧拙毋巧，寧醜毋媚，
寧支離毋輕滑，寧眞率毋安排。」
的藝術主張，三百多年來一直備
受推崇。精於經史與醫術的篤實
之士。特別是長條幅的行草書，
天衣無縫，顯示傅山的眞正的面
貌。〔註54〕附圖 3-3-13 把許多小
字寫在作品偏旁，爲其罕見之
作，且使用濃墨自如運筆，不見
些許弛緩，可見其功力雄厚。

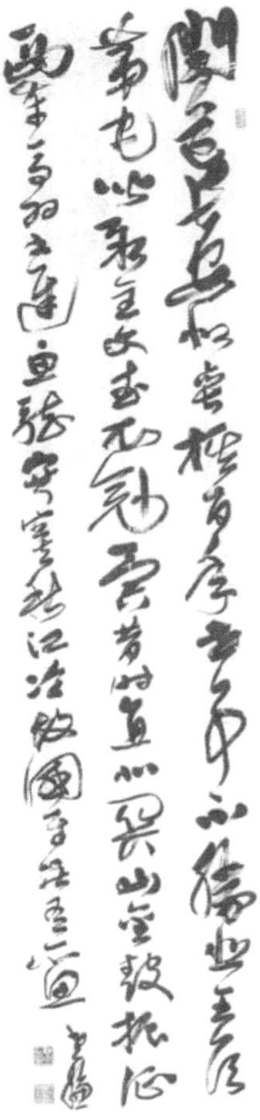

附圖 3-3-12〈杜工部秋興八
首之一〉是曹秋圃極少的連綿草

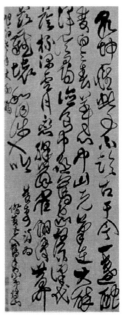

圖 3-3-12：
曹秋圃草書

圖 3-3-13：
傅山連綿草

作品之一，釋文爲「聞道長安似奕棋，百年世事不勝悲，王侯第宅皆新主，
文武衣冠異昔時，直北關山金鼓振，征西車馬羽書遲，魚龍寂寞秋江冷，故
國平居有所思。」這件作品的筆畫和傅山有絕對的關係，但因曹秋圃端正的
個性，以致他在章法上還是屬直式縱寫的布局，雖然單字部分已顯示出強烈
的氣勢與奔放情感，但和傅山作品如（附圖 3-3-13）寧支離毋輕滑、寧眞率毋
安排，狂放不羈、無拘無束的筆法，以及打破行的章法相較，雖然還有一段
很長的距離，但這對曹秋圃來說已經是很大的突破了。

〔註54〕http://www.9610.com 書法空間，清代書法傅山。流覽於 2009 年 5 月 10 日。

六、章　草

　　章草，其名稱的由來有若干種說法，各有其根據和道理：（一）史遊作草書《急就章》（本名《急就篇》），後來省略「急就」二字，但呼作「章」；（二）因漢章帝喜好這種書體，並命杜度等奏事用之，故得名，正如唐韋續《纂五十六種書》云「章草書，漢齊相杜伯度援所作，因章帝所好，名焉」；（三）此種書體，專用以上事章奏，因以得名；（四）取「章程書」詞意，指此書體草法規範化、法則化、程式化。〔註55〕

　　章草的特色，就是字字區分，不相連綿，體勢帶有隸書的法式，如橫畫末筆上挑，左撇又捺分明，但其筆劃縈帶處，往往細如游絲，圓如轉圓，這是隸書所無，而在今草中卻又常有的。總之，章草橫豎古樸如隸，在草書中當屬古雅者。〔註56〕所以，康有為《廣藝舟雙楫》〈行草篇〉有「若欲復古，當寫章草。」〔註57〕曹秋圃是古樸厚實的實踐者，當必親身體驗之。曹秋圃於74歲曾臨三國時代皇象《急就章》與晉索靖《月儀帖》，78歲又臨《趙松雪章草千字文》，斷斷續續前後約五年的時間，自稱已能得其神采。〔註58〕因曹秋圃具有深厚的隸書和草書功力，所以對於章草的表現是有相當的水準的。以下就其章草書學淵源敘述之。

（一）皇象《急就章》

　　生卒年不詳，三國吳廣陵江都人，字休明，官至侍中、青州刺史，尤善章草、八分，時號書聖。傳世書蹟有《天發神讖碑》（不確定）、《文武帖》、《急就章》（附圖3-3-14）等。他的草書「似龍蠖螫啓，伸盤復行」，「如歌聲繞樑，琴人舍徽」，樸質古情，沉著痛快，文而不華，質而不野。〔註59〕

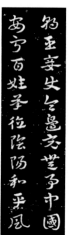

圖3-3-14：　　　　圖3-3-15：
急就章　　　　　　月儀帖

〔註55〕http://www.china-gallery.com 中國藝苑網，藝術庫存。流覽於2009年5月12日。

〔註56〕閔祥德編：《書法百問百答》（藝術圖書公司，台北市，2003年），頁114。

〔註57〕康有為著：〈卷六行草第二十五〉，《廣藝舟雙楫疏證》，頁232。

〔註58〕黃恬昕：《曹秋圃》，頁22。

〔註59〕http://www.wenyi.com，碑帖鑑賞。流覽於2009年5月12日。

（二）索靖《月儀帖》

索靖（239～303 年），字幼安，甘肅敦煌人，官至太守。博通經史，擅章草書。清劉熙載《藝概‧書概》云：「索靖書如飄風忽舉，鷙鳥乍飛，其為沉著痛快極矣。」〔註60〕傳世書作有《月儀帖》（附圖 3-3-15）、《出師頌》等，著有《草書狀》。〔註61〕

（三）趙松雪章草千字文

趙孟頫（公元 1254 年～1322 年）元代湖州（今屬浙江）人。字子昂，號松雪道人、水精宮道人。本宋太祖十一世孫，聰敏，讀書過目成誦，為文操筆立就。帝以之比唐李白、宋蘇軾。又稱其操履純正，博學多聞，書畫絕倫，旁通佛、老之旨，皆人所不及，書法高超絕俗，名滿天下。

早期曹秋圃因為篆刻的關係，一直和「篆書」保持密切的聯繫，雖然篆書作品並不多，但因長期接觸，耳濡目染的狀況之下，有其一定程度的影響。晚年又因為「章草」的加入，曹秋圃的書法世界，就直接進入了古樸、拙趣的境界。附圖 3-3-16 章草作品溫和雅致，比起曹秋圃的草書作品，更耐人尋味。

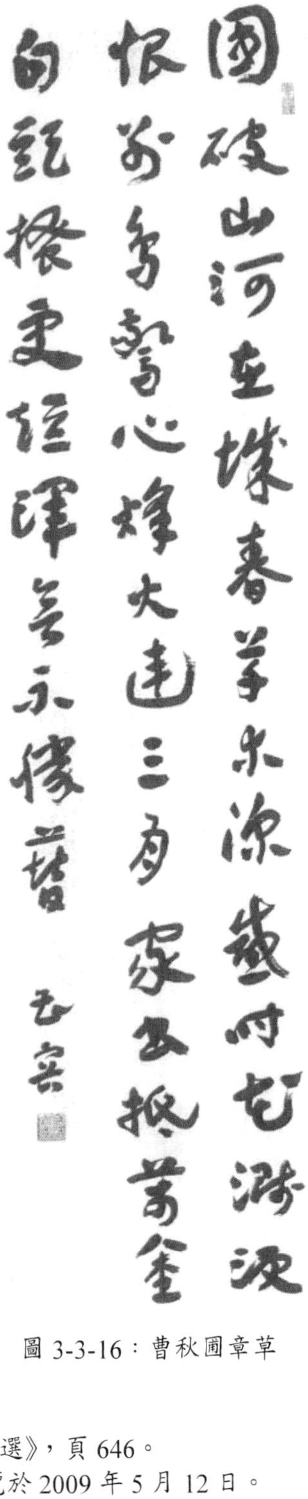

第四節　篆書淵源

曹秋圃留存下來的篆書作品有 1935 年《臨楊濠叟在昔篇一節》、《六經存遺緒》、《作訓纂篇班孟堅繼之》，1936 年《關門雜詠》，1939 年《花卉清新》對聯，1942 年《詩丹老

圖 3-3-16：曹秋圃章草

〔註60〕〔清〕劉熙載：〈藝概‧書概〉，《歷代書法論文選》，頁 646。
〔註61〕http://www.china-gallery.com，中國藝苑網。流覽於 2009 年 5 月 12 日。

人》，1969 年《澹廬一門展席上感作》，1971 年《重遊仙跡巖詩》，《主善為師》等作品。其中，1935 年的三篇作品，皆是曹秋圃臨寫楊沂孫《在昔篇》的部分文字。之後，他又加入日治時代流行的吳昌碩寫的《石鼓文》形式。其實，曹秋圃的篆書基礎，早在 1920 年代前後，參加瀛社活動就開始了，因日治時期流行吳昌碩寫的《石鼓文》。當時曹秋圃與鑑藏家尾崎秀真、篆刻家澤谷星橋（1925）、足達疇村（1927）等人，因刻印關係而有所接觸，其中與澤谷交往最密切，他為曹秋圃刻了十一方用印（如附錄二），曹秋圃亦曾嘗試篆刻，1939 年向尾崎秀真購得一套篆刻用具，半個月內即刻好《五蘊空》（陰文）、《四相絕》（陽文）、《度一切苦厄》（陰文）三方印（附圖 3-4-1）。〔註62〕根據筆者跟隨目前台灣篆刻家羅德星幾年的經驗，可從其作品中看出，曹秋圃的篆刻天分相當高，尤其是在印面章法布局上，真是可圈可點，可惜的是，他並未能持續。要刻好一方印，必須具備多方面的能力，首先要能寫好篆字，然後章法布局，最後藉由刀法呈現印文的力與美。從曹秋圃的印章作品中，可知曹秋圃對於篆書是鍾情的，根據《台灣地區前輩美術家作品特展（二）書法專輯》張台生所述：〔註63〕在篆書方面曹秋圃主張「下筆周秦」。曹秋圃說：「有清一代，碑學復興，稽其成，終不得與鐘鼎、甲骨諸文同日而語。」「其手韻之秀實古茂，神氣之沖淡渾穆，誠非後之學者所能仿得。」「教導子弟，亦素不主張學南北朝造像碑刻，以其為俗工所作，且滿目別字異體，與正統文字相乖互，殊不足取。」〔註64〕篆法耽慕周秦古文字，以《石鼓文》為主，與清楊沂孫《在昔篇》頗有契合之處，以下以此敘述之。

 曹秋圃刻印「五蘊空」。

 曹秋圃刻印「四相絕」。

 曹秋圃刻印「度一切苦厄」曹秋圃刻印

圖 3-4-1：曹秋圃篆刻

〔註62〕黃恬昕：《曹秋圃》，頁 26。

〔註63〕台灣省立美術館編：《台灣地區前輩美術家作品特展（二）書法專輯》（台中市，台灣省立美術館，1994 年 3 月），頁 65。

〔註64〕陳維德：〈曹秋圃書藝理念初探〉，《中華書道》，18 期，頁 26。

一、石鼓文

石鼓文（附圖 3-4-2）世稱「石刻之祖」。因爲文字是刻在十個鼓形的石頭上，故稱「石鼓文」，每塊石頭高約三尺，直徑約兩尺，是由山中天然的大圓石略加彫琢而成，文字即刻在石鼓的周圍，每具石鼓上刻有四言韻詩一篇，共十篇。石鼓文全文約七百餘字，現在只流傳下來二百餘字。

圖 3-4-2：石鼓文

關於石鼓文的來源，一種說法認爲石鼓文是戰國時代秦國的遺物，內容介紹秦國國君遊獵的十首四言詩，亦稱「獵碣」。另一種說法又按《書斷》所說爲「諷宣王畋獵之所作」，即周宣王時期太史籀所作。此石鼓文書法樸茂渾古，清康有爲稱之：「如金鈿委地，芝草團雲，不煩整裁，自有奇采。」歷代以來稱頌不已。〔註65〕

早期曹秋圃因爲篆刻的關係，一直和「篆書」保持密切的聯繫，雖然篆書作品並不多，但因長期和日人篆刻家接觸，耳濡目染的狀況之下，有其一定程度的影響。晚年又加入「章草」，曹秋圃的書法世界，就直接進入了古樸、拙趣的境界。

二、楊沂孫《在昔篇》

曹秋圃遺留下來的篆書作品，佔所有作品的比率不高，其中就有三篇作品，是曹秋圃臨寫楊沂孫《在昔篇》的部分文字，如 1935 年《臨楊濠叟在昔篇一節》（附圖 3-4-4）、《六經存遺緒》、《作訓纂篇班孟堅繼之》。

楊沂孫（1813～1881 年）字詠春，號子輿，晚署濠叟，常熟人。清道光 23 年（1843 年）舉人。官至安徽鳳陽知府。少時從李兆洛學諸子，精於《管子》、《莊子》。擅書法，尤愛「篆籀之學」，初學鄧石如，後吸取金文、石鼓文、漢碑篆書等書體筆法，久而有獨到之處，爲清代有突出成就的書法家。辭官返里後，篆書名重一時，兼工篆刻。〔註66〕

〔註65〕http://www.epochtimes.com 大紀元網站，曉陳整理。流覽於 2009 年 5 月 12 日。
〔註66〕http://www.bs2005.com 書畫互動網，楊沂孫書法作品欣賞。流覽於 2009 年 5 月 12 日。

圖 3-4-3：楊沂孫篆書　　　　　　　　圖 3-4-4：曹秋圃篆書

　　附圖 3-4-4 是曹秋圃臨楊沂孫《在昔篇》的作品，筆者認為曹秋圃若落款沒有註明是臨楊沂孫《在昔篇》一節，一般人會以為他是臨某篇古文字，因為它的字形、結構、筆劃皆屬簡潔，少有小篆的特色，卻具有古篆色彩，應可算是他個人的特色之一。

　　曹秋圃曾在一篇古篆《關門雜詠》（如附圖 3-4-5）詩題識中云：

　　　古文不活用久矣，以之寫詩，雖曰不稱，其不拘古篆於死地，吾人

　　　胸中之鬱結，亦可以稍舒矣。〔註67〕

曹秋圃雖然主張「下筆周秦」，但是必須「活用」、「不拘」，曹秋圃弟子張建富，曾對其師這段話作詳細研讀：「今人寫古篆必須是今人的古篆，而不是古

───────────────────────

〔註67〕朱仁夫：〈師傳典範曹秋圃〉，《曹秋圃先生書法學術研討會論文集》，頁 2。

人的古篆，很久無書家活用古文、古篆了，用古文、古篆直接寫詩的人更少，我現在用古文古篆寫詩雖然『不稱』，但我不拘古篆於死地，寫來也就可以得心應手，稍舒胸中之『鬱結』」。指出曹氏的古篆有「功力」有「新意」，非尋常之書家可比，50年後的書作其古茂渾穆風格仍然不變。所以，附圖 3-4-4 雖是臨楊沂孫的小篆，曹秋圃還是加入自己的想法，寫的深具古意。附圖 3-4-5 筆者認為已具曹秋圃個人特色，所謂今人的古篆。

三、澤谷星橋
（1876～1925 年）

澤谷星橋日據時期旅台書家，本名仙太郎。日本長崎縣人，能詩擅書，尤精篆刻與書法，所做篆書渾勁大方。1925 年 11 月卒於台北。

1925 年，曹秋圃有四言詩〈寄星橋道人魚鬆〉，以食物代替鈔票求印，不拘篆刻潤金的行規，可見兩人交情非淺。曹秋圃詩曰：「愧無餘物，潤鐵筆鋒；戔戔私意，寄此魚鬆。」是年夏天，澤

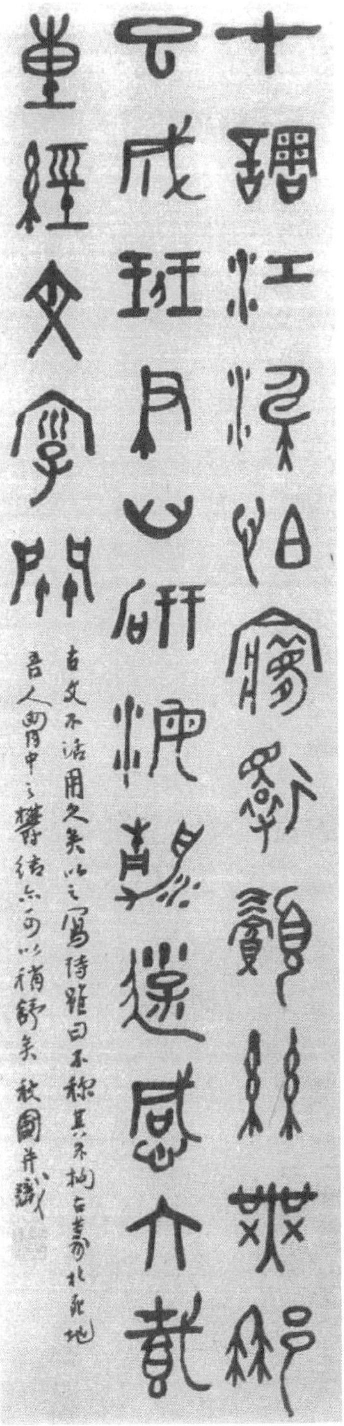

圖 3-4-5：曹秋圃篆書 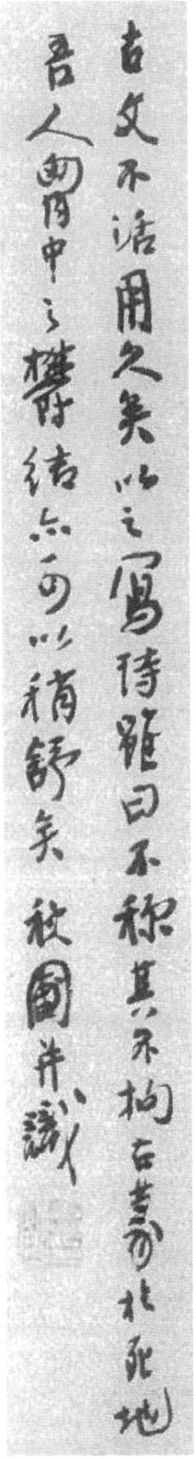　　　左圖落款放大

谷星橋寫了「嘉樂君子」四字篆書橫幅（如附圖 3-4-7）送給曹秋圃。〔註68〕
曹秋圃「嘉樂君子」四字即模仿澤谷星橋的字形寫成的，寫得樸厚大方且可
愛逗趣。曹秋圃學習篆書的過程，想必受澤谷星橋的啓蒙、指點和影響。附
圖 3-4-6「嘉樂君子」四字，即曹秋圃模仿澤谷星橋送他的「嘉樂君子」寫成
的，字形相似度達 90%，但筆力不及澤谷星橋，曹秋圃的線條勁道不足，收
筆太倉促。澤谷星橋線條如剛筋之彈力，收筆含蓄婉轉。兩者字形最大的差
異則爲「樂」字下方的點，曹秋圃點的含蓄，但趣味性較高。顯而易見的是
澤谷星橋的字，小篆意味（字形細長、筆劃勻稱）較濃，而曹秋圃的作品（附
圖 3-4-6）則蘊涵古篆意味。

圖 3-4-6：曹秋圃篆書

片 3-4-7：日人澤谷星橋篆書

四、吳昌碩（1844～1927 年）

　　初名俊、俊卿，字昌碩、倉石，晚以字行，別號缶廬，缶翁、苦鐵等。
浙江安吉人。清末曾爲江蘇安東知縣，但僅在任一月。書法諸體中又以篆書
成就最高。其篆書初師楊沂孫，後浸淫《石鼓文》，一生用心其間，所謂「一
鼓寫破諸藝通」。

〔註68〕淡江大學文錙藝術中心編：〈國父紀念館館長序文〉，《翰墨珠林——台灣書法
　　　傳承展作品集》（台北縣，淡江大學文錙藝術中心，2004 年），頁 197。

吳昌碩寫《石鼓文》早、中、晚期隨年齡、閱歷以及對藝術理解等不同而有顯著變化。早年因受楊沂孫影響，寫得工穩雅健，謹守法度；中年增以恣肆，從端正轉向欹側，長篇累牘由勁健變爲豪縱；晚年將過分追求欹側取勢的習氣漸收，近於沉雄。附圖3-4-8篆書《臨石鼓文軸》，所臨爲《石鼓文》第三鼓，於1925年82歲時所書，爲其晚年篆書精品。此作中精氣瀰漫，但緊中見鬆，筆力千鈞而從容自在，字勢也不過分追求欹側，而是在細處見變化，力量內含。但其行筆勁健通脫，節奏感極強，觀其點畫交結處，直如看勁竹吐節，老松出枝，深具活性。其在落款中言「肝患初平，書此尚有勁氣」，可知其書時心境極佳，而且於該作中之「勁氣」頗爲自負。「勁氣」二字亦可謂該作最大特色，82歲而氣不衰，筆勢縱橫老辣，值得稱道。〔註69〕

圖3-4-8：吳昌碩篆書

附圖3-4-9爲曹秋圃1939年篆書作品，釋文爲「華卉破東海之荒，母女同科特選。清新駕南樓而上，將軍異賞並加。」此乃爲讚賞莫逆之交張李德和母女的作品。總體來說，曹秋圃的篆書作品並不多，而且亦無個人特色，大都以臨摹參考爲主。因爲和日人篆刻家澤谷星橋（1925）、足達疇村（1927）刻印關係而來往密切，由他所刻的印章看來，他欣賞篆書的眼力，應更勝於他書寫篆書的功力。

〔註69〕http://www.bookschina.com.tw/1322645.htm，中國圖書網。

早期曹秋圃因為篆刻的關係，一直和「篆書」保持密切的關係，雖然篆書作品並不多，但因長期接觸耳濡目染的狀況之下，會有一定程度的影響。「樸、拙」在曹秋圃眼中是書法的最高境界，正如劉熙載《藝概》所言：「學書者始由不工求工，繼由工求不工。不工者，工之極也。『莊子山木篇』曰：既雕既琢，復歸於樸。善夫！」〔註71〕學習書法的人剛開始一定要學得像，不僅要形體、架構像，也要捉住書家之神韻，最後才有自己風格特色，脫離外在的形式書寫法則，此乃工之極也，亦即「反璞歸真」。不刻意雕琢，寫出最能顯現個人且自然樸拙的作品，這是所有書家夢寐以求的。

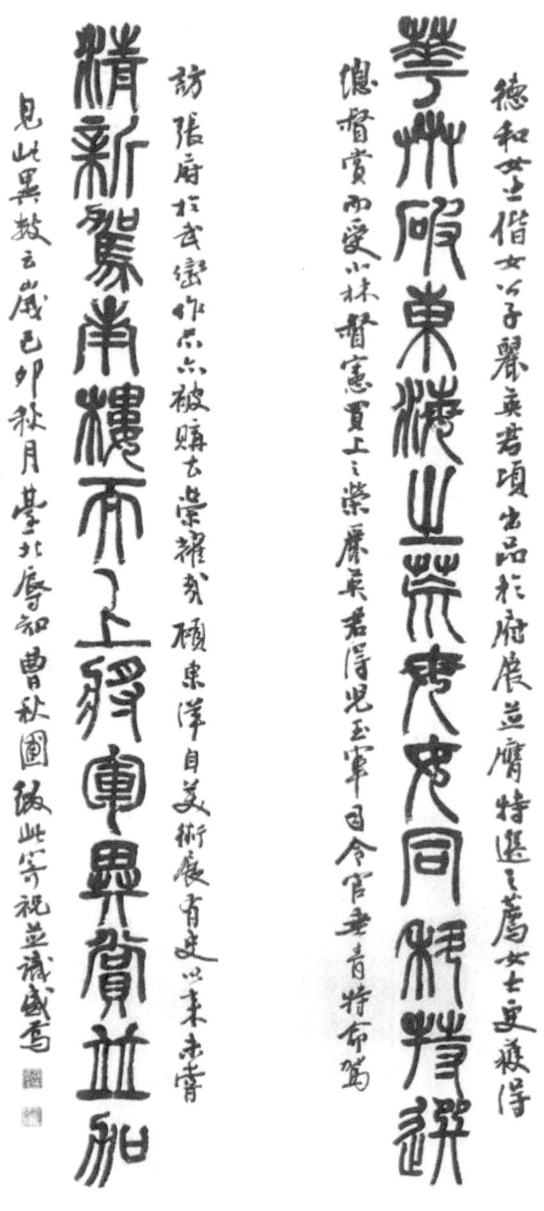

圖 3-4-9：曹秋圃篆書

〔註71〕〔清〕劉熙載：〈藝概書概〉，《歷代書法論文選》，頁 664。

第四章　曹秋圃的書藝基礎與書道觀

　　曹秋圃自幼接觸書法，執筆寫字，作文紀事，直至慈母離世，發憤習書，夜以繼日，焚膏繼晷地反覆臨摹歷代名碑帖，最後，終成一家且桃李滿天下。身為一個藝術工作者，對於藝術創作的觀點，往往影響其藝術表現及藝術風格。相同地，曹秋圃的書法藝術所呈現的厚實風貌，除肇因先天之才華與後天之修為，還有他的書道觀點。他一生從事書法藝術教育，不僅是一位善於實踐的藝術家，也是一位勤於思索的學者。近代討論曹秋圃書法的期刊、論文、書籍中，對於其書法藝術觀方面的探討為數並不多，以下就其國學與詩文涵養、書道藝術觀，分別論述之。

第一節　國學與詩文涵養

一、國學基礎

　　日人頭山滿一直對曹秋圃的詩書青睞有加，1940 年專程敦聘他為日本東京地區的頭山書塾任書法講師，兼任大藏省附屬書道振興會講師。這對曹秋圃來說真是莫大的榮幸，因之倍感珍惜，在教學之餘，與山本竟山、杉溪六橋、河井荃廬、足達疇村等名家，斟量書學，每以學、藝折服眾人，改變日人對台灣書壇的觀感，也博得日人對他的敬重。原因無他，即曹秋圃除了寫詩、寫書法之外，他還有很深厚的國學基礎，所以才能受到日人頭山滿的聘任。他旅日回台之後，曾對門下諸先生說：「他們日本人之所以看重我，並不是只看重我的書法，最重視的是我的學問。」從此言可知曹秋圃對自己的國學基礎是自信滿滿的。關於此點，在筆者採訪林彥助時，他提到：「曹老師 90

幾歲時看我的詩文作品，他依舊很清楚的指出我的詩中平仄不合處，令我相當的驚嘆、佩服。」〔註1〕眾人皆知詩文能力佳者，必有深厚的國學基礎。

另外，曹秋圃對書藝亦有獨到見解，以讀書、養氣作為書道學習的根本，他本身在成為專業書家之前即為一青年詩人，與當時台灣詩社互動頻繁。〔註2〕所以他在教授學生書法之外，更增列經史、詩詞為必讀，曹秋圃所使用的教科書大約有以下幾種：《三字經》、《論語》、《大學》、《中庸》、《孟子》等。〔註3〕另外，還有用以作文習字的課本有尺牘、初學字格、初入學早登科。大致而言，曹秋圃所傳授的是儒家的義理知識，故所用的教科書自然是以儒家經典為主。〔註4〕除了打好學生國學基礎，變化學生氣質之外，自己也在教學相長之下熟識儒家經典，受儒家經典影響頗深，國學基礎也因此紮紮實實，成為寫書法的最有力後盾。

曹秋圃堅持品格氣節，讀書養氣的主要目的在明德見性，以正其心。曹氏十歲時，何誥廷為他奠定良好的漢學基礎。11 歲影響他的藝文老師是楊嘯霞與陳作淦先生，楊氏是詩壇前輩，曹秋圃受其影響匪淺。也因其從小奠定深厚的國學與詩文基礎，而使得它的書法作品的展現，亦為其心情個性的展現。正如毛詩序曰：「詩者志之所之也，在心為志，發言為詩。」〔註5〕又如孔子所言：「不學詩，無以言！」〔註6〕詩可以敦品抒志，可以匡正世風，論功頌德，止僻防邪，陶冶情緒。張建富曾說：

> 曹秋圃被書壇所重視，他嚴格的臨帖指導，厚實老當各體兼善的書法功力、書風等，上流的詩作也最大的本錢，弟子謝健輝向他請示印書法作品集時，屢次遭他推辭。曹秋圃說他自己是詩好而不是書法好。這也是反應中國傳統文人的文化價值觀，詩是中國文化的精魂本命，書法則是詩文的肉體衣冠，書則是神采華飾，古人以詩作

〔註1〕筆者於 2009 年 7 月 2 日在澹廬文教基金會採訪內容。

〔註2〕日治時期，台灣全島傳統詩社繁榮興盛，共有二百七十餘個。見王文顏《台灣詩社之研究》（台北市，政大碩論，1979.6）。

〔註3〕另有《幼學瓊林》、《孝經》、《詩經》、《易經》、《書經》、《禮記》、《春秋》、唐詩、千家詩、千字文、聲律啟蒙、《史記》、《四書》註解、《爾雅》、《綱鑑》、《家語》、《左傳》、《公羊傳》、《周禮》。見黃淑貞：《曹秋圃書法研究》（中國文化大學研究所美術史組碩士論文，2003.6），頁 124。

〔註4〕黃淑貞：《曹秋圃書法研究》，頁 124。

〔註5〕〔漢〕毛亨：〈國風・周南・關雎〉，《毛詩正義》卷一，頁 16。

〔註6〕謝冰瑩等編譯：《新譯四書讀本》（台北市，三民書局，1991 年），頁 264。

爲重，是一種固本的行敎。

又說：

> 曹秋圃的詩，外形上是酬唱之作，而內質上都是自身心境與社會事
> 物的描繪抒發，然因他不是社會領袖，所以沒有台灣遊宦、官紳的
> 大氣與激盪，但卻有一種約守旁觀與隱喻參悟的樸質，研究曹秋圃，
> 不解讀他的詩是很難深入他的精神、思想、學養內容的。〔註7〕

從他的詩中可見其精神、思想、學養，若要將精神、思想、學養表達清楚，
須有深厚的詩文涵養及國學根基。曹秋圃從小身邊一直不斷有老師指導，陳
作淦、張希袞、陳祚年等，其中以陳祚年影響最深遠，陳氏除工於詩文、晚
年以書法遣興，闡明書法理論最先進，時稱爲先鋒者，其〈先識器而後文藝
賦〉中，以質文兼備，文情並茂的文藝思想，影響曹秋圃的書法創作理念最
大。略舉數行如下：

> 士有文壇馳騁；藝苑流傳。詞成黃絹；筆擅青蓮。則必觀其器量之
> 深淺；察其識見之虧全。惟渾厚與精明，斯稱致遠；俏輕浮而衒露，
> 豈曰能賢。……若乃不本性情；徒誇技藝。斗筲莫算，器非大成；
> 蠡管相窺，識同小慧。或摘豔而薰香；或爭妍而鬥麗。借翰墨以彰
> 身；盜虛聲以欺世。是則神離貌合，浸淫於謬語支言，何乃積厚洗
> 光，彪炳乎鴻章鉅製。〔註8〕

以上所言即告知：讀書人要在文壇上留名千古，必須觀其器量之深淺、識見
之虧全，這必須要多讀書以修身養氣，才能有渾厚與精明之識見，才能本乎
性情，借翰墨以彰身。否則盜虛聲以欺世、神離貌合，可見陳祚年對曹秋圃
影響之深遠。又 1925 年曹秋圃有〈喜篇竹先生歸台〉七律詩一首：「扁舟同
泛香江去（1920 年 5 月），相送榕城（福州）又五年，契闊情懷蕭一采，倦慵
身世柳三眼；……」誠摯表達對恩師的思慕心情。所以國學基礎的奠定，是
讀書人最基本的涵養，也是曹秋圃最在意的。澹廬弟子林彥助說：「士先品節，
而後文章。」應可說是澹廬校規，可見影響之深遠。東晉王羲之〈蘭亭集序〉，
唐顏眞卿〈祭姪文稿〉，北宋蘇東坡〈寒食帖〉，爲中國書法史上三大名作。
這三位於中國歷史上鼎鼎有名的大師，除了有超乎常人的書法寫作技巧之

〔註7〕　張建富：〈日治時代曹秋圃之探討〉，《書法敎育》15 期（1987 年 5 月），頁 97。

〔註8〕　見陳氏族人陳華堤編，陳祚年《篇竹遺藝》（台北，自印，1970 年），頁 105
　　　　～106。

外，倘若本身沒有豐富的學識涵養，如何能在不可遇而遇的狀況之下，自然流露出強烈的情感，而寫出如此撼動人心的千古不朽之作，至今仍無人能出其右。故書法絕不能只是為寫書法而寫書法，而是必須不斷地增廣見聞、充實知識、勤練技法，如此才能成為一代宗師。曹秋圃兼具書法技能與國學詩文的學識，故能成為一代書法大師，本身深厚的國學與詩文基礎當然居功厥偉。而曹秋圃亦於其行書作品中有相同的看法，曾書宋周必大論書：

> 晉人風度不凡，於書亦然，右軍又晉人之龍虎也。觀其鋒藏勢逸，
> 如萬兵銜枚，甲令素定，摧堅陷陣，初不勞力，蓋胸中自無滯礙。
> 故形於外者迺爾，非但積學可致也。〔註9〕

以上引文乃讚賞王羲之書法之無人能及，行筆如「萬兵銜枚」，除了掌控毛筆的功力之外，還必須有一定的學識的，以此表示曹秋圃非常的贊同。

曹秋圃國學詩文的學識豐碩，所以寫出來的字是兼具形式與內容的。從古至今，所有的藝術作品都是形式和內容的展現，那麼我們所見之書法作品，究竟要看他的內容或是形式呢？周俊杰認為書法不應成為文學的附庸，應提升書法藝術特有的「有意味的形式」表現，文字內容的選擇並不能與人的世界觀畫上等號，他具體的說：

> 書法的內容並不僅是文字內容本身，人們欣賞書法藝術，並不是為
> 了看「寫什麼」而是看「怎麼寫」。包括〈蘭亭序〉〈祭姪稿〉這樣
> 的名文也是借助於書法藝術，才得以流傳至今。〔註10〕

關於周俊杰的看法是，書法作品的內容乃因書法藝術而流傳，而他所謂的藝術，即是當時的書家是怎樣將這些字，很協調並且與內容有相當程度的情境搭配，是形式和內容兼備的千古名作，絕非只是形式而流傳至今。而人們在欣賞一件書法作品時，當然第一眼是整件作品的技巧形式的表達，其次則為書寫的內容為何？內容若能和整件作品的形式表達相稱相符，那價值就更高了。

從元朝之後，尤其到了明清，書家的創作大多不再是書寫自撰的詩文，而是書寫前人的詩文。如明朝董其昌、王鐸等人，他們的創作衝動，並非來自本身詩文的創作衝動，而是反覆的書寫杜甫詩卷。他們的作品就書法而言，亦為今日書法大家所稱頌。西方哲學家黑格爾（Hegel）在《小邏輯》

〔註 9〕 杜三鑫等編：《曹秋圃》（台北縣，何創時基金會，1997 年），頁 15。
〔註 10〕 周俊杰：《周俊杰書學要義》（杭州，西泠印社，1999 年），頁 145。

中有言：「形式非他，乃內容翻轉爲形式；內容非他，乃形式翻轉爲內容」。
〔註 11〕所以關於書法作品，我們可以單純欣賞他的筆墨點線，乃至通篇章
法的輕重疾徐、枯濕濃淡、疏密聚散所形成的節奏韻律。在創作上是配合
了詩文的內容和形式，在欣賞上則以翻轉成了書法作品的內容；反之，那
些本爲內容而爲我們不認識的詩文，卻翻轉成了他的形式，成爲筆墨所賴
以表現自身節奏韻律美的依據。綜合以上，因爲後期書家自作詩文的能力，
漸漸不如前輩書家，所以他們將歷代詩文的內容翻轉爲形式，形式翻轉爲
內容，作爲書家個人對於文字內容了解之後的書藝展現。所以，有一次，
澹廬書會聚會時，學員一手拿著詩書邊看邊寫，曹秋圃即告訴他：「應該背
熟詩並且要了解詩的意思，才能把眞情直接書寫出來。」〔註 12〕意思是說：
當書家要將一首詩，用書法作品呈現在觀賞者面前時，他必須完全了解詩
所要表達的情境內容，然後用粗細不同的線條，墨色的濃、淡、乾、濕，
表現出詩人詩中所要傳達的情感。寧靜者，筆墨線條必須較濕潤，節奏較
慢；豪放者，筆墨線條必須變化大且有較多飛白，節奏較快；悲愴者，筆
墨線條相較於前二者則應屬混亂，但情感眞切、自然流露，節奏則快慢相
間。如同王羲之、顏眞卿、蘇軾以上所舉的三位書法家，因著個人胸中的
思維及當時的情境，所創造出來的作品一樣。曹秋圃曾說：「每個人都有他
獨特的個性，寫出來的字都有不一樣的感覺，從寫出來的字體，可以感覺
到每個人的個性。」〔註 13〕所以一件作品的完成，會因爲作者的國學基礎
與學術涵養，加上作者的個性和功力，對詩文的解讀，而產生不同的結果。
例如：兩位同等功力的大師，他們在同一時間，使用相同的文房四寶，寫
相同的一首詩，相信結果一定大不同。

　　曹秋圃之所以能廁身於日治官紳文化社交活動中，全靠他的書法和詩作
兩項才能，因爲他並沒有顯赫的世家、人事和經濟背景。換句話說：曹秋圃
的書法獨樹一幟，和他的國學修養有絕對密切的關係；詩作的典雅與否，當
然也脫離不了國學涵養。所以我們從以下的詩作欣賞中，可照見曹秋圃的國
學深度與詩文涵養，及其豐富的生命情感。

〔註 11〕張世英：《黑格爾小邏輯》譯註，(台北市，唐山出版社，1987 年)，頁 17。
〔註 12〕李銘盛：〈書法家曹秋圃〉，《藝術家》21 卷 5 期（1985 年 10 月），頁 233。
〔註 13〕李銘盛：〈書法家曹秋圃〉，頁 233。

二、詩文涵養

身為一個詩人，倘若沒有很深的國學基礎，是很難寫出具有深度的作品。所以從以下《曹秋圃詩書選集》中收錄 1919 年至光復以後詩作，除了早期詩社集會上的唱和詩外，還包括感時記事、記遊寫景、中國書法學會活動寫實、中日書法交流展紀盛、澹廬書會月例會活動記錄、與澹廬門人得獎誌喜以及與其他書法家交往的應酬詩文等。以下就將其概分：（一）詩人交遊（二）感時記事與評論時事（三）寫景記遊（四）書論詩作等四部分，各列舉五至十首來說明曹秋圃的詩文涵養。

（一）詩人交遊，詩作賞析

曹秋圃在 1928 年旅日（1930 年）前，經常往尾崎（白水先生）的讀古村莊，觀賞尾崎收藏許多古今書畫珍玩，包括文彭、〔註14〕何震、〔註15〕丁敬、鄭板橋諸家。寫下了〈春日偕頑泉老友，訪讀古村莊，攜所得文國博鐫石，與白水先生所藏，文、何、丁、鄭板橋諸家鐫刻竹木石印，三十餘紐，相印證，主人相與舉杯讀篆，極盡一日清遊〉七絕五首。〔註16〕

小珠深巷萃賢窩，〔註17〕書畫圖章總舊科，
板蕩乾坤真不老，酒懷詩思歲時多。

古桐搨墨宋文山，正氣留痕喜觸顏，
取義成仁終絕調，起人控節憶燕關。

啟篋三橋又雪漁，鈍丁頑伯劫灰餘，
多君雅玩縱橫石，斗酒真堪下漢書。

竹木雲根共印桃，搜羅海國信寥寥，
如何四百年來筆，獨重揚州怪板橋。

〔註14〕 文彭（1498～1573），字壽承，號三橋，長洲（今江蘇蘇州）人，明代著名書畫家文徵明長子，曾任兩京國子監博士，世稱文國博。文彭精於六書而嗜好印學，將古章引遞印壇，變以往自篆牙章請匠工琢製之傳統，開自篆自刻、流派紛呈的文人篆刻藝術。文彭篆刻刻意追溯漢法，尤存宋元遺風。

〔註15〕 何震（1530～1606） 明代篆刻家。字主臣、號長卿，又號雪漁，婺源（今屬江西）人。精六書，認為「六書不精遂入神，而能驅刀如筆，我不信也」。提倡在加強書法藝術的基礎上提高印章藝術。

〔註16〕 曹秋圃：《曹秋圃詩書選集》，頁 214。

〔註17〕 曹秋圃：《曹秋圃詩書選集》（台北，澹廬書會，1983 年），頁 211。〈贈尾崎白水翁〉詩，註 1：翁家在小珠巷。得知小珠巷為尾崎秀真居處。

　　國博當年舊勒刊，儉夫磨滅太無端，

　　偏在款識猶堪讀，留作摩挲吉利看。〔註18〕

以上五首詩可看出曹秋圃的國學涵養，用字、遣詞、舉例，皆信手拈來，毫不矯情，詩中內容自然呈現當時與文人雅士，一邊喝著酒、一邊研究篆字，共同賞玩書、畫、圖章等的心情記事與歡樂情景。

（二）感時記事與評論時事，詩作賞析

　　男兒七尺氣千丈，自堪爲樑與爲棟，負嵎齟齬何紛紛，旗鼓甘供鄒

　　魯鬩；鳧氏羞與唱雞人，不鳴則已鳴驚眾，鯤溟三百六萬民，賴此

　　洪音醒醉夢。……（〈戲贈蔡奇泉〉）〔註19〕

此首詩在評論時事，曹秋圃於1922年（28歲）公益會與台灣文化協會正鬧得紛紛不休時，〔註20〕曹秋圃認爲堂堂七尺大丈夫（蔡奇泉精通法律），當以國家大事著眼，不應逞能與人互爭長短，才能眞正不枉長才。所謂「家事國事天下事事事關心」，曹秋圃以28歲的年紀，能有如此認知，可見其學識之豐、視見之遠。以下詩作爲其心情的描述：

　　久將心事付沙鷗，局促安知是楚囚，萬慮靜時山入牖，三更好處月

　　窺樓；身如作字休嫌瘦，哭欲當歌不算愁，了未化參蝴蝶去，可憐

　　無地著莊周。

　　幾時打得破塵寰，一醉流霞藉駐顏，天上斗牛通碧海，人間勢利總

　　冰山；燒餘煙斷灰寧死，夢盡春殘鬢欲斑，自是鍾情過太上，只今

　　身世落循環。（〈自題小影〉七律二首）〔註21〕

以上二首爲曹秋圃面對世事滄桑，心如楚囚般被困住，羨慕蝴蝶的自由之身，但卻無處可寄託、那生不逢辰無奈情景，只能藉由靜時觀山、三更窺月抒解內心的苦悶。又如：

　　化日已無光，蚩蚩過險崗，濤聲增怛惻，月色總淒涼；蠆毒孤懸島，

　　人權蹂躪鄉，可憐歸燕雁，海表任迴翔。（〈西表島〉）〔註22〕

此首爲1932年（38歲），曹秋圃依台北帝大教授久保天隨之韻作〈西表島〉，

〔註18〕曹秋圃：《曹秋圃詩書選集》，頁214～215。

〔註19〕曹秋圃：《曹秋圃詩書選集》，頁202。

〔註20〕參見曹秋圃：《曹秋圃詩書選集》，頁203。〈戲贈蔡奇泉〉註1：癸亥夏公益會與台灣文化協會對抗雙方到處演說互相折短。

〔註21〕曹秋圃：《曹秋圃詩書選集》，頁203。

〔註22〕曹秋圃：《曹秋圃詩書選集》，頁228。

抗議日本政府剝削台人勞力的種種惡形惡狀，表達個人對台灣人民的人道關懷。又：

> 火裏餘生出首都，茫茫何處寄吾廬，停車三保松原里，先繪天倫樂敘圖。（〈京寓五月廿五日遭燬〉）〔註23〕

此首為1945年所作，詩中敘述自1945年初以來，美軍不斷轟炸東京，房屋、人員、損傷無數，曹秋圃在東京的住屋，亦於五月廿五日被炸燬，只好逃離家園避居朴兒在三保半島的家，面對當時的情境，因而作此詩。

（三）寫景記遊

　　曹秋圃早年的行蹤以出生地台北地區而言：包括大稻埕、北投、觀音山、木柵、烏來等地，其他如桃園、台中、豐原、香港等。1930年代以後足跡已遍佈臺灣全島，另外受到前輩的鼓勵，足跡更及福建廈門、日本東京、京都、福井、北九州、大阪、神戶、清水、福岡（1966-1967）等地。曹秋圃戰前共載筆東遊日本三次，在加上戰後中日文化交流活動，這一生共四次東遊日本，留下許多膾炙人口詩篇。其中如：

> 稻穗黃連樹，茶叢樹覆盆，詩情兼畫意，總在夕陽村。（〈扶桑途次即景〉五絕七首之一）〔註24〕

> 都下名園八坂東，連山映帶梵王宮；櫻紅荻白多佳日，三十六峰煙雨中。（〈洛陽（京都）雜詠〉七絕十五首之一）〔註25〕

以上兩首為東瀛之旅，曹秋圃對異鄉的景色留下許多難忘的景象。又：

> 太魯閣峽浪如山，研海屠鯨去不還；何處豐碑當犵草，秋風人弔夕陽關。疊嶂層巒此最奇，風光傳語費疑思；自非任重遠來客，面目天教爾許窺。（〈太魯閣峽雜詠〉七絕十二首之二）〔註26〕

以上兩首寫於1931年東台灣之旅，這次的旅遊，曹秋圃觀覽太魯閣峽谷的峽浪如山、疊嶂層巒，讓曹秋圃眼界大開，書法氣勢為之一變。

> 來訪孤臣跡，蒼苔何處岑，鳥忙隨日早，山靜入人深，頑石多禪意，清泉出世心，勞勞無自苦，俯仰一沈吟。

> 雲山如老友，難會易相睽，隔水望蟾月，令人憶虎溪；梵音微石蟀，

〔註23〕曹秋圃：《曹秋圃詩書選集》，頁245。
〔註24〕曹秋圃：《曹秋圃詩書選集》，頁222。
〔註25〕曹秋圃：《曹秋圃詩書選集》，頁220。
〔註26〕曹秋圃：《曹秋圃詩書選集》，頁226。

雨意長苔蹊，遊衍年來事，疎鴻負雪泥。(〈鷺江雜詠〉七絕十三首

之二)〔註27〕

以上兩首寫於 1935 年曹秋圃載筆遊歷廈門，會見各界好友，且經過廈門美專

黃燧弼、謝雲聲等人的安排，完成兩次成功的個展。又：

回首前塵已十年，霜花人共老風煙，多情唯有三稜葉，依舊迎人不

減奸。歲月蹉跎髮易新，何時下筆始驚人，空枝妒殺老櫻樹，默孕

英華待好春。(〈江戶客次〉七絕五首之二)〔註28〕

1940 年曹秋圃受日本頭山滿之邀，第三度赴日，擔任頭山滿書塾書法講師兼

大藏省附屬書道振成會講師，1941 年作〈江戶客次〉七絕五首，表達曹秋圃

客居他鄉，內心情感的抒解與企圖振作的雄心。第一首：回首前塵十年感

慨時間飛逝，人花皆因歲月風霜的摧殘而老化凋謝，只有多情的三菱葉依

舊不減當年風情。第二首：雖然歲月催人老，雖然老櫻樹葉子已掉光，但

曹秋圃期待的是落髮之後的新髮，落葉之後的重新再長的新葉，待來年好

春孕化而成的英華，這來年的英華即是曹秋圃日日期待盼望的書法志業，

他要的是令人刮目相看，他要一下筆就讓所有的人讚嘆。以上寫景記遊抒情

詩，再次顯現曹秋圃的詩學氣度及深厚的文學涵養，皆來自於多聞、多見、

多行。

（四）論書詩作

　　古代的書法家常有兼顧詩人身分者，據《古今圖書集成》書家部載錄，

唐代書法家六百四十餘人，其中著名詩人幾乎全部包括其中。例如：唐初書

法四大家之一虞世南，就是唐初著名的詩人，其詩崇尚六朝的華麗與書法上

追慕王羲之的秀媚書風是相一致的。詩壇上的巨星李白、杜甫與書壇上的巨

擘張旭、顏真卿同時名世。〔註29〕這些詩人兼書家常以詩作來表達他們的書

論，曹秋圃本身也是詩人，在他的詩作中，也多有論書的作品，以下就其論

書詩作探討之：

1.〈論書〉1962 年，七絕四首之二

巧拙應知且莫論，謹防執律落旁門；虛心實腹由來久，一藝之微敢自

尊。讀書養氣致覃思，運用循環築始基，尋大自然歸筆底，蛇騰鵠

〔註27〕曹秋圃：《曹秋圃詩書選集》，頁 230～231。

〔註28〕曹秋圃：《曹秋圃詩書選集》，頁 242。

〔註29〕朱仁夫：《中國古代書法史》(台北，淑馨出版社，1994 年)，頁 331。

落有餘師。〔註30〕

2.〈乙卯春開例會於北投慈后宮示諸子〉1979 年

用夷化夏實堪憐，騁筆橫行已有年，養我清真新氣魄，復興文化著
先鞭。急從品學養清真，世道差遲怪異新；文字因緣香火業，藉茲
立格做完人。〔註31〕

3.〈滄廬論書〉1939 年

文字分途有異同，稽時小學怕心攻，要知下筆周秦上，貴拙由來不
貴工。搨墨摩崖事脫胎，覺羅一代最多才；金丹換骨無他訣，端自
收心養氣來。天稟隨人若可忘，畢生落筆到三倉，〔註32〕問他多少
臨池客，經幾波瀾見曙光。古法微茫石鼓中，劃期秦漢晉唐風，觀
蛇讓擔傳書草，屋漏錐沙已不同。〔註33〕

4.〈第十一屆滄廬一門展賀詩〉1979 年

學古臨池易，靜心養氣難；幾時微妙趣，隱顯出毫端。〔註34〕

5.〈第十二屆滄廬一門展賀詩〉1980 年

書既稱心畫，真堪表性情；殷勤循正軌，容易入雲程。

6.〈滄廬論書〉

入世貴恬靜，詩書表性真，步趨風雅士，珍重萬年身。〔註35〕

從以上詩中可以歸納出：「讀書養氣」、「立格做完人」、「貴拙不貴工」是曹秋
圃一生書藝的最高追求目標。「讀書養氣」與「立格做完人」是分不開的，所
謂「腹有詩書氣自華」，曹秋圃是個飽學之士，又是一位知名的詩人，在詩書
的陶冶之下，自然可以靜心，自然可以養氣，雖說「學古臨池易」，但若無法
靜心，寫出來的字亦「矜躁難平」、「破綻百出」，這是針對書藝不佳，還在練
習階段的人而言。清代周星蓮在《臨池管見》中說：「作書能養氣，也能助氣，

〔註30〕李郁周：《書禪厚實曹秋圃》，頁 108。
〔註31〕曹秋圃：《曹秋圃詩書選集》，頁 254。
〔註32〕《曹秋圃先生書法學術研討會論文集》，頁 75。三倉：漢時合《倉頡》、《爰
歷》、《博學》三篇，並為《倉頡篇》世亦稱「三倉」。又魏晉間又以《倉
頡篇》為上卷，《訓纂篇》為中卷，《滂喜篇》為下卷，合為一書，亦稱「三
倉」。
〔註33〕曹秋圃：《曹秋圃詩書選集》，頁 240。
〔註34〕黃淑貞：《曹秋圃書法研究》，頁 146。
〔註35〕曹秋圃：《曹秋圃詩書選集》，頁 255。

靜坐作楷書數十字或數百字，便覺矜躁俱平。」〔註 36〕曹秋圃詩「幾時微妙趣，隱顯出毫端」即是告訴我們，書家寫字時的心情，從書寫筆毫就可見出端倪。當書家處在浮躁不安的狀況，所寫出來的字是躁氣十足的；當書家處在平心靜氣的最佳狀況時，寫出來的字，亦較能感覺舒適平靜；當書家在情緒高亢激烈時所寫出來的字，亦可顯見出激烈不平之情。東晉王羲之的〈蘭亭集序〉、唐顏眞卿的〈祭姪文稿〉、宋蘇東坡的〈寒食帖〉，都是書家在很不尋常的心情狀況之下，所寫出來的千古不朽之作。所以現在有一個問題是：要寫出良好的作品，是否一定要如同曹秋圃所言，必須平心靜氣呢？自古以來寫書法的目的，是否都要求靜心養氣呢？答案很明顯是否定的。但曹秋圃之所以強調平心靜氣，這完全是他的個人思維和風格，其實曹秋圃寫了一輩子的字，他應該就是要「讀書養氣致覃思」、「文字因緣香火業，藉茲立格做完人」、「延年益壽」。

此外，他也強調「貴拙不貴工」。這已是清王國維在《人間詞話》中提到，人生三境界「見山是山，見水是水」、「見山不是山，見水不是水」、「見山又是山，見水又是水」中的第三境界——「見山又是山，見水又是水」的最高且最自然的境界。曹秋圃強調「下筆周秦」是要找回文字最自然原始的根源，「周秦」文字是最早之文字形態，就好像找回人性最初的本眞——嬰孩的天眞無邪一樣。又像是濃妝豔抹的女人，捨棄所有外在的裝扮，歸於樸實無華的眞純，那般的乾淨舒服不刺眼，如其詩所言「尋大自然歸筆底」。如同「思無邪」是他很喜歡寫的三個字，這三個字更可印證曹秋圃衷心樸拙的境界。綜觀他一輩子的書法作品中，大部分都是屬於較平心靜氣，規規矩矩的作品。其中曾經受到明清倪元璐、王鐸等個性化書家的影響，一度的想要突破自我，但最後回歸平靜，走出自己的路。部分原因為曹秋圃從小身體狀況不佳，所以他想利用讀書寫字練氣，讀書寫字練做人，最後更強調迴腕法寫字練身體以「延年益壽」，達到「書道禪」的最高境界。這是屬於他個人和其他書家，最明顯最特殊的不同點，也可以說是曹秋圃「看似平靜，卻是最強烈」的個人風格，就像平靜的海平面底下，卻蘊藏豐富多彩且令人驚歎的世界。林彥助〈澹廬夫子百年詩書衍化〉提到：

「士先品節，而後文章。」此即澹廬治學之根本。故入門學書者，

〔註36〕〔清〕周星蓮：〈臨池管見〉，《歷代書法論文選》（台北市，華正書局，1997年），頁 681。

務先多讀書，以充內蘊。讀書乃修身進德之本，滋沐聖賢之道、通融智慧之基，日擁書城自挹靈芬，得以敦實品德，即藝文自然互相輝映，翰墨自得神采。〔註37〕

又言：

學者不多讀書，自無法滋沐聖慧，故不能敦品，焉能正心德、裕內蘊？內蘊既空乏，何以超邁書藝？何以舒放神采？如此背棄正道而僅習技巧，窮奢表現，誠是金玉其外，敗絮其內矣。〔註38〕

所以說：「金丹換骨無他訣，端自收心養氣來」。一向強調「書品即人品」的曹秋圃以品德為一切之首，「立格做完人」是澹廬書會的終極目標。如清朱和羹曾言：「書學不過一技耳，然立品是第一關頭。品高者，一點一畫自有清剛雅正之氣；品下者，雖激昂頓挫，儼然可觀，而縱橫剛暴，未免流露楮外。」〔註39〕又清劉熙載〈藝概〉云：「凡論書氣，以士氣為上。」〔註40〕曹秋圃讀書以修身且對自我「品德」要求極高，「師嚴道尊」四個字用在他身上，筆者認為是最貼切的，他要求自己嚴格，不管讀書或寫字，甚至為人處世，皆能以身作則，當學生之典範，後世之楷模。

曹秋圃除了自作詩之外，他書寫時亦常摘錄古代書論，增添他的書學知識及書法功力，如：

1. 晉衛恒〈四體書勢〉

鳥跡之變，迺惟佐隸，蠲彼繁文，從此簡易。厥用既弘，體象有度，煥若星陳，鬱若雲布。其大徑尋，細不容髮。隨事從宜，靡有常宰。

〔註41〕

2. 宋范成大〈石湖集〉

漢人作隸。雖不為工拙。然皆有筆勢腕力。其法嚴於後世。真行之書。精采意度。粲然可以想見筆墨畦徑也。〔註42〕

〔註37〕林彥助：〈澹廬夫子百年詩書衍化〉，《曹秋圃先生書法學術研討會論文集》（台北，澹廬書會，1997年），頁37。

〔註38〕曹秋圃：《曹秋圃詩書選集》，頁35。

〔註39〕〔清〕朱和羹：〈臨池心解〉，《歷代書法論文選》，頁691。

〔註40〕〔清〕劉熙載：〈藝概〉，《歷代書法論文選》，頁664。

〔註41〕台灣省立美術館編輯委員會編輯：《曹秋圃百齡書法回顧展》（台中市，省美術館，1992年），頁41。

〔註42〕曹秋圃：《曹秋圃詩書選集》，頁71。

3. 元〈虞集書說〉

書之易篆爲隸。本從簡。然君子作事必有法焉。精思造妙。遂以名世。
方圓平直無所假借。而從容中度自可觀則。〔註43〕

4. 虞永興〈筆髓論〉之一

用筆須手腕清虛。虞安吉云：「未解書意者，一點一畫，皆求象本。
乃轉自取拙，豈成書耶！太緩而無筋；太急而無骨。側管，則鈍慢
而肉多；豎管直鋒，則乾枯而露骨，終其病也。粗而能銳；細而能
壯。長而不爲有餘；短而不爲不足。」〔註44〕

5. 〈丹鉛總錄〉引岳珂語稱

臨摹兩法本不同。摹帖如梓人作室，梁櫨欂桷，雖具準繩，而締創
既成，氣象自有工拙；臨帖如雙鵠並翔，青犬浮雲，浩蕩萬里，各
隨所至而息。〔註45〕

6. 趙秉文作〈草書集韻序〉曰

草書尚矣，由漢而下，崔、張精其之能，魏、晉以來，鐘、王擅其
美。自茲以降，代不乏人。夫其徘徊閒雅之容，飛走流柱之勢，驚
竦峭拔之氣，卓犖跌岩之志，矯若遊龍，疾若驚蛇。似邪而復直，
欲斷而還連。千態萬狀，不可端倪，亦閒中之一樂也。〔註46〕

南宋姜夔〈續書譜〉稱：「初學書不得不摹，亦以節度其手，易於成就。」又
稱：「臨書易失古人位置，而多得古人筆意；摹書易得古人位置，而多失古人
筆意。臨書易進，摹書易忘，經意與不經意也。」〔註47〕置碑帖於一旁，仿
照其筆劃書寫的稱「臨」；以薄紙蒙碑帖上，依其形跡而復寫的稱「摹」或稱
「影書」。一般人對「臨」、「摹」總是不清不楚，唯有深入探討書法的人，才
能清楚了解臨書是要學取古人筆意，摹書是要學取古人架構的，這是曹秋圃
從《丹鉛總錄》中所習得的「臨」、「摹」基本書學常識。

　　從虞永興〈筆髓論〉之一，獲得用筆的方法，用筆須手腕清虛。運筆速
度太緩慢，筆劃就顯得無筋無勁；運筆速度太急，則筆劃就顯得無骨、無架

〔註43〕 杜三鑫等編：《曹秋圃》，頁8。
〔註44〕 曹秋圃：《曹秋圃詩書選集》，頁18。
〔註45〕 《澹盧書法集》（臺北縣，澹盧書法專修塾，1971年），頁18。
〔註46〕 《曹容》（臺北，中華澹盧書會出版，2003年），頁29。
〔註47〕 〔南宋〕姜夔：〈續書譜〉，《歷代書法論文選》，頁361。

構，字體軟弱無力。側管，則鈍慢而肉多；豎管直鋒，則乾枯而露骨。「未解書意者，一點一畫，皆求象本。」真正書法的精髓是書家的精神，而非字形筆劃，所以說：未解書意者，只求一筆一劃的相似度，只能學到書家的軀殼，難得進入書家的精神境界。

又從趙秉文〈草書集韻序〉中得知，草書的姿態必須是千態萬狀的，矯健若遊龍，疾勁若驚蛇之筆力，字形架構則須敧斜但卻又直挺，字與字之間則必須字字連貫、一氣呵成。章法則須如閒雅之容，飛走流柱之勢，驚辣峭拔之氣，卓犖跌岩之志。

曹秋圃就是從歷代書家一點一滴的經驗中吸取智慧，逐漸練就一身的功力，最後成就一生的事業。

第二節　書道藝術觀

書法歷史久遠是中國的國粹，它是以書寫漢字為表現手段的一門抽象視覺藝術。在書法界有「晉人尚韻，唐人尚法，宋人尚意，明人尚勢。」的說法，「書法」這個詞就出現在唐代的「尚法」時期，在唐之前稱書法為書、書藝或書道。現在日本仍稱書道，韓國稱書藝。稱「書道」涵義是很深的，是將書法作品視為一個完整的有機體，從整體上、意境上、意韻上把握和體味書法藝術，書法家所追求的藝術境界，也就是道的境界。〔註48〕在此將從曹秋圃的「書道即精神」、「書品即人品」、「貴拙不貴工」、「迴腕法與書道禪」，論其書道藝術觀。

一、書道即精神

究竟書法與書道有何異同？在談曹秋圃書道藝術觀的同時，我們必須了解書法與書道的不同，因為曹秋圃之所以成為一代大師，主要原因是他在書道上的修為。

關於書法一詞，日本一開始即稱為書道，顯然它是把文字的書寫作為一種藝術形式來指稱。其實，中國從古至今談論「道」字最精闢的莫過於老子，他認為「道」充塞於天地之間、無所不在；「道」是人生最高境界。老、莊都是為人生而藝術，「道」是他們所追求的最高境界，此一思想也影響了後世的

〔註48〕http://www.epochtimes.com 文化生活藝術網。流覽於 2009 年 3 月 22 日。

藝術觀。今人徐復觀在《中國藝術精神》中提到老莊所謂的「道」，深一層去了解，正適應於近代的所謂藝術精神。〔註49〕曹秋圃〈書道之我見〉更提出他的見解，說：

> 書之爲道，豈容以小技而藐之哉。或謂書不求取專家之書，畫不求取專家之畫，以其拘於形跡，無真性情之可言。此語最得吾心，最切中現代所謂書畫家之通病。有如宋儒論學，不在章句，而在乎章句之外，靜以求之，悟而得之。余謂書道之學，不專在乎筆勢結字，而在乎取神，正與此同。〔註50〕

這裏曹秋圃提到：無論是書或畫的創作，皆重在「真性情」的表達。他以宋儒論學爲例，並提出「靜以求之」到「悟而得之」的歷程；再總結書道之學，不專在筆勢結字，而在乎取神，也就是精神的表現重於技巧的表現。筆者贊同曹秋圃得意門生黃金陵《書道禪心》的說法：

> 書法是書寫之技法，舉凡點、劃、捺、撇……等基本線條之寫法，結體之構成、組合及安排等屬之，乃「有爲法」的表現形式。書道者，書寫作者心靈空間之究竟也，舉凡思想上對道的認識，生活上禪踐的體悟，做人基本道理的心得等屬之，乃「無爲法」。書法若喻入世法，書道即爲出世法。書法者熟於技法，書道者熟於技法後，更精進於心靈修持的心法工夫。〔註51〕

黃金陵對書道的詮釋，可以說對其師之說作了更詳盡的發揮。他區分了「有爲法」的書法技巧等表現形式與「無爲法」的心靈境界的表現，並強調書法固要熟於技巧，書道則須於技巧熟悉後，再精進於心靈修持的心法工夫。

　　大陸書法學者徐建融在《如何欣賞書法》一書中也談到：

> 從筆法、結體到章法，他們既有規定的基本要求，但按部就班還不能稱得上是真正的書法。而必須通過長期的訓練，用主觀的心靈去穎悟，去變化，在規矩的基礎上獲得超昇，從有法的必然王國，進入到無法的自在王國，也就由技進入到道。〔註52〕

〔註49〕徐復觀：〈中國藝術精神主體之呈現——莊子的再發現〉，《中國藝術精神》（台北市，學生書局，1988年），頁49。

〔註50〕曹秋圃：〈書道之我見〉，頁43～44。

〔註51〕一燈：《書道禪心》（台北市：淑馨出版，2000年），一燈爲曹秋圃得意門生黃金陵。

〔註52〕徐建融：《如何欣賞書法》，頁24。

所以我們可以明白，從書法的規矩技法上去獲得超昇，超昇的過程即是用主觀的心靈去穎悟、去變化，超昇的境界也就是道的呈現。北魚《國畫與禪》也說：

> 書法藝術和其他藝術形式一樣，它之所以稱作藝術，關鍵在於顯示本性。形式只有具備了本性，才能成為活的生命。不見本性的作品，可以是書，而不必是「法」；可以是書，而不必是「道」。禪宗以為「有念即有心，有心即乖道。無念即無心，無心即真道。」藝術是借助於有心而體驗無心，借助於物象而體驗空性的一種自身體驗。所謂「書法」、「書道」乃是借助於書而顯示法與道，借助於點畫而顯示生機。〔註53〕

這裏更進一步闡述了書法創作的藝術呈現乃在於顯示本性，並藉禪宗「有念即有心，有心即乖道。無念即無心，無心即真道。」〔註54〕來說明藝術乃是借助有心來體驗無心，藉助物象來體驗空性的一種自身體驗。這些說法都可與曹秋圃重「靜」、「悟」以求得真性情、真精神的書道觀相呼應。

　　曹秋圃一生從事書法創作，除了技藝的學習外，更重視讀書、養氣及品德的培養、人格的提升，足可說明他的書藝並不僅只於技法的學習，而是躋進於「道」的境界。綜觀他一生的成就，實已由「法」（回腕法）而進於「道」（書道禪），這正是他真性情及藝術精神的呈現。因此，才得以展現出不凡的書道藝術，並且影響深遠。

二、書品即人品

　　曹秋圃是台灣地區較早以書法作為專業，而終生以赴的代表人物。〔註55〕他對台灣的書法傳承影響深遠，筆者認為和他的人品有很大的關係。他在〈書道之我見〉一文當中曾提出：「書道之為道，學之不難，卒業為難，卒業得有生氣而品高者為尤難。」〔註56〕曹秋圃認為書道最困難者，當屬有恆及身心修養的功夫，所以他說：「內美才有外美的表現」。〔註57〕將作品的線條結構

〔註53〕北魚：《國畫與禪》（重慶，四川美術出版，2006年），頁72～74。
〔註54〕〔唐〕法融：〈絕觀論〉，《禪宗全書》36，頁3。
〔註55〕李郁周：〈曹秋圃書法的啟示〉，《曹秋圃先生書法學術研討會論文集》，頁42～66。
〔註56〕曹秋圃：〈書道之我見〉，頁43。
〔註57〕曹秋圃：〈書道之我見〉，頁44。

寫好是技巧，技巧熟練並非難事，最困難的是作品能展現出書家品格的高尙與靈氣才是上上之作。趙之謙於《章安雜說》云：「求仙有內外功，學書亦有之。內功讀書，外功畫圈。」〔註58〕清劉熙載〈藝概書概〉裡說：「學書通於學仙，煉神最上，煉氣次之，煉形又次之。」〔註59〕區分書法的水平高下，以神韻爲最高層次，氣格第二，形質技巧最後。「內功讀書」指學術素養，「外功畫圈」指書寫技法，運用內外雙修的途徑，充實學識內涵，以擴大書法表現的內容和形式。學習書法應如道士求仙，有內外功之修練方式，一方面要泛覽群籍，由外探求、提升國學造詣及藝術創作理念，同時得刻苦勤練技法，臨池不輟，如此兼顧實踐與理論，使之相生相成，所以兩者是學書者求精進必做的功課。如曹秋圃所言「千百年後披閱之如晤對其人，令人正襟起敬，非尊其爵位之隆，慕其勳名之盛，實其氣骨其神韻躍然紙上，有足感人者。」〔註60〕即使千百年之後，他的作品依然令人感動，並非他的技巧高超，而是作者氣骨神韻躍然紙上。因此，若非書家「善養其氣」、「善悟其神」或本身書品極高者，無法達到此一境界。

　　曹秋圃旅日回台以後，曾對門下諸生說：「他們日本人之所以看重我，並不是只看中我的書法，最重視的是我的學問。」〔註61〕從曹秋圃詩學功力，可見其爲一飽學詩書之書法家，雖然他的筆法線條並非絕對的出色，卻也能自然散發出濃濃的「書卷氣」。大陸書家劉曉晴在《書法藝術的創作與欣賞》中，對「書卷氣」作了詮釋：

> 所謂「書卷氣」，即士夫氣，這種書法，合乎情理，復有意蘊，妙造自然，饒具天趣，刊盡鉛華，蕭遠峭逸，離尖拔俗，耐人尋味，使觀賞者有坐對移晷，傾消俗想之感。是否有「書卷氣」，關鍵處是看一幅字是否富有意蘊、神采、性情、質地、氣蘊風度等藝術的內涵，這是一種內在的美，相反爲法度所縛，爲形式所拘，徒以功力見勝者往往流於俗格。〔註62〕

〔註58〕〔清〕趙之謙選，趙而昌整理標點：《章安雜說》，頁4。
〔註59〕〔清〕劉熙載：〈藝概書概〉，《歷代書法論文選》，頁666。
〔註60〕曹秋圃：〈書道之我見〉，頁43。
〔註61〕戴蘭村：〈莫嫌老圃秋容澹──曹秋圃先生其人其書〉，（台北市，雄獅美術雜誌社，2003年），頁36。
〔註62〕劉曉晴：《書法藝術的創作與欣賞》（大陸，上海人民出版社，1991年），頁160。

陳欽忠亦於《法書格式與時代書風之研究》之〈書卷意與雅俗之辨〉中，引大陸學者陳滯冬在〈中國書法的傳統與現代〉一文中所說：

> 在古代中國，書法正是因其與詩歌的完美結合而獲得巨大生命力的，如果沒有詩的介入，書法勢必不可能成爲一種獨特的有感染力的藝術形式。〔註63〕

陳欽忠認爲：這是探討古代書法一針見血的論見，他說：「『獨特的有感染力的』部分，應是詩書互涵之後產生的，具有詩意的意趣與情味的『書卷意』而言。」〔註64〕他又說：

> 在近代文人階層消失前的書壇，書家莫不看中在技法之外的學識修養，進而以此素養所流露的書卷氣質自豪，或以此品第書法的高下，成爲我國文化體系中獨樹一幟的藝術鑑賞方式。〔註65〕

曹秋圃寫書法主要以修身爲主，他對書寫的內容必定要熟悉，然後才下筆寫作品。曹秋圃的學識修養讓他的書法作品充滿書卷味。山谷《書繪卷後》亦云：

> 學書要胸中有道義，又廣之學，書乃可貴。若其靈府無程，政使筆墨不減元常、逸少，只是俗人耳。〔註66〕

其中所言之意乃爲，若人品不高、氣格卑下、臨世慌亂，即使擁有鍾繇、二王筆墨技巧以聖哲之，亦不過俗人罷了。明末項穆曾大力宣揚「人正則書正」的觀點，他說：

> 心爲人之帥，心正則人正矣。筆爲書之充，筆正則事正矣。人由心正，書由筆正，即《詩》云：「思無邪」，《禮》云：「毋不敬」，書之大旨，一語括之矣。……故欲正其書者，先正其筆，欲正其筆，先正其心。〔註67〕

「書品即人品」的主張著重「道藝相通」和「論書及人」的觀點。人格完美乃成就不朽藝術創作之充分必要條件。藝術品爲作者全人格的反應，就一般

〔註63〕陳滯冬：〈中國書法的傳統與現代〉，《書法研究》，雙月刊第 6 期，頁。
〔註64〕陳欽忠：《法書格式與時代書風之研究》（台北市，華正書局，1997 年），頁 95。
〔註65〕陳欽忠：《法書格式與時代書風之研究》，頁 96。
〔註66〕〔宋〕黃庭堅：《山谷集》（台北，商務印書館，四庫本卷 29，1983 年），頁 8～9。
〔註67〕〔明〕項穆：〈書法雅言〉，《歷代書法論文選》下，頁 493。

意義上而言，藝術是人的勞動行為，是人有意識的創造，任何藝術都不能不圍繞著人的意志而展開，也不可能不帶有人的情趣和色彩，這是肯定曹秋圃的說法。

再者，書法作品不僅可以反應時代，更可以看出作者的個性修養。魏晉時代，士族世家看中書道，書法名家倍出，書法也從往昔工匠勞作階層，走入文人士大夫層面。書家的學問修養漸受重視，唐代柳公權就有「心正則筆正」的論述，到了宋代，在尚文的社會氛圍下，書家多飽學之士，講求以學問修養入書，把書法視為文化修養、精神情操來關照，書家的人品、學養、襟懷，因而成為品藻書法雅俗高下的依據，自宋代以來持續傳承。清代朱和羹〈臨池心解〉中亦強調書學與人品的關係，他說：

> 書學不過一技耳，然立品是第一關頭。品高者，一點一畫，自有清剛雅正之氣；品下者，雖激昂頓挫，儼然可觀，而縱橫剛暴，未免流露楮外。故以道德、事功、文章、風節著者，代不乏人，論世者，慕其人，益重其書，書人遂並不朽於千古。〔註68〕

書法藝術為一形式千變萬化之藝術，藉著點、畫、線條之舞動，不僅呈現筆墨、形式、技巧之美，書家的內涵韻致、人品性格亦表露無疑。承襲中國固有的藝術品藻觀，曹秋圃視「人品」為藝術創作、欣賞之前提，強調藝術為人的精神品格的反應。無論如何，皆鼓勵學書者以端正自身品格為第一優先，以道德文化修養為重，其次才論書法，因為人品高者，書品才可能高。碑派書法家楊守敬（1839～1914年）在《學書邇言。緒論》提出「二要」勉勵後學做一位溫文儒雅之士，期望「書如其人」，「二要」指的是：

> 一要品高，品高則下筆妍雅，不落塵俗；一要學富，胸羅萬有，書卷之氣，自然溢於行間。〔註69〕

書法求品高，品高則下筆妍雅，不落塵俗，若只講技藝，不論文學，書法便失去深層的文化意蘊，只是一層表象而已。文學包含著作者深刻的生命體驗與感悟，也藉著書跡傳播。清代蔣和《學書雜論》曰：

> 法可以人人而傳，精神興會則人之所自致。無精神者，書法雖可觀，

〔註68〕〔清〕朱和羹：〈臨池心解〉，《歷代書法論文選》，頁 691。
〔註69〕崔爾平選編、點校：《歷代書法論文選續編》（上海：上海書畫出版社，1999年），頁 712。

不能耐久索玩；無興會者，字體雖佳，僅稱字匠。〔註70〕

「精神興會」自書中來，故不讀書，書學必膚淺，作品亦一眼即看透，無法耐久玩索。但如何才能展現生命精神、感發興致呢？正如曹秋圃所言：

> 有如宋儒論學，不在章句，而在乎章句之外，靜以求之，悟而得之；
> 余謂書道之學，不專在乎筆勢結字，而在乎取神。〔註71〕

由此更可印證「書品即人品」，曹秋圃強調書道之學，重點不在於「筆勢結字」，而在於「精神」，此乃書家之人品風範的展現，可由作品的字裡行間看出。

三、貴拙不貴工

曹秋圃雖身處海島，但他對中原文化極度嚮往。他曾在民國 37 年 10 月發表〈金石文字〉一文，他說：

> 三百年來海外孤島，地勢時勢局之。椎輪之創，聊以待後之修持者
> 擴而充之，爲之闢一金石文字學境界，是亦本刊立此一節之微意歟！
>
> 〔註72〕

在〈書道之我見〉中也提到：

> 有清一代，碑學復興，稽其成，終不得與鐘鼎、先秦石刻諸文同日
> 而語。〔註73〕

他一再強調鐘鼎石刻之重要，那是因爲文字發明之初，所寫的字是最自然、最不矯情且不做作，充滿拙趣之故。曹秋圃的書法作品除了臨寫石鼓、秦刻之外，亦以古篆寫詩，他曾在他寫的〈關門雜詠〉古篆作品中，落款書寫他內心的想法：「古文不活用已久矣，以之寫詩，雖曰不稱，其不拘古篆於死地，吾人胸中之鬱結，亦可以稍舒矣！」〔註74〕活用、推廣古文字之心，顯而可見。雖然他有心推廣古文字，但古文之書寫有相當程度的困難，最大原因是當時之周秦碑帖不易獲得，且要寫出古茂、渾穆之拙，實有其難度。他說：

> 中古文字，雖有存者，其數不多，例如甲骨文、鐘鼎文，其丰韻之

〔註70〕 王伯敏、任道斌、胡小偉：《書學集成·清》（河北，河北美術出版社，2002 年），頁 387。

〔註71〕 曹秋圃：〈書道之我見〉，頁 43。

〔註72〕 曹秋圃：〈金石文字〉，《臺灣省通志館館刊》創刊號（1948 年 10 月），頁 35。

〔註73〕 曹秋圃：〈書道之我見〉，頁 43。

〔註74〕 曹秋圃：《曹秋圃書法集》（台北市，澹盧書會，1977 年），頁 13。

秀實古茂、神氣之沖淡渾穆，誠非後之學者所能仿得。〔註75〕

曹秋圃曾於民國 28 年寫了這首詩：

> 文字分途有異同，稽時小學怕心攻，
> 要知下筆周秦上，貴拙由來不貴工。
> 搨墨摩崖事脫胎，覺羅一代最多才；
> 金丹換骨無他訣，端自收心養氣來。
> 天稟隨人若可忘，畢生落筆到三倉，
> 問他多少臨池客，經幾波瀾見曙光。
> 古法微茫石鼓中，劃期秦漢晉唐風，
> 觀蛇讓擔傳書草，屋漏錐沙已不同。〔註76〕

此詩一開始就清楚告知，「要知下筆周秦上，貴拙由來不貴工。」這是曹秋圃終身努力的志向。根據陳維德《曹秋圃書藝理念初探》一文中，更將兩者融合爲一，並且加入其回腕法，他說：

> 「貴拙不貴工」，與「下筆周秦」，原本就是一體的兩面。……至於
> 回腕作書亦有助於走向「拙趣」，正所謂相得益彰。〔註77〕

又說：

> 蓋先生之思想，乃原於儒、佛、道三家，而究其實則偏尙於道家。
> 道家主「無爲」，主「返璞歸眞」。故《莊子》謂：「淡而無爲，動以
> 天行，此養神之道也。」又謂：「純素之道，惟神是守，守而勿失，
> 與神爲一。」由道家觀之，樸拙非但爲美，且爲大美。因爲遵守純
> 素之道，含而不露，則精氣不外泄，始終保有「眞神」，亦始終具有
> 發揮強大生命力之可能與力量。所以書法之「拙」，只是其外觀，而
> 其中實具有極豐富之內涵。〔註78〕

以上他加入了道家的想法，「返璞歸眞」、「樸拙非但爲美，且爲大美」，說明曹秋圃書法之拙，只是其外觀，而其中實具有極豐富之內含。陳維德又接著引證蘇軾和傅山的說法：

> 蘇軾謂：「所貴乎枯淡者，謂其外枯中膏，似淡而實美」，正是此意。

〔註75〕曹秋圃：〈書道之我見〉，頁43。
〔註76〕曹秋圃：《曹秋圃詩書選集》，頁240。
〔註77〕陳維德：〈曹秋圃書藝理念初探〉，《曹秋圃先生書法學術研討會論文集》，
　　　　頁72。
〔註78〕陳維德：〈曹秋圃書藝理念初探〉，頁72。

而傅山主張:「寧拙勿巧。」亦爲此一精神之體現。先生於此,與傅
山所見,若合符節。〔註79〕

從以上論點,我們可以整理出:不管是傅山的說法,蘇軾的說法或者莊子的
說法,他們都以「貴拙不貴工」爲最高境界,印證了曹秋圃的書道藝術理念
是正確的,若與迴腕法、書道禪結合,那拙趣就更加入道了。

四、迴腕法與書道禪

關於曹秋圃的迴腕法與書道禪,必須由曹秋圃的宗教觀談起。在林彥助
的〈澹廬夫子百年詩書衍化〉中提到:

曹秋圃從小受儒家薰陶至 20 歲先後受稻江諸耆宿指導,不惟國學根
基已充實,對儒家禮人之道已深深景仰。立志宏揚聖德,後又參加
台北孔聖堂籌建,潛心儀禮,闡揚聖道。及居三重,咸設香案,師
生一同恭誠敬祭,儒家思想已深植曹秋圃心中,這是青年時期的曹
秋圃。〔註80〕

關於道學研修部分,曹秋圃自言 16 歲時常常隨長者登仙宮,留連勝地,信宿
忘返。一求道家玄妙旨奧,一學儒生仁德之詩文,其詩學即得於此。又獲高
人嘉來師指點,得方外靈藥,得丹田運功吐納法。夫子自云:其少年身體非
常虛弱,行三五步即氣喘面白(其天資又穎悟,故時人多斷其必不壽)。對道
家仙術,夫子執著修持,終其一生。所以他的書法作品可說遍佈北區各廟宇
寺院,如:三重四分子尾碧華寺、五股鄉泰山巖、基隆寺大佛禪院、三重市
先嗇宮、太璞宮,萬華青山宮、士林慈誠宮等皆有曹秋圃所書寫的匾額。至
期頤之歲,依然鶴髮朱顏,目光炯炯若有神,運筆逸如天馬行空,此法後衍
化成書道禪,爲早年澹廬弟子必修之課。〔註81〕

其後又常參與一貫道,布德積善,而於 69 歲被推選爲好人好事代表,這
一切應該可說是他受宗教勸人爲善所影響。

至於田園耕讀,更可顯見曹秋圃生活之樸拙簡單,和其樸拙之書亦可相
印證。曹秋圃八十歲以後,更趨恬淡。一切惟眞,日參佛禪,研習聖道,所
得之餘,全部奉獻,以濟貧困。林彥助給予夫子最高的評價:「行善布德,清

〔註79〕陳維德:〈曹秋圃書藝理念初探〉,頁 72。
〔註80〕林彥助:〈澹廬夫子百年詩書衍化〉,頁 37。
〔註81〕林彥助:〈澹廬夫子百年詩書衍化〉,頁 38。

貞而悟佛家之愛心；恬淡無爲，冰潔而融道家眞諦。」〔註82〕

我們可知曹秋圃一生，因爲從小身體狀況不佳，所以和宗教結上不解之緣，獲嘉來師指點，得方外靈藥，得丹田運功吐納法，也因此而練就迴腕法；日參佛禪，研習聖道，悟出書道禪，如曹秋圃在〈開澹廬月例會於新莊地藏庵〉〔註83〕詩云：「橐筆相從學佛來，澄心淨慮絕纖埃，要知書道通禪理，茅塞須憑一悟開。」又陳維德的〈曹秋圃書藝理念初探〉言：

> 蓋先生之思想，乃原於儒、佛、道三家，而究其實，則偏向於道家。
> 道家主「無爲」，主「返璞歸眞」……然先生既強調「下筆周秦」，
> 又主張「貴拙不貴工」，蓋皆本於道家無爲之哲學；而回腕也、書道
> 禪也，又皆能配合無間，助成其美。其理論與實務之一致性，於此
> 見之。〔註84〕

不管如陳維德所言：曹秋圃的思想是偏向於道家，主張「返璞歸眞」，最後悟出書法之「拙」，只是其外觀，而其中實具有極豐富之內涵；或是篤信佛教，日參佛理。筆者認爲兩者，皆是形成書道禪的原因。以下分別敘述迴腕法、書道禪：

（一）迴腕法

大陸書家朱仁夫在〈師傳典範曹秋圃〉一文中提及：曹氏書學最引人注目的是執筆回腕法。〔註85〕何謂執筆回腕法？曹秋圃又是受了誰的影響？中國歷史上是否有人以回腕法執筆？在討論歷代書家的回腕法之前，我們必須先了解曹秋圃對回腕法的說明與體悟，在沈德傳整理的〈老書生曹秋圃〉中有這麼一段：

> 手臂要與虎口面齊平；四指排緊，與拇指夾扣筆管；整個執筆的手
> 部，從臂腕到指間，恰形成一個圓弧。以回腕法執筆運毫，要如行
> 太極拳；比手有致，揮舞中節；所有動作，全在完成一個「圓滿」。
> 從起筆到收筆每一個周圍畫圓，都要正好一呼吸；如此，則令全身
> 血脈暢通，周行無阻。……只要常寫一段時日下來血氣必至爲平順。
> 血氣平順，那麼精神就會清朗，意志容易集中；在生理上也會變得
> 身輕體健，百病祛除。到這等境地的功夫，思想不爲散漫；則參禪

〔註82〕 林彥助：〈澹廬夫子百年詩書衍化〉，頁 39。
〔註83〕 曹秋圃：《曹秋圃詩書選集》，頁 253。
〔註84〕 李普同：〈曹秋圃書藝理念初探〉，頁 57。
〔註85〕 朱仁夫：〈師傳典範曹秋圃〉，《曹秋圃書法學術研討會》，頁 3。

即可登堂入室，盡觀宗廟之美百官之富了。〔註86〕

由以上曹秋圃個人說法，他很清楚的告知關於回腕法的書寫方法，及其寫完之後的身心舒朗情形，最後達到禪的境界，所以曹秋圃的回腕法是和書道禪合而為一的。

我們知道中國書法史上執筆法有上百種，歷代書家執筆亦形形色色，而清朝何紹基獨到的書風與其特別的執筆方法，和曹秋圃有很重要的關聯。李普同在《曹秋圃的書學歷程與貢獻》中說：

> 據我了解，曹先生所以選擇回腕法，最早是受了日本明治維新名家日下部鳴鶴的影響，鳴鶴的弟子近藤雪竹、山本竟山也都擅用迴腕，而鳴鶴氏的執筆法，則是受了清末使日本書家揚守敬的啟示。〔註87〕

又：

> 曹先生始終堅持著這種執筆，也是由中國傳統學說而來：可達到他要求「心正筆正」的態勢，對書學源流精通的他，很快的探出此法來自中原，清周星蓮《臨池管見》中記載：「迴腕法：掌心向內，五指俱平，腕豎鋒正，筆劃兜裹。」清代書家何紹基也是以此法開拓由隸入行草的新天地。此外，想要區別日本書家普遍使用的「單鉤斜戟執管法」，並讓日本人明瞭迴腕法，單鉤法絕不是他們發明的，都是源自中國，更是中國人自古所擅用的。〔註88〕

這是李普同先生的看法，認為曹秋圃是為了要證明給日本人看。不可否認，「迴腕法」執筆是金石學家楊守敬任職中國駐日使館時，介紹給日本國內。曹秋圃於四十六歲旅居日本時，曾勤加練習，五十歲的日記中記載他的迴腕法用筆已經嫻熟。〔註89〕還有一種說法即：

> 曹氏一生最得意的書體是隸體，早年習漢隸，深研過漢隸筆意，從中悟出漢隸結構是《華山碑》、《張遷碑》、《史晨碑》，此三碑皆用迴腕法書出。曹氏曾強調只有用迴腕法寫漢隸，再參酌陳鴻壽、何紹基迴腕筆意，才能下筆周秦，古樸深厚。〔註90〕

〔註86〕沈德傳：〈老書生曹秋圃〉，《雄獅美術》148 期（1983 年 6 月），頁 47～48。

〔註87〕李普同：〈曹秋圃的書學歷程與貢獻〉，《國立歷史博物館館刊：歷史文物》3卷 3 期（1993 年 7 月），頁 76。

〔註88〕李普同：〈曹秋圃的書學歷程與貢獻〉，頁 76。

〔註89〕黃恬昕：《曹秋圃》，頁 3。

〔註90〕李普同：〈曹秋圃的書學歷程與貢獻〉，頁 79。

以上可清楚得知曹秋圃運用迴腕法的緣由及心路歷程。一來是身體狀況，再來是宗教信仰，最後則爲樸拙筆意及所接觸的人的影響，還有那一股不服輸之氣。

其實，楊守敬是何紹基的學生，所以楊守敬的迴腕法，我們可以從何紹基的敘述中，探究出眞正迴腕運筆法的精粹何在？何紹基在跋〈張玄墓誌〉時曾說：

> 每一臨寫，必回腕高懸，通身力到，方能成字，約不及半，汗浹衣襦也。〔註91〕

所謂回腕法：

> 即高懸臂肘臂與腕平然後回腕做到通身力到腕平鋒正。這種執筆運腕方法是不合於人體生理的。因此十分吃力，每寫一字都要出一身汗。其優點是能使氣力貫注於腕臂之間，可使精神高度集中，無私利雜念，毛筆完全垂直於紙面，是一種心到、眼到、手到的絕對中鋒態勢，保持了中鋒入紙又略帶戰掣，從而避免了一味平直光潤的現象。迴腕自然帶有篆意，又很拙樸有力。〔註92〕

曹秋圃也運用迴腕法寫字，使氣力貫注於腕臂之間，可使精神高度集中，無私利雜念，也因爲迴腕法須極度專注，可說已到「無我」的境界，最後和「書道禪」融合爲一，也因此造就了曹秋圃與眾不同的個人風格。

（二）書道禪

「書道禪」是曹秋圃練就一生書法的體會與心得，因爲修道、與人爲善，得到了人生的圓滿與智慧，所以他要傳承他的智慧，延續書法生命，必須讓後人知道「書道禪」的眞正意思。而關於書道禪的眞正意思，曹秋圃對自己「書道禪」所做的解釋是：

> 迴腕法是經由呼吸吐納配合運筆的執筆法，運筆時如打太極拳，打太極拳會使全身脈通，血氣順暢，如此運筆寫字，神清氣爽，百病祛除，一如打坐參禪。書法只要練到一定的功夫，不但可以正心、養氣，還可以到達「禪」的境界。〔註93〕

〔註91〕何書置著、蔡明讚編：《何紹基書論選注》（台北市：惠風堂，1993年），頁47。
〔註92〕李銘宗、黃一鳴策劃：《紀念何紹基二百周年誕辰，海峽兩岸學術研討會論文集》（台北市：中國書法學會，1998年），頁9。
〔註93〕林彥助：〈澹盧夫子百年詩書衍化〉，頁39。

據林彥助說法：曹秋圃因從小身體健康不佳，十來歲即接受台北指南宮嘉來師指導呼吸吐納法，二十幾歲與中華道教劉培忠學習靜坐、禪學與太極拳，從此偶爾也靜坐。一輩子接受道教、儒學、佛教、甚至也尊崇基督教等各宗教，他都可以接受包容，而且從中吸取精萃，成為一輩子的修道基礎，曹秋圃熱衷修道乃因宗教皆教人為善。根據黃金陵的說法，曹師經常看修道的書，其中影響比較深遠的應該是道教的《道場菁華》這本書，道教不僅教人為善且教人養生，養生更是曹秋圃所迫切需求的。在大陸學者張偉文、黃義華〈試論葛洪的道教教義思想及其歷史影響〉這篇文章中提到：

> 夫人在氣中，氣在人中，自天地至於萬物，無不須氣以生者也。善
> 行氣者，內以養身，外以卻惡，然百姓日用而不知焉。天地萬物和
> 人都是由一氣畫生，人要達到與天地一般長久，必須善於行氣。善
> 行氣才能內以養身，外以卻惡。行氣不僅僅是一種具體的修正方法，
> 要更好的行氣，還有其他方面的要求，其中一個重要方面，就是要
> 加強心性品德的修養，這是行氣，修練物質生命的基礎。〔註94〕

這是道教教義，相信曹秋圃在修道的過程中，應該會受其影響。其中提到要更好的行氣，還有其他方面的重要要求，就是要加強心性品德的修養，曹秋圃一直以來都很注重養氣，如此更可明確的印證，曹秋圃將修道融入書道中。

曹秋圃第三次旅居日本時，認真的練習迴腕法。筆者認為書道禪是從身體健康出發，加上他的修道觀念，最後藉由運筆寫字，神清氣爽，百病袪除，全身脈通，血氣順暢，一如打坐參禪，使書法變成心靈修持的道場。

曹秋圃的高徒黃金陵在《書道禪心》一書中有如此的敘述：

> 恩師曹容先生曾云：「書道禪，顧名思義就是藉著書法一道參禪，以
> 求正覺。凡靜止一念慮，不使思想散漫謂之禪。書法一道，只要練
> 到一個功夫，即可以靜慮，可以正心，可以明志，可以養氣，可以
> 全神，因此我創書道禪，以書法參禪，求其正覺，絕非証人妄語。
> 刻經和尚可以刻出舍利子，寫書僧難道寫不出一顆舍利子嗎？我寫
> 字就是這樣的注重禪功。」〔註95〕

那何謂「禪」的境界呢？黃金陵在《書道禪心》進一步解釋說：「心若契合於

〔註94〕張偉文、黃義華：〈試論葛洪的道教教義思想及其歷史影響〉，《中國道教》第二期，（北京市，中國道教協會主辦），頁 20。

〔註95〕一燈：《書道禪心》（台北市：淑馨出版，2000 年）。一燈為曹秋圃得意門生黃金陵，頁 5～6。

時間，於道家曰靜，於儒家爲悠久，佛家則爲禪定。」〔註96〕所謂「心若契
合於時間」，應該就是：心無雜念，專心一致的做某一件事，就像練太極，一
定要專心，才可以達到功效一樣。

　　黃金陵以爲以道家及禪學的觀念，導入書寫者的心靈，將是正面的影響，
故言書法無道則殘亂；書法不離道、禪，名之爲書道禪，亦即將道家、儒家
所詮釋心靈空間的內涵與佛家的禪法等智慧，透過生活上的體悟融入書法之
中，使書法變成心靈修持的道場，使修持與書法互成爲心靈上生活的功課，
而回歸到道統的精神傳承。曹秋圃以迴腕法和獨創的「書道禪」聞名，對於
臺灣書壇的影響頗多。

　　連勝彥對曹秋圃書道禪的解釋是：曹老師書道的「道」是指中國傳統的
儒家思想的修身養性之道，眞正影響中國的是孔子、還有老莊禪道與佛道，
以及道教宗教禮儀也都有相當大的關係。連勝彥對曹師書道禪的解釋是以曹
師的〈書道之我見〉爲主軸，他說：

> 記得以前攜帶作業向曹師請益時，常聽他說：「人有人道，由人道之
> 正軌進，必能成爲完善之人。學書者，要明書道與人道的關係。」
> 古人稱書爲「書道」，其含義指書法乃修心養性，追求天人合一的心
> 路歷程，內可修養品德，外可矯正性情。孔子曰：「志於道、據於德、
> 依於仁、游於藝」，得知孔子以大人治世之學，教人仁義道德外，並
> 重六藝，皆由意誠入手，即大學篇所謂「誠於中形於外」的道理。

他又說：

> 書道應先從意誠入手，以正其心。古人有云：「執筆似將軍」，即執
> 筆如執武器，要用力，尤其用丹田力，按古文「筆」字之構造，啓
> 示執筆之法。運筆先靜其心，並穩定執筆力，曹師之迴腕法，以太
> 極圓配合深呼吸，自然會達到「無念無想」精神統一。〔註97〕

現任台北藝術大學戲劇學院教授及創院院長賴聲川，及現任佛光大學藝術學
研究所所長林谷芳在談〈也是書寫：表演與禪〉時，賴聲川說：

> 當他寫字是某一種禪定，寫這個字但不要去想，意即思想不要來擋
> 住字。這麼一說令我想到舞蹈，有句名言說：舞者在跳舞的時候，

〔註96〕一燈：《書道禪心》，頁9。
〔註97〕連勝彥：〈曹公秋圃先生逝世十週年紀念書法展——懷念創會會長曹容先
　　　　師〉，《曹容》（三重市，中華瀞廬書會，2003年），頁6。

不能去思考下一步是什麼，如果去想下一步，一定會摔倒，因爲舞
蹈跟思想是完全違背的、矛盾的。當思慮放空、放下一切，什麼東
西會滿出來呢？就是自己！作爲書法家，不只技巧，最後是在這個
世界上生活一輩子的總和，這些無形的東西會躍然紙上，讓我們看
字時覺得他眞是好看。〔註98〕

以上所言，即藝術的最高境界，就是將創作藝術品融入你的生命，將你的生
命融入藝術，最後所呈現的藝術品，就是藝術家的個人生命的展現。曹秋圃
的書道禪就是——書法生命的最高境界，現在我們可以感受曹秋圃的一呼一
吸，就呈現於他的書法作品中，正如他在〈書道之我見〉中所言：

所謂妙品入神之書千百年後披閱之如晤對其人，令人正襟起敬，非
尊其爵位之隆，慕其勳名之盛，實其氣骨其神韻躍然紙上，有足感
人者。〔註99〕

因爲這藝術家所留下來的藝術品，就代表這位藝術家於這人世間的生命創
作，所以，曹秋圃的書法作品，也就是他在這個世界上，生活一輩子的總和。

〔註98〕白先勇等作：《字在自在——三十位學者書法／空間／詩的對話》（台北市，
　　　　天下遠見，2005年），頁95。
〔註99〕曹秋圃：〈書道之我見〉，頁43。

第五章　曹秋圃的書道風格

　　法國學者 Buffon 曾指出，「風格即人（the style is the man）」（引自 Hook，
1962：442～443），意即風格不但表現了寫作者的個人特質，也反映其人格、
個性及思考模式。風格是作品呈現出來的特色，如同一個人的風度。很多外
在因素影響作品的風格，例如：作者的出身背景、思想文化、性格、氣質、
愛好、師承等。所以一件藝術品，若要論及他的風格，一定和作者的個性、
生存時代、背景及當時的創作心境，有相當大的關係。如世界知名的畫家米
勒〈拾穗〉、音樂家貝多芬的〈命運交響曲〉、還有朱銘〈太極〉作品，皆是
如此。漢揚雄說：「言，心聲也；書，心畫也。」〔註1〕一件書法作品，在筆
墨線條的流轉間，總是會流露出書家的秉性和心跡，從而表現爲不同的審美
風格。甚至同一書家，在不同的場合，因不同的心緒而創作的不同書法作品，
從內容到形式，其審美風格，也總是會有相應的區別。〔註2〕因此，陳振濂在
〈線條構築的形式——兼論書法藝術創造與漢字的關係〉中提到：

> 書法的發展從以文字作爲原動力轉向以書家風格作爲原動力。……
> 書法家們的目的，就是怎樣盡可能的利用自己的一切手段（包括修
> 養、技巧、認識）努力去體現漢字這種結構美和作爲他的依附的線
> 條美，以及由這兩種美中噴發出來的各種情緒美和神韻美。〔註3〕

歷代書家書法風格之形成，與其人品、個性及使用的毛筆和紙、墨，姿勢與

〔註1〕〔漢〕揚雄：〈法言・問神〉，《四部叢刊初編，子部，揚子法言・卷第五》，
　　　頁5。
〔註2〕徐建融：《如何欣賞書法》（台北市，石頭出版社，2004年），頁8。
〔註3〕陳振濂：〈線條構築的形式——兼論書法藝術創造與漢字的關係〉，《中國書法》
　　　季刊（1986年第四期），頁37。

執筆，有相當程度的關係。曹秋圃寫字強調以品德爲先，所以修養是他所要表現的，至於紙、墨皆屬一般傳統幾無特殊效果的，筆爲中鋒羊毫或狼毫，並無長鋒羊毫，〔註4〕關於曹秋圃的執筆則是他獨特的書法風格之一。曹秋圃用自己的獨特涵養及運筆方式，藉由漢字的結構美和線條美呈現出曹秋圃的情緒和神韻。以下我們將由其筆法與墨法，結構與線條，章法布局，作更進一步的深入探討。

　　在探討之前，必須將其畢生之作品分期，澹盧弟子林彥助於〈澹盧曹秋圃夫子書法集序〉中，將其 30 歲之前作品分爲第一期，第二期 30 至 50 歲，第三期 50 至 80 歲，第四期 80 至 99 歲。但因其 30 歲以前的作品餘存甚少，又旅居日本時，遭逢第二次世界大戰（52 歲），在日本期間個人的作品盡毀於戰火。後回台居三重埔時（1949～1972 年）又遭淡江洪氾，浸毀不少，故今難獲至。曹秋圃 50 歲以前博習金石碑版，廣涉諸體，乃承襲傳統，筆力雄健，此爲書家之醞釀期。醞釀期通常風格較無法確切形成，必須等到中後期之後，個人書風才得以形成。又因其迴腕法執筆至 50 歲時已臻嫻熟，本應將 50 歲至 70 歲稱爲中期，但曹秋圃 50 歲至 70 歲可確立的作品甚少，所以在此將其作品分爲前、後期。70 歲以前稱爲前期，71 歲至 99 歲爲後期。以下各節將依曹秋圃前、後期的用筆與墨韻、結體與線條、章法布局，從篆、隸、行、草書中分別論述其特色及風格的形成。

第一節　曹書的用筆與墨韻

　　趙集賢云：「書法隨時變遷，用筆千古不易。」〔註5〕書法的用筆包含筆法、筆力、筆勢與筆意四個要素。要具備這四種條件，必須日積月累、勤奮不懈，才能奠定良好的基礎。這是有一定書法功力的人都了解的。所謂筆法能使「字」千變萬化，用筆之法包括了起、收筆，露鋒、藏鋒、中鋒、側鋒，圓筆、方筆，轉折、提按、疾遲等。筆力使線條產生強度的彈力，而筆勢則使每一個字神靈活現於紙上，展現其獨特的魅力與姿態。所以范斌說：「光有筆法與筆力而無筆勢，就好比缺乏表情與靈性的木偶。」〔註6〕最後再加入作

〔註 4〕 2009 年 7 月 2 日筆者採訪林彥助內容。

〔註 5〕 周星蓮：〈臨池管見〉，《歷代書法論文選》，頁 675。

〔註 6〕 范斌：《中國書法理論技法與作品欣賞》（杭州，浙江大學出版社，2005 年）頁 56。

者豐富的情感則爲筆意。故說：「用筆之訣，在乎自然、靈變，得之於心、運之於手而已。」〔註7〕又周星蓮亦言：

> 凡作書不可信筆，董斯翁嘗言之。蓋以信筆則中無主宰，波畫易偃故也。吾謂信筆固不可，太矜意亦不可。意爲筆蒙，則意闌；筆爲意拘，則筆死。要使我順筆性，筆隨我勢，兩相得，則兩相融，而字之妙處從此出一。〔註8〕

在曹秋圃的各體書法作品中，用筆自然靈變，得之於心，運之於手。不敢說絕無信筆，但確定的是能做到「我順筆性，筆隨我勢，兩相得且兩相融」。

墨之濃、淡、乾、濕，控制是否合宜，關係著作品的優劣。雖筆法已得心應手，但墨色卻無法掌控，將使作品因之遜色，而無法登大雅之堂。所以墨法和筆法其實是一體兩面無法分離的。因之歷代大書法家無一不深究墨法：趙孟頫用濃墨、董其昌用淡墨、王鐸用漲墨等，因而形成個人特色與風格。後代書家則兼而有之，注重通篇的墨色變化，曹秋圃就是其一。

書法中的筆墨，比繪畫中的筆墨更簡要、更純粹，所以表達起來更顯得困難。書寫時，用筆所產生的線條與墨色變化，極具動態美與方向性，這些表現都必須在運筆瞬間把握住。因此，墨韻的表現是非常不容易的，但是它卻也是形成中國書法藝術特色的關鍵。〔註9〕

在影響墨韻的基本要素中，除了「人」以外，還有「水」、「墨」、「紙」等三大材質要素。其餘的因素，如：筆毫、氣候、運筆、線條、空間等，皆歸於最外層的次要「環境」因素。但我們不可否認的是：一件書法藝術作品的墨韻表現，的確是以「人」爲中心的，「人」是指創作者的心理狀態，也可以說是審美意識。創作者在從事創作時，其喜、怒、哀、樂等的心理狀態，將影響其作品的墨韻表現。當書家精神情況不同，寫出來的作品也不相同，孫過庭在其《書譜》中提到五乖五合的觀念：

> 又一時而書，有乖有合，合則流媚，乖則彫疏，略言其由，各有其五：神怡務閑，一合也；感惠徇知，二合也；時和氣潤，三合也；紙墨相發，四合也；偶然欲書，五合也。心遽體留，一乖也；意違

〔註7〕范斌：《中國書法理論技法與作品欣賞》，頁56。
〔註8〕周星蓮：〈臨池管見〉，672頁。
〔註9〕賴孟詩：《書法藝術中墨韻表現趣味之研究——以台灣當代書法藝術創作爲範疇》（國立彰化師範大學藝術教育研究所，藝術教育教學碩士論文，2005.8），頁80～81。

勢屈，二乖也；風燥日炎，三乖也；紙墨不稱，四乖也；情怠手闌，
五乖也。〔註10〕

以上所言是在書寫作品時會產生彆扭與合宜的不同情形，合宜則流暢妍媚，
彆扭則枯澀粗疏。概說其由，合宜又各有五種狀況：精神愉悅，事關閑雅，
是第一種；感激德惠，酬謝知心，是第二種；時節調適，氣候溫潤，是第三
種；紙墨精良，工具應手，是第四種；偶然興起，提筆作書，是第五種。彆
扭亦有五種：第一種是心境不寧，俗事纏身；第二種乃違背心意，迫於形勢；
第三種則為心浮氣燥，烈日氣滯；第四種是紙、墨、工具皆不佳；第五種則
為情緒不穩，手腕無力。《書譜》又提到：「五乖同萃，思遏手蒙；五合交臻，
神融筆暢。」〔註11〕若五種彆扭狀況同時會聚，就會思慮閉塞，運筆不順；
若遇五種合宜同時到來，自然精神和融，筆調順暢，作品如行雲流水般自然
呈現。以此可以看出隨著書者情緒的轉換與氣候的變化及工具的配合，將會
直接影響書法的表現型態。其次，書家對美的看法，也可能影響墨韻的表現。
明朝書家傅山，曾經對他的後輩子孫說：「寧拙毋巧，寧醜毋媚，寧支離（不
整齊）毋輕滑，寧直率毋安排」。〔註12〕這四「毋」透露出傅氏的美學觀與人
生觀，所以我們可以由這裏發現，書法作品的風格表現，實在是以「人」為
中心的。

曹秋圃的一生經歷多變，若如他所說，書法必須具時代性，如唐朝的穩
定和諧重法度，宋朝的尚意，明朝的重態勢。那麼在他的作品中，也該有如
此的變化，因為書法風格的展現，是以人為中心，以時代為背景的。雖然他
自遊天祥太魯閣之後，也曾一度有驚人的氣勢，但卻如曇花一現，之後又歸
於平靜。比較可惜的是，旅日 6 年期間的作品，應屬曹秋圃的巔峰之作，卻
於戰火中付之一炬。回國後又發生 228 事件，台灣陷於慌亂不安之中，想必
一定影響到他的書法創作，但不見此期之作。另當時的居所三重地區經常性
的洪氾，導致作品的浸泡、毀損、丟棄，亦為一大遺憾。以下就曹秋圃的前、
後期作品，說明其用筆與墨韻：

〔註10〕〔唐〕孫過庭：《書譜》，輯於《歷代書法論文選》（台北市，華正書局，1984
年），頁 114。
〔註11〕〔唐〕孫過庭：《書譜》，頁 114。
〔註12〕〔明〕傅山：《霜紅龕集》，頁 352。收在季伏昆編著《中國書論輯要》（江蘇
美術出版社，1987 年）。

一、篆書用筆與墨韻

　　秦國在統一中國的過程中，凡政治、軍事
的大事，使用的是篆書而不是隸書，但這種篆
書也完全不同於大篆的字形，而是有很多省
減、合併、簡化的小篆。這說明秦國雖遵循周
秦文字的字形基礎，但又作了發展與革新，故
周秦文字也不是一成不變的。裘錫圭說：「秦代
金文一般是篆書，但是在作風上草率的銘刻
中，往往夾雜與古隸相同的字形，如見於某些
權量上的皆、明、者字。」〔註13〕這表明，篆
書寫法與隸書寫法混同的現象。廣義的篆書包
括秦代以前所書寫使用的文字，篆書的書法是
各種字體中最簡易的，用筆未受太多的法則規
範，應用書寫中保持著質樸自然的靈動生趣。
大體而言，漢代以前古人書寫篆書因是文書應
用，都是一公分以內的小字，隨著文字結構而
有長有短，通常橫線略有斜度，用筆多圓轉而
少曲折，點線自然有輕重粗細，筆毫彈性良好，
收筆時常出鋒，起筆則輕置即行，有藏鋒也有
露鋒，用筆極為自然無拘，因此線質與結字均
極生動多趣。至秦始皇時為一統天下，下令「書
同文、車同軌」，由當時的宰相李斯詔令文字，
就是我們所知的「小篆」，小篆結體較為對稱統
一，有一股均衡之美，大篆變化較多，結構大
小錯落自由多變。曹秋圃主張下筆周秦，可見
其對周秦文字的熱愛。附圖 5-1-1 為大篆，釋
文為「師丹老人善忘事，侯白薄命不勝官」。從
這幅字可以看出：墨色變化不大，折筆、圓筆
交錯，筆畫簡潔俐落。從書法藝術的角度取特
別講究的筆法也以楷書的筆法最具「法式」、「典

圖 5-1-1：48 歲

〔註13〕 http://qkzz.net/magazine，金月芽期刊網，《書畫藝術》，第 5 期，2004 年。

範」、「正體」的意義。我們知道篆書的筆法幾乎是單一的，隸書的筆法雖然明顯豐富了許多，但也只有橫、豎、點、波、磔、折六種，而且，每一種筆法基本上是單一的，沒有多樣的變化。而行書、草書的筆法雖然豐富多變，但卻幾乎沒有定則，難以規範。

　　秦代李斯統一文字以小篆為主。根據裘錫圭的說法：秦代金文的篆書筆法，在作風上會夾雜與古隸類似的字形與筆法。

　　曹秋圃臨楊沂孫《在昔篇》之作：附圖 5-1-2、5-1-3，此二件作品圓轉筆劃較多，雖有小篆均勻之圓轉運筆，但行筆之中亦有夾雜古隸的筆法，墨色則以濃墨為主。雖然曹秋圃篆書也受了清楊沂孫《在昔篇》、鄧石如、《石鼓文》、吳昌碩等的影響，但在他的篆字行筆中，還是帶有古隸的筆法（方筆）與架構（方形），因曹秋圃的隸書受陳鴻綬《錢唐許君墓誌銘》影響最多，幾乎沒有漢隸蠶頭雁尾的筆法，所以他臨摹出來的篆書帶有濃濃的古隸味，是他前期篆書的特色。

圖 5-1-2：41 歲

圖 5-1-3：45 歲

　　附圖 5-1-4、5-1-5 為曹秋圃後期的作品，附圖 5-1-4〈遊仙跡巖近作〉釋文為「長生誰不慕神仙，屏當經營亦有年，莫問熱中熙攘客，因循笑我已華顛」，這是屬於大篆的作品。墨色均勻，筆法單一的、筆調一致。附圖 5-1-5 釋文為「靜聞魚讀月，笑對鳥談天。」筆法圓轉，方筆較少，墨色較濃。在此可以很清楚的看出，前期作品和後期作品的風格差異性，即前期作品小篆筆意較濃，後期則大部分以大篆為主，而前後期的篆書，都脫離不了古隸的筆法與結構。因大篆需要的是簡潔自然粗細的筆畫，結構大小自由錯落的章法。

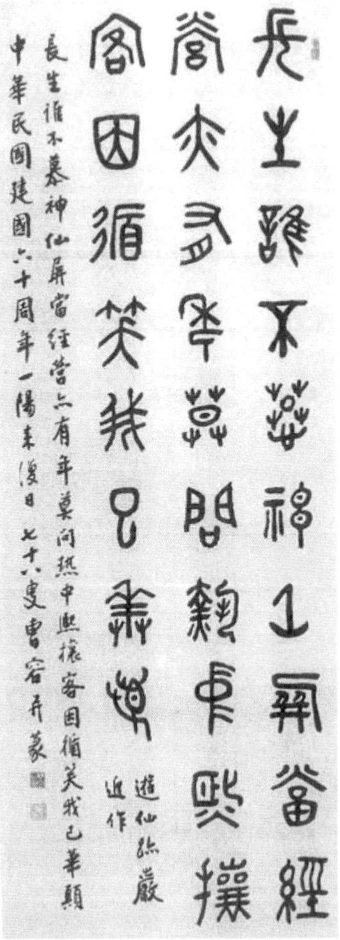

圖 5-1-4：78 歲 　　　　　　　圖 5-1-5：84 歲

二、隸書用筆與墨韻

　　隸書是由古文、篆文逐漸演變而來，始成於秦人程邈。普通稱「隸書」有「秦隸」與「漢隸」之別。「秦隸」結體渾圓與篆文相近，多用方筆，又稱之為「古隸」。「漢隸」又稱「八分」，變圓曲為方直，結體寬扁，逆筆突進，波磔呈露，此種字體，因演變成於漢，故又稱為「漢隸」。曹秋圃於 1935 年所寫的作品（附圖 5-1-6），並無漢隸蠶頭雁尾的特殊筆法，反倒有挺直的小篆氣勢，筆力遒勁，墨色變化得宜，應屬早期隸書佳作。另附圖 5-1-7 為其 1933 年作品，落款內容為「偶成二律，配以古隸，殊不稱，以近世大家多有為之者，效顰貽方家之誚，自知不免，然以遊戲出之，當不必計及也，昭陽作鄂

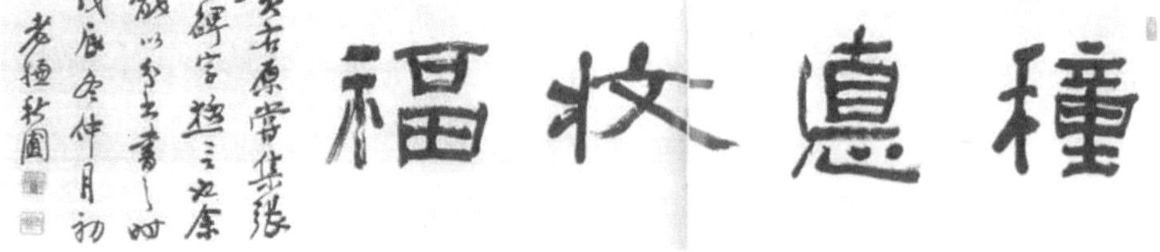

圖 5-1-6：34 歲

之歲八仙過海後二日，老嫌曹秋圃并識於澹廬。」此為其習寫古隸之證據。在曹秋圃各體書法中，隸書是最具個人特色的書體，早期的作品就已深具水準。附圖 5-1-7 通篇筆法、筆勢多變，橫劃一波三折，時而拱上、時而下沉，墨色變化隨著筆的提按，時而濃、時而淡，作品因而豐富多姿，最大的特色是部分字的最後一筆，幾乎都是輕巧的往上揚起，但並非蠶頭雁尾，如「心」、「沙」、「促」、「身」等字。

　　曹秋圃隸書後期的作品，更具個人特色，厚實的筆畫，規整的筆法，蘊藏豐富的內涵與多年的功力，精、氣、神皆備。朱和羹〈臨池心解〉有言：

> 作字以精、氣、神為主，落筆處要力量，橫勒處要波折，轉換處要圓勁，直下處要提頓，挑趯處要挺拔，承接處要沉著，映帶處要含蓄，結局處要回顧。操之縱之，六轡在手；解衣磅礴，色舞眉飛。

〔註14〕

附圖 5-1-8 是曹秋圃 80 歲之後的隸書作品，正可說明朱和羹所言不假。乍看之下平板無趣，用筆無變化墨色單調，但若能仔細觀之，你將發現橫勒處有波折，如「七」、「馬」、「夜」等

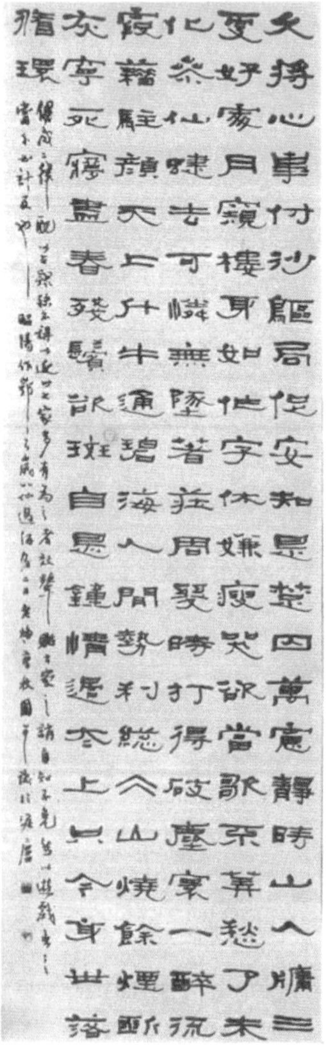

圖 5-1-7：39 歲

〔註14〕〔清〕朱和羹：〈臨池心解〉，頁 685～686。

字。承接處沉著，映帶處含蓄，結局處眞有回顧，如「洮」、「北」、「哥」等
字。墨色變化雖然不是很明顯，但其實已到了相當內斂的境界了，如「七」
字橫畫，「洮」字的水部三點，都是呈現自然的墨色變化，起筆厚重、運筆澀
進。例「七」字橫畫從起筆至收筆，中間的運筆過程，可清楚的看出這一橫
畫，並非以滑順的速度完成，它是跟著呼吸的節奏緩慢進行，雖說緩慢進行
但絕無停滯，深具強烈的澀進感，這一筆是充滿勁道的。「洮」字的水部三點
亦是如此。其它字的線條皆是，其字形更具有多樣姿態。附圖 5-1-9 是曹秋圃
91 歲的隸書作品和附圖 5-1-8 相較之下，附圖 5-1-8 在用筆、運筆上，都顯得
稍微拘謹，而附圖 5-1-9 則較輕鬆自然。在墨色運用上，附圖 5-1-9 比附圖 5-1-8
墨色顯得溼一些，「博」字的第一筆橫劃甚至已漲墨，就因爲此筆的漲墨效果，
而使得這個字更具厚實與靜謐感。他後期隸書作品的最大特色是在平穩、厚
實與沉靜中，顯現線條的古樸雅致風格，彰顯個人在書道世界中不朽的生命
圓融力。

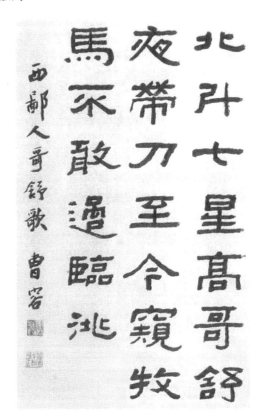

圖 5-1-8：曹秋圃 80 歲之後的隸書

圖 5-1-8 局部放大

圖 5-1-9：曹秋圃 91 歲隸書

三、行書用筆與墨韻

　　行書、草書的筆法雖然豐富多變，但卻幾乎沒有定則，難以規範。曹秋圃的行書作品〈孟浩然五言律詩〉條幅（附圖 5-1-10）是他 35 歲作品，附圖 5-1-11 是他 36 歲作品，墨色變化豐富，「墨」之濃、淡、乾、濕，控制恰如其分，此作書寫時，應如孫過庭所言，在於五合之情境下完成的，所以整福作品靈動自然、氣韻順暢。其中「八」、「月」、「湖」、「平」、「清」、「岳」、「陽」、「無」、「楫」、「居」、「恥」、「聖」、「坐」、「垂」、「者」、「魚」，是屬於墨色較濃厚的字，但並非筆筆皆重，而是視通篇須要而或輕或重，充滿變化，附圖 5-1-11 亦如此。

　　行書〈古哲語〉條幅（附圖 5-1-12）是曹秋圃 83 歲作品，顯見其用筆之大膽，用筆之老辣，墨色變化更加厚實強烈，和附圖 5-1-13 曹秋圃 85 歲作品，皆可以清楚地比較出前後期風格之迴異。前期用筆屬輕巧俊秀，筆畫讓人感覺較具速度感；後期用筆屬厚實、樸拙、老辣，筆畫讓人感覺沉穩、厚重，充滿了歷練。

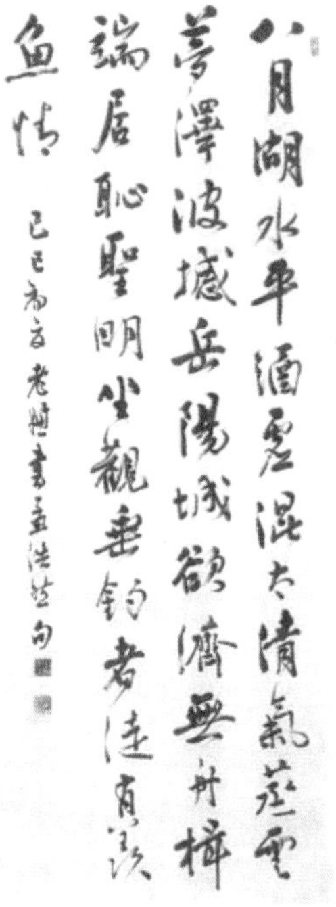

圖 5-1-10：　　　圖 5-1-11：　　　圖 5-1-12：　　　圖 5-1-13：
　35 歲　　　　　　36 歲　　　　　　83 歲　　　　　　85 歲

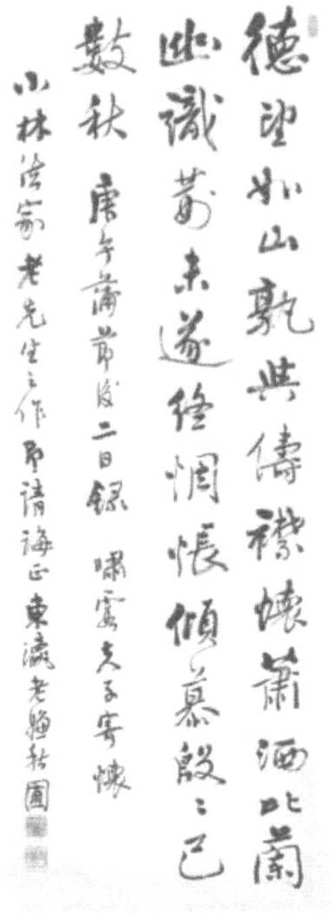

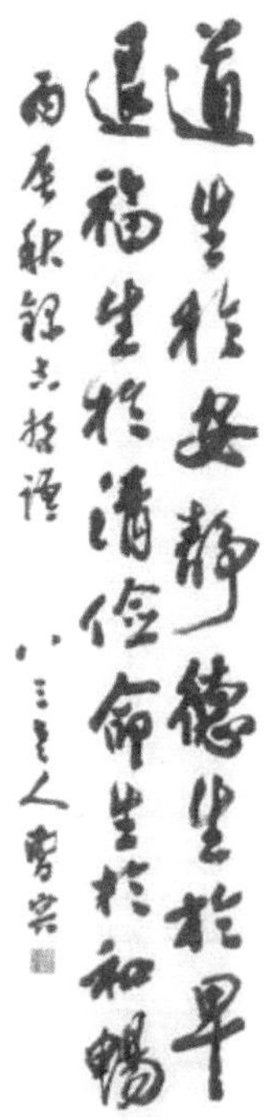

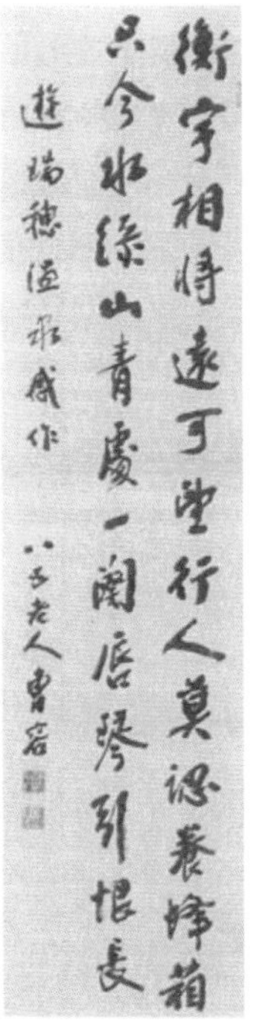

四、草書用筆與墨韻

　　唐懷素的草書幾乎筆筆中鋒，線條粗細變化不大，明張瑞圖用翻筆的方式書寫，可見草書的用筆無定則，可以清楚的看出不同書家的用筆風格與特色。所以從草書用筆的觀點來看，草書是各體作品中用筆最複雜也是最隨性的，看一位書家的用筆，便可清楚的了解這位書家的書法功力，境界到底有多高與火候又到了何種程度。也因用筆的隨心所欲，墨色跟著變化不定。作品隨著書家的性情及書寫當時的氣氛自然呈現，孫過庭《書譜》即是最好的證明。

　　前期草書〈杜甫秋興八首之一〉橫幅（附圖 5-1-14）是曹秋圃 36 歲作品，釋文為：「蓬萊宮闕對南山，承露金莖霄漢間。西望瑤池降王母，東來紫氣滿函關。雲移雉尾開宮扇，日繞龍鱗識聖顏。一臥滄江驚歲晚，幾回青瑣點朝班。」由放大部分可以清楚看出筆劃間的墨色變化，濃、淡、乾、濕，控制合宜，筆法運轉流暢。「蓬萊」、「雲移」、「山承」放大的幾組字，可清楚的看出曹秋圃的用筆熟練，以「山承」這兩個字來看，「山」字中鋒起筆，第二筆

則姿態多變，先中鋒起筆然後提筆，接著是三個連續動作，由按至轉至翻，最後提筆接「承」字，字與字之間虛筆連貫自然、筆鋒顯露無遺，因此可見其運筆速度稍快，這是年輕氣盛充滿自信之用筆，無法避免。附圖 5-1-15 是草書前期作品，「放懷楚水吳山外，得意唐詩晉帖間」亦是運筆速度快、翻轉多、筆鋒自然呈現。

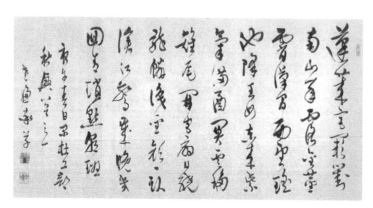

圖 5-1-14：36 歲

圖 5-1-14 局部放大

圖 5-1-15：前期

　　後期〈草書七言詩條幅〉（附圖 5-1-16）是曹秋圃 72 歲作品，釋文爲「遠上寒山石徑斜，白雲生處有人家，停車坐愛楓林晚，霜葉紅於二月花。」附圖 5-1-17 是曹秋圃 87 歲所寫之對聯作品，釋文爲「行己光明天可鑒，修身謹密日爲銘」此兩件作品，用筆已較前期內斂、圓轉、含蓄，不再恣意顯露筆鋒，字與字之間意連（無相連接之筆）多於筆連，運筆速度亦顯見舒緩，乾濕筆之墨色自然呈現，並未刻意安排，例如（附圖 5-1-14 與 5-1-16）中間局部放大的「雲移」與「白雲」兩個「雲」字，可以清楚地比較出用筆的方式，前期作品翻轉多、運筆速度快。後期用筆的方式則以自然姿態呈現，運筆速度也緩和許多，這應是多年的人生歷練與書法功力，最後加入書道禪體悟之結果。

圖 5-1-16：72 歲　　　　　　　　　　　圖 5-1-17：87 歲

圖 5-1-14 局部放大

圖 5-1-16 局部放大

第二節　曹書的結構與線條

　　中國文字隨著字體的演變，結構處理的方式也有所不同，如篆書的結構和隸書、楷書、行書都不同，且在繁多的文字中表現各式體樣，陳繹曾在《翰林要訣》中談到：

> 隨字辨體，隨體識樣，字形有孤單、重並、併累、攢積之體，須據《說文》為主而分布之。「一」、「二」為孤，「日」、「月」為單，「棗」、「炎」為重，「林」、「並」為並，「晶」、「森」、「鑫」為累，「野」、「樣」為攢，「曩」、「鬱」為積，以此為例，廣推求之。〔註15〕

不管體樣如何，在結構的處理上有一定的原則。如祝嘉在《書學格言疏証》中提到王羲之〈論書〉談到：

> 二字合為一體，並不宜闊。重不宜長，單不宜小，複不宜大，密勝乎疏，短勝乎長。作字之體，須遵正法，字之形勢，不得上寬下窄，不宜密，密則如痾瘵纏身；不宜疏，疏則如溺水之禽；不宜長，長則如死蛇掛樹；不宜短，短則似踏死蛤蟆。此乃大忌不可不慎！〔註16〕

又說：

> 凡書須大字促令小，小字展令大，自然寬狹得所，不失其宜。婉腳

〔註15〕祝嘉：《書學格言疏証》（台北市，華正書局，1985 年），頁 152。
〔註16〕祝嘉：《書學格言疏証》，頁 143。

> 別幹，上捻下然，終始折轉，悉令和韻。凡字處中畫之法，皆不得
> 倒其左右，橫貴乎纖，豎貴乎粗，分間布白，遠近宜均，上下得所，
> 自然平穩；當須遞相掩蓋，不可孤露形影。〔註17〕

書法之結體即如萬物之間架，皆有其固定的形狀，不得上寬下窄，密勝乎疏，疏則如溺水之禽，該小則小、該方則方、該長則長，寬狹得所，不失其宜。分間布白，遠近宜均，上下得所，自然平穩。小篆屬長形，隸書屬扁形，楷書屬方形，行草書雖姿態百變亦有一定架構，重心穩固之後，姿態可橫生多變。從最早之甲骨文字、金文、小篆、隸書、草書、楷書、行書，至今之現代書法，無不遵循此一原則，這是書法脫離實用後之藝術表現力。邱振中在《書法藝術與鑑賞》中提到：「書法藝術表現力的另一個來源是線條豐富的結構變化。」〔註18〕

結構基礎穩定之後，所要談的是線條，李翠瑛曾提出〈拉麵與細麵——書法線條的質感論〉，作了有趣且深入淺出的譬喻。他說：

> 拉麵般的線條具有立體感，而細麵般的線條較為平面，前者圓滾滾
> 如圓錐體的特色，後者像是鋪筆寫成，為平板而疏散的線條。在書
> 寫的線條中，墨色的掌握以及運筆的技巧會讓線條呈現不同的質
> 感，是否將力氣以指尖傳送至筆尖，而達成線條的豐美度，這就是
> 讓線條具有立體感或是扁平無力的原因。〔註19〕

又邱振中《書法的形態與闡釋》，也說：

> 書法筆力表現在線條的質感，質感就會造成氣韻的流動，而書法線條
> 涉及用筆的方法與筆力的有無，這是書法家的問題與書寫筆力的個人
> 功力，從對筆法與墨法的控制，會決定一條線條的「表情」。〔註20〕

書法的節奏變化是指線條的長短粗細、運筆的輕重快慢、墨色的濃淡變化、結構的虛實呼應、行軸的參差錯落等。用音樂的表現來比喻書法的節奏性，我們可以經由書法中的重筆、粗線和濃墨之表現，聯想到樂曲中的強拍音符；而輕筆、細線及淡墨則相當於音樂中的弱拍音符；潤長的線條，給人延長拍子的感覺，多轉折的線條給人節奏輕快的感覺；中斷不連接的線條則給人以

〔註17〕祝嘉：《書學格言疏証》，頁143～144。
〔註18〕邱振中：《書法的形態與闡釋》（重慶，重慶出版社，1993年），頁3。
〔註19〕李翠瑛：〈拉麵與細麵書法線條的質感論〉，《國文天地》22卷6期（2006年11月），頁31。
〔註20〕邱振中：《書法的形態與闡釋》，頁3。

換氣、休止符號的感覺；點的跳躍給人短促音的感覺；暈染的墨色給人擴音的感覺。因此，具有節奏變化的樂曲能使人感覺悅耳動聽，而具有節奏變化的書法，可以令人經由視覺感受到線條、墨色跳動的愉悅。大陸書法名家陳振濂在〈線條構築的形式——兼論書法藝術創造與漢字的關係〉中提到：

> 漢字結構的美學特徵，關鍵不在線條本身，關鍵在於線條的組合。
> 如果把線條比作音樂，那麼書法中線條這一基本元素，等於音樂中
> 的音符，光是音符是無法構成一首交響樂的，只有當音符在一定的
> 節奏序列中被交叉，並沿著主題旋律的軌道展開，產生各種合聲，
> 變調等等的組合時，孤立的音符才具有意義。那麼書法也是如此，
> 只有當線條沿著一定的軌跡進行各種空間組合構成造型效果，線條
> 才會顯示出書法特有的價值。〔註21〕

又金開誠《中國書法文化大觀》說：

> 書法正是人心感於物而動，且形於點線，通過點線的運動韻律去抒
> 發自己的情態、心志，這頗似音樂通過節奏和旋律去反映出最內在
> 的自我。〔註22〕

曹秋圃的書法反應其最內在的自我，用他的筆、墨、紙、硯加上他的書道禪心，通過書法點線的律動，抒發他內在的涵養與心志，也因為曹秋圃強調靜心才可以下筆寫字，所以他的線條是配合著他的呼吸吐納，節奏較似緩和的輕音樂，所以欣賞他的作品，心情自然可以獲得寧靜，以下就其各體分析其結構與線條：

一、篆書結體與線條

曹秋圃遺留下來的早期作品中，以吳昌碩小篆筆意書寫（如附圖 5-2-1），是秦小篆意味最濃且較具功力的作品，圓轉的筆法，上密下疏長形的結構，堪稱為早期秦篆自運之極品。至於線條部分，粗細變化不大，結構亦屬工整不敧側，線條的質感變化頗大，若依邱振中《書法的形態與闡釋》的說法，附圖 5-2-1「將」字的節奏比「華」字要強烈，因為「將」字的飛白，緩和了他的速度，這是曹秋圃早期篆書的筆法特色。

〔註21〕陳振濂：〈線條構築的形式——兼論書法藝術創造與漢字的關係〉，《中國書法》，頁38。
〔註22〕金開誠、王岳川：《中國書法文化大觀》（北京，北京大學出版社，1996年），頁337。

圖 5-2-1：45 歲　　　　　　　　　右圖單字放大

　　後期如附圖 5-2-2「毋忘復興文化」，結構與線條都比前期隨性，因屬大篆筆調，所以不受小篆筆法筆筆中鋒所拘束，線條粗細變化較大，尤其「復」字最明顯，如「復」字右邊「复」部分，右邊和左邊直畫比例爲三比一粗細，但亦不至於太誇張，這是他篆書後期的特色。基本上曹秋圃的篆書作品比起其它各體，不僅作品數量少，且篆書作品可觀性亦較弱。若如前引邱振中所言「書法筆力表現在線條的質感，質感就會造成氣韻的流動，而書法線條涉及用筆的方法與筆力的有無」可看出，曹秋圃篆書作品附圖 5-2-2 的線條質感並不細緻，這是因爲曹秋圃對於篆書的用筆還不熟練所造成。關於這個問題筆者曾請教過連勝彥、黃金陵、林彥助三位弟子，他們共同的說法是：當時古篆的碑帖不易取得，且寫古篆書家並不多，應屬於摸索階段。所以雖然曹秋圃欣賞周秦文字，但也只能由其後代弟子完成其心願，以上所提三位弟子的篆書作品皆已深具水準。（參見第六章）

圖 5-2-2：82 歲

圖 5-2-2 單字放大

二、隸書結體與線條

　　曹秋圃隸書最大的特色，即橫畫並未有蠶頭雁尾，而是自然的停筆收尾，此乃為「漢隸筆筆逆，筆筆蓄，起逆處，收處蓄。」〔註23〕起筆逆筆藏鋒，收筆含蓄收尾，附圖 5-2-3「勒」、「丑」等字即是如此。結構很明顯還帶有陳鴻壽隸書之形影，線條俯仰自然變化生動，並無蠶頭雁尾的筆法，也非橫平豎直。唐太宗《論筆法》中說道：

　　　　凡橫畫上仰下覆，「志」字是也，凡三畫悉用之。〔註24〕

以上說明：凡是寫橫畫應該上畫仰而下畫覆，就如附圖 5-2-3「勒」字第一橫畫兩端略向上，第七筆之橫畫中間略隆起，形成上下兩筆相背，這是結構之一小細節，很明顯曹秋圃也注意到了。「丑」字三橫畫姿態橫生，線條變化更是生動，自然逗趣，充滿年輕的氣息，這是前期的隸書線條特色，附圖 5-2-4 亦是。

〔註23〕祝嘉：《書學格言疏証》，頁 118。
〔註24〕祝嘉：《書學格言疏証》，頁 148。

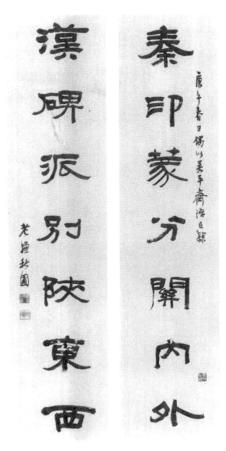

圖 5-2-3：39 歲　　　　　　　　　圖 5-2-4：36 歲

圖 5-2-3 單字放大　　　　　　　圖 5-2-4 單字放大

　　後期的隸書線條風格呈現一波三折，運筆澀進，跌宕多姿，如附圖
5-2-5、5-2-6。後期作品 5-2-5、5-2-6 中「白」、「不」、「悟」、「若」四字和
前期 5-2-3、5-2-4「勒」、「丑」、「西」、「外」四字的線條質感有相當大的差
異性，「白」、「不」、「悟」、「若」四字線條是如「通過點線的運動韻律」充
滿沉著古樸之筆勢，「勒」、「丑」、「西」、「外」四字則屬比較平鋪滑溜之筆。
由此可明顯見其個人功力之增進，個人線條特色之顯現，最後形成個人之
風格。

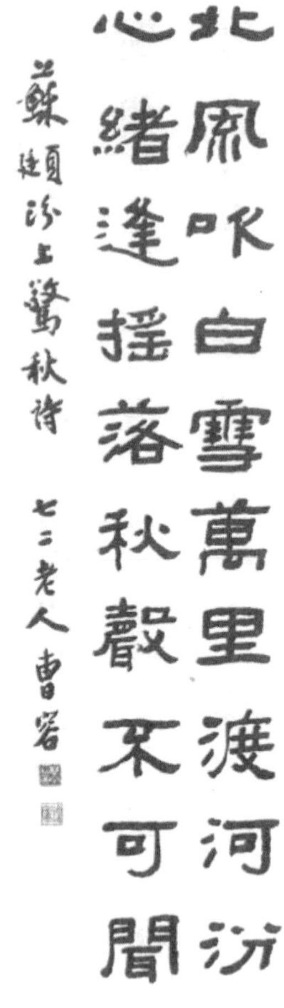

圖 5-2-5：72 歲 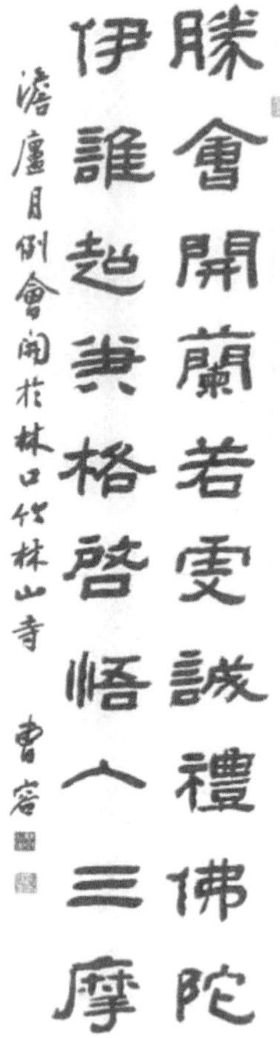　　　　　　　　圖 5-2-6：81 歲

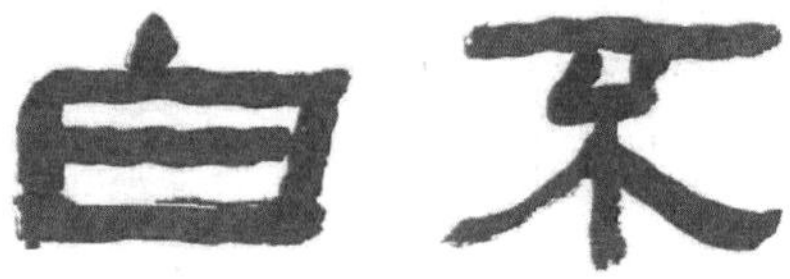

圖 5-2-5 單字放大　　　　　　　圖 5-2-6 單字放大

三、行書結體與線條

　　附圖 5-2-7 是曹秋圃 40 歲前期的作品，結構端整，線條粗細變化強烈，如放大的「翠」、「始」，「始」字的線條短截筆力強勁，「翠」字則屬柔媚線條，最後一筆，線條起筆重，行筆中筆鋒提按，時而中鋒，時而側鋒，富有強烈的節奏感，前期的行書作品風格，線條柔媚俊秀，結構端整，誇張筆畫雖有，

但也僅限於「暮」、「翠」、「多」這幾個字。附圖 5-2-8 是曹秋圃 35 歲的作品，結構端整，線條粗細變化不大，墨色變化自然，飛白自然呈現，如「馬」、「似」二字，唯上、下聯字體大小變化太小，若可上、下聯乾溼互補、大小呼應會更具吸引力，此為前期佳作。

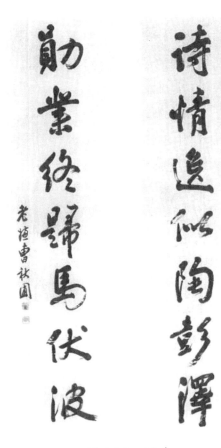

圖 5-2-7：40 歲　　　　　　　　　　圖 5-2-8：35 歲

圖 5-2-7 單字放大　　　　　　　　圖 5-2-8 單字放大

　　附圖5-2-9與附圖5-2-10是曹秋圃80歲以後的行書作品，顯見其線條之渾厚樸拙，結構工整而不造作誇張，線條運轉中，圓筆多而折筆少，但翻筆狀況增多了，如（附圖5-2-9）「本」、「好」二字，「本」字的第二筆接第三筆，第三筆接第四筆，「好」字的第二筆接第三筆。附圖5-2-10「異」、「逢」二字線條更具拙趣，線條澀進波折。後期作品字與字之間大多以意連為主，且字形大小變化少，這是曹秋圃強調寫字為修身之果，線條樸拙，節奏更趨於緩和，正是他一生人格氣韻所要展現的。

圖5-2-9：82歲　　　　　　圖5-2-10：86歲

圖5-2-9單字放大

圖5-2-10單字放大

四、草書結體與線條

　　曹秋圃草書包括今草與章草，一般人以爲草書是運筆速度加快，隨意亂寫的。但實際上，草書的寫法是有一定規矩的，筆畫的減省也有一定規則，如「日」、「曰」、「心」、「灬」可以減省成「一」橫或「一」點帶過，但即使局部減筆，他的基本字形是不變的，如附圖 5-2-11「應」、「堂」、「門」。一般的草書要注意的除了筆法、線條、結構、墨色之外，最重要的是字與字連接時，本字的實筆與連接時的虛筆必須分辨清楚。

　　章草是由隸書演變而來，所以強調的重點筆就是每個字的最後一筆是捺筆，也因曹秋圃的隸書寫得頗有心得，所以章草相對的水準也不低。

　　圖 5-2-11 是曹秋圃 79 歲作品，釋文爲：「貴己不如賤，狂應又勝癡，新寒厭酒夜，微雨種花時，堂下藤成架，門邊枳作籬，老人無日課，有興即題詩。」此幅章草作品，擁有曹秋圃隸書的厚實、樸拙、內斂，以及草書運筆的速度、線條、墨色、結構、章法布局，皆與人舒適寧靜之感，這是佳作。

圖 5-2-11：曹秋圃章草　　　　圖 5-2-11「應」「堂」「門」單字放大

　　附圖 5-2-12 是曹秋圃 42 歲作品，釋文爲：「夔府孤城落日斜，每依南斗望京華，聽猿實下三聲淚，奉始虛隨八月槎。畫省香爐違伏枕，山樓粉堞引悲笳。請看石上藤蘿月，已映洲前蘆荻花。」其中局部放大部分「每依」，「每」字的最後一筆、「堞」字的「土」篇旁豎筆，該實筆部分都寫虛了，輕重提按也較難完全掌控，顯示曹秋圃早期的草書在線條的處理上，還顯得生澀不穩定。附圖 5-2-13 是曹秋圃 37 歲作品，線條虛實則交代的比較清楚，如「東山」、「近夢」。釋文爲：「香閣東山下，煙花象外幽。懸燈千嶂夕，卷幔五湖秋。畫壁餘鴻雁，紗窗宿斗牛。更疑天路近，夢與白雲遊。」附圖 5-2-12 與附圖 5-2-13 字形結構皆屬於較寬扁的，這是因爲曹秋圃早期行草書受其師陳祚年的影響。

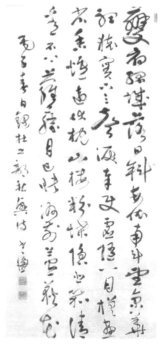

圖 5-2-12：42 歲

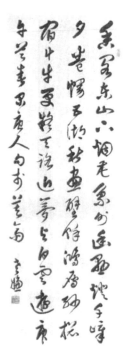

圖 5-2-13：37 歲

圖 5-2-12 局部放大

圖 5-2-13 局部放大

附圖 5-2-14 是曹秋圃 84 歲作品，釋文爲「先賢妙境未登攀，倏忽光陰十載間，才調天生孤忽視，開門何日見青山。」附圖 5-2-15 是曹秋圃 90 歲作品，釋文爲「乍晴乍雨合清遊，半日偷閒狎鷺鷗。浦近龜山驚午夢，疏鐘隨雨落孤舟。」此二件作品結構較前期紮實，字形也明顯不同於前期的寬扁。線條亦顯得厚實樸拙，粗細變化不大，字與字間的連貫虛筆較少，和前期輕率之風有非常顯著之不同。曹秋圃草書的特色爲連筆少，幾乎字字獨立，這應是受孫過庭《書譜》的影響，這也是屬於他的個人風格和特色，當然章草就更是如此了。

總括而言，曹秋圃各體書法線質（行筆運墨時的速度、方向、取勢的方法）的表現，前期較疾，後期澀中帶潤。這應屬一般正常的狀況，年輕氣盛要寫出澀重之筆，機率不高，老來想寫疾速之筆，亦有相當難度。曹秋圃線質與眾不同的是他的內容物相當地豐富，因爲他學識廣博、品德高尚、主善爲師。

圖 5-2-14：
84 歲

圖 5-2-15：
90 歲

圖 5-2-14
局部放大

圖 5-2-15
局部放大

第三節　曹書的章法布局

　　記得我參加全國語文競賽書法集訓時，林榮森老師告訴我：「一件書法作品給人的第一印象，就像初見一個人的第一印象，是那個人給你的整體感，這整體感就如書法作品的章法布局。」劉勰在《文心雕龍》中談到〈神思〉和〈情采〉，分別討論文章的主要心思，也就是作者要表達的內容，因為寫作文章想像空間毫無邊際，不受時間空間的限制，所謂「文之思也，其神遠矣。」〔註25〕雖然他談的是文章，書法的創作空間亦是如此，它是千變萬化毫無定律的。劉勰又說：

> 是以陶鈞文思，貴在虛靜，疏瀹五臟，澡雪精神；積學以儲寶，酌理以富才，研閱以窮照，馴致以繹辭；然後使玄解之宰，尋聲律而定墨；獨照之匠，窺意象而運斤：此蓋馭文之首術，謀篇之大端。
>
> 〔註26〕

文中所言「貴在虛靜」、「積學以儲寶」、「後使玄解之宰」、「尋聲律而定墨」，說的雖然是文章創作，但和曹秋圃的書法創作理念亦不謀而合，由虛心寧靜、積纍學識，然後進入心靈的妙道，最後按照音律，書寫出所要表現的情感，而進行個人風格的創作。

　　王羲之的〈蘭亭集序〉之所以成為千古名作，除了書寫時的神思豐富，其情采更不在話下。那何謂情采？就文章而言，情采是指華麗的詞藻、音律等，但這裡的詞藻是因情感而自然書寫出來，並非刻意強調，堆砌而出。若以書法來說，神思部分應指書寫內容，情采則為書寫技巧和風格，包括了用筆、墨色、線條和結構。就時代而言，每個時代所表現出來的不同，如唐人尚法、宋人尚意、明清尚態勢。就個人而言，其人的神采與章法布局就足以顯出他的個人風格。

　　章法又稱布局，是指一篇書法作品通篇的結構體勢，給予欣賞者視覺上的感受，所以必須在單字的筆畫之間（小章法），字與字之間、行與行之間（大章法），要互相呼應。徐建融在《如何欣賞書法》一書中提到，章法大體上有四種：

> 一種是字字獨立、行行豎直、層層橫平的規整章法。如小篆、漢隸、魏書、唐楷，多用這樣的章法。……一種是縱向貫氣法。行距寬而

〔註25〕劉勰：《文心雕龍》周振甫注，（台北市，里仁書局，1984年），頁515。
〔註26〕劉勰：《文心雕龍》周振甫注，頁515。

字句緊，注重行行豎直，而層層必不橫平，至於字與字之間，可獨立也可以不獨立。一般行書、小草書多用此法。一種是橫向貫氣法，行距緊而字距寬。……一般適用於篆書、隸書、楷書。……一種是通篇佈局法。一般適合於大草、狂草書，橫不見層，縱不見行，字與字之間不僅上下牽連，而且左右糾纏，縱橫散亂，滿紙煙雲，而自成一片化機。〔註27〕

以上將章法分為：規整章法、縱向貫氣法、橫向貫氣法、通篇布局法四種。

　　曹秋圃的遺作中，在「心正則筆正」的框架下，曹秋圃的作品，除了東台灣之旅回來之後，曾經有突破的契機之外，其他的作品幾乎都是屬規整章法、縱向貫氣法、橫向貫氣法，三者其中之一。又大陸學者楊盛欽提到：一件完整的書法作品，通常由正文、落款、印章構成，這三者相輔相成，共同構成一個不可分割的整體。〔註28〕這也可以說是另一種章法的呈現。此節所舉的作品，將以曹秋圃書法佳作為例，敘述分析如下：

一、篆書的章法布局

　　關於篆書章法之美，劉熙載在〈藝概‧書概〉中說：

篆書要如龍騰鳳翥，觀昌黎歌「石鼓」可知。或但取整齊而無變化，則隸人優為之矣。〔註29〕

石鼓文在大篆中雖屬於較勻稱整齊的，但他的每個字仍各具姿態，或正或斜、或密或疏，其實他的主要目的就是要在平整中求變化，這是書法藝術的價值所在。附圖5-3-1、附圖5-3-2為曹秋圃76歲寫的篆書作品，附圖5-3-1釋文為「左海鴻鈞一氣生，筆風墨雨作陰晴，年來書道隨唐昏，喜見千軍出管城。」此幅作品在布局上採縱向貫氣法，字形大小自然錯落，筆劃粗細亦隨情感而或輕或重、或長或短，最後以行書落款，鈐上與落款字體大小相仿的姓名、字號、朱白文印，右上角押上起首印，畫面予人舒適、勻稱、穩定之感，這是隨著他的呼吸，展現樸拙而高古的線條，及逗趣的字形。附圖5-3-1、附圖5-3-2比起早期的「嘉樂君子」（附圖5-3-3），實有相當的進步，在比例、結構、線條、章法上都是。筆者至臺北三重滄廬文教基金會親臨其下，如沐書風，

〔註27〕徐建融：《如何欣賞書法》，頁24。
〔註28〕楊盛欽：《中國書法藝術》（北京，化學工業出版社，2006年），頁98。
〔註29〕〔清〕劉熙載：〈藝概‧書概〉，《歷代書法論文選》（華正書局，1997年），頁636。

圖 5-3-1：
76 歲作品　　　　　圖 5-3-1「喜見」「氣」　　　　圖 5-3-2：
　　　　　　　　　　「筆」局部放大　　　　　　　76 歲作品

圖 5-3-3：前期作品

　　欣喜異常。紙本上的字，雖是一定比例的縮小，但和真跡一比，真的相距十
萬八千里。真跡之用筆溫和，結構自然，每個字皆各具姿態，書香四溢。

　　　就單字神采而言：用筆的方式自然隨性，墨色均勻，「喜見」、「氣」、「筆」
四字各見姿態，這是大篆本身的姿態，透過作者思緒所表達出來的，「喜」字
有開心之貌，「見」字有站立注視之神采，「氣」字有緩慢吐氣之狀，「聿」字
則為握筆專心寫字之神態。說明了大篆雖屬勻稱整齊的，但每個字仍各有姿
態。

二、隸書的章法布局

隸書是曹秋圃各體書法中較具個人特色，風格也較其他各體明顯，「違而不犯，和而不同。」就是他的功力所在。孫過庭在《書譜》中提出這樣一個著名的論點：

> 至若數畫並施，其形各異；重點齊列，為體互乖。一點成一字之規，
> 一字乃終篇之准。違而不犯和而不同。〔註30〕

以附圖 5-3-4 為例說明：「無量壽佛」四個字，「無」字的中間四筆豎畫，各具姿態；「量」字的橫畫乍看似乎相同，仔細一瞧，卻筆筆皆異：「壽」字的前三筆橫畫，起筆亦各不相同。這說明：「數畫並施，其形各異；重點齊列，為體互乖。」「違而不犯，和而不同。」也就是很多點畫並列在一起，豐富而不單一，違中有和，和中有違，可謂拙而不媚，雅而不俗。附圖 5-3-5 為曹秋

圖 5-3-4：64 歲　　　　　　　　圖 5-3-5：83 歲

〔註30〕孫過庭：〈書譜〉，《歷代書法論文選》，頁 118。

圖 83 歲作品，看似童字，實是樸真，結構線條拙氣十足，這是追求名利之人，無法到達的境界，此副對聯布局中規中矩，這就是曹秋圃的隸書風格。附圖5-3-6〈醉筆〉是他80歲後的作品，整幅作品看似隨性，但點劃線條卻拙氣十足、姿態橫生，章法布局虛實呼應、計白當黑，適切自然，應屬佳作。

　　隸書一般的布局方式都是橫向貫氣法，行距緊而字距寬，當然曹秋圃也是如此，如附圖5-3-7、附圖5-3-8、附圖5-3-9皆是，分別為曹秋圃85、86、88 歲的作品，此時風格已確立。在曹秋圃各體書法中，隸書特色最具個人風格，從古至今應無第二家，結構乍看似平板無奇，細瞧之下，實則為寧靜湖海中蘊藏豐富的水中生物與美麗珊瑚，所以國立美術館碑林中就以隸書為其代表作。

圖 5-3-6：80 歲後作

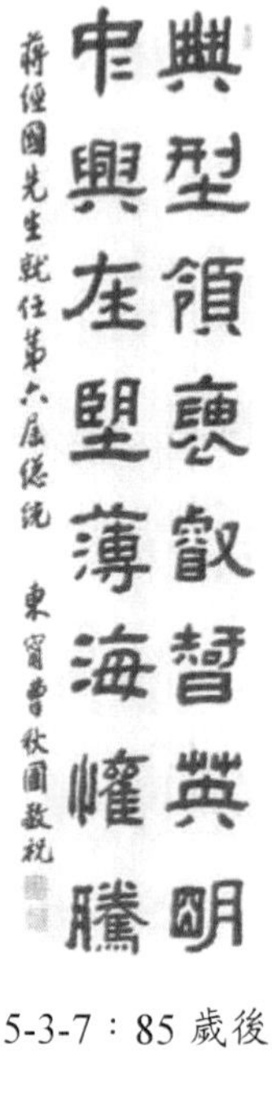

圖 5-3-7：85 歲後作 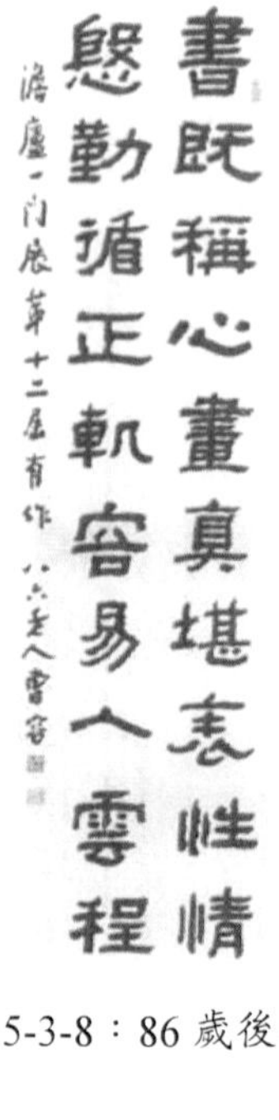　　　圖 5-3-8：86 歲後作 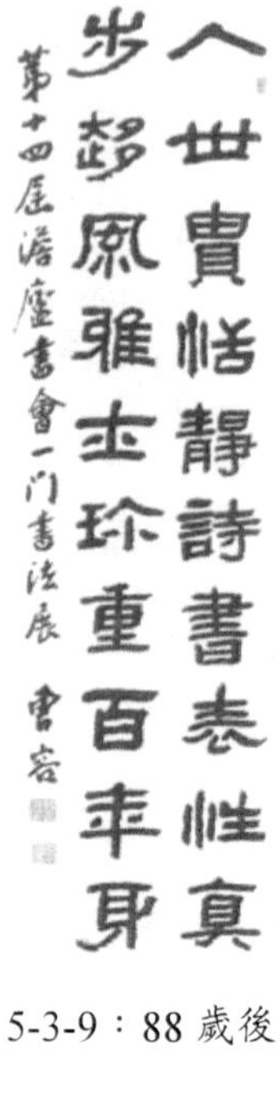　　　圖 5-3-9：88 歲後作

三、行書的章法布局

在曹秋圃的各體書作中以行書作品數量最多，因為曹秋圃是書家、亦是詩人，所以在他的書法作品中內容相當豐富，有自作詩、古哲語、唐宋明詩等。書法形式相較於其他各體亦是最多變化者，包括條幅、橫披、中堂、對聯等。附圖 5-3-10 的行書是屬縱向貫氣法，整件作品給人的感覺是不迫促、不散漫、不零星、不寂寥，有字字互相呼應的流通之感，局部放大部分，如「萬里」兩字筆力萬鈞、氣勢貫串，「帶河」兩字姿態攲側、柔而不媚、流暢感十足，「脈不」兩字筆畫由「月」篇旁的輕細，逐漸加重至「不」字的厚實，形成了強烈的節奏與小章法的對比呼應，雖然通篇看似字字獨立、各具神采，實際卻是氣脈連貫、一氣呵成的。

綜觀曹秋圃的行書作品，筆畫線條逐年厚實樸拙，章法不矯柔造作，用最自然的方式呈現，作品乍看之下不太吸引人，但卻十分耐看，乃是因為深具個人內涵。如（附圖 5-3-11）是曹秋圃的 86 歲作品，如「超」字、「逸」字、落款「八六老人曹容」加兩顆印章，將整件作品分成三等份，因二顆紅色印章押重了左下角，所以曹秋圃於右上方蓋了引首章，讓作品畫面平衡。

圖 5-3-10：68 歲　　　　　　　　　圖 5-3-10 局部放大

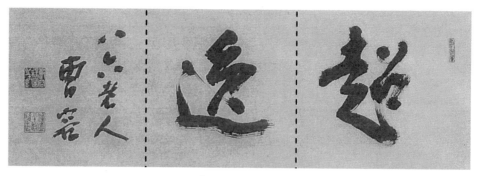

圖 5-3-11：86 歲

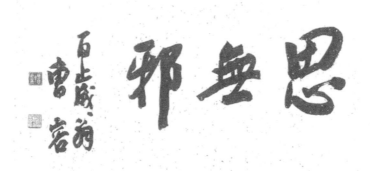

圖 5-3-12：99 歲　　　　　　　　　圖 5-3-13：99 歲

附圖 5-3-12「思無邪」與附圖 5-3-13「福」字，看起來就是很簡單的拿著筆寫字，什麼都不求，我手寫我心，整幅作品給予人們「寧靜」的視覺感受，已是「書道禪」的最高境界了。「百歲翁」還能寫出這樣雅致的作品，[註31] 世上有幾人！據林彥助告知，其實曹秋圃後期視力已經很弱。筆者驚嘆，曹秋圃將至百歲的高齡，視力又已模糊，竟有此驚人的神筆，應屬世間難得之作！

四、草書的章法布局

曹秋圃的草書作品，如附圖 5-3-14 為 70 歲後作，釋文為「瞿塘峽口曲江頭，萬里風煙接素秋。花萼夾城通御氣，芙蓉小苑入邊愁。珠簾繡柱圍黃鵠，錦纜牙檣起白鷗。回首可憐歌舞地，秦中自古帝王州。」第一行除了第一個字寫得稍大之外，其他的字則較拘謹，變化不大，第二行的「入」字開始有穿插挪讓之勢，第三行「可憐」兩字開始鬆放心情，狂放至「帝王州」戛然

〔註31〕筆者於 7 月 2 日至台北澹廬文教基金會採訪林彥助，林彥助說：「百歲翁是我建議曹老師寫的。」事實上，那時曹秋圃是 99 歲。

而止，整件作品若均分爲上、下兩部分，下半部的章法布局要比上半部精采、生動，曹秋圃這樣的作品並不多見。附圖 5-3-15 爲 80 歲後作，釋文爲「越王句踐破吳歸，載士還家盡錦衣。宮女如花（盡）滿春殿，祇今惟有鷓鴣飛。」此幅作品行距寬鬆，予人疏朗之感，但每個字給人的感受卻是筆力萬鈞、勁道十足的。

　　劉質平談到弘一法師李叔同曾對他說：「字之工拙占十分之四，而布局占十分之六。」〔註 32〕這就是強調整體視覺給予人的感覺的重要性。曹秋圃附圖 5-3-14、5-3-15 兩件作品給人的感受不同，作品的層級就得看欣賞者的喜好與眼力了。

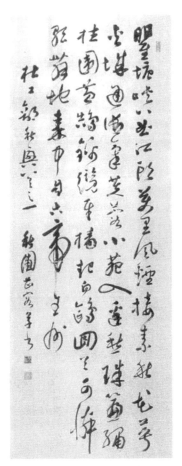

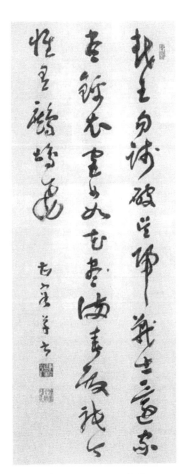

圖 5-3-14：70 歲後　　　　　　　圖 5-3-15：80 歲後

〔註 32〕http://www.qzsfj.com，泉州書法家，談弘一法師。

　　又附圖 5-3-16〈青天一鶴見精神〉與附圖 5-3-17〈寄興只消毫楮〉，皆爲
80 歲之後的作品。附圖 5-3-18〈落紙如雲煙〉，資料並未標出創作年歲，根據
筆者從曹秋圃用印上觀察判斷，凡鈐印爲「曹容字秋圃」陰文、「老嫌」陽文
者，約爲四十歲左右的作品，若鈐印爲「曹秋圃印」陰文、「菊癡」陽文者，
應爲 80 歲以前的作品，附圖 5-3-18〈落紙如雲煙〉鈐印爲「曹秋圃印」陰文、
「菊癡」陽文，所以應爲 80 歲以前的作品。附圖 5-3-18 作品深具動態感，氣
勢磅礴，由線條的乾、溼、濃、淡顯出墨色的強烈變化，豪邁勁逸的筆力顯
出運筆的節奏，字形結構姿態橫生，章法布局打破傳統，爲曹秋圃遺作中較
少見的。反觀 80 歲以後作品（附圖 5-3-16、5-3-17），則趨向內斂，雖無狂放
之姿，但見厚實之筆、沉穩之態。

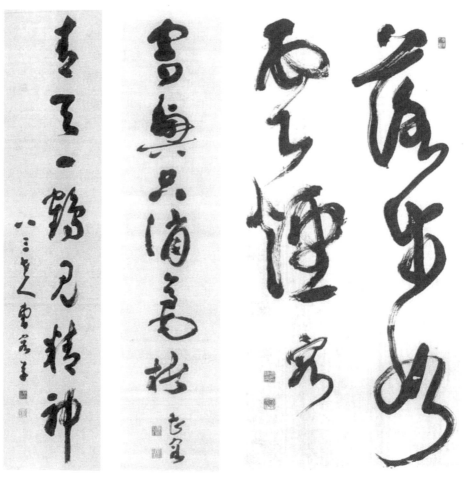

圖 5-3-16：83 歲　　圖 5-3-17：80 歲後作　　　　圖 5-3-18：？歲

　　總結曹秋圃後期作品用筆澀進、技法爐火純青、結字紮實、線條樸拙老辣、墨色變化自然，及忠於傳統的章法，可見雄強、剛健、厚實、樸拙、自然的書風特質。他的書法作品風格，若依照西方藝術美學來鑑賞，應屬於壯美的，在中國則稱為陽剛美。清代的姚姬傳曾論陽剛之美與陰柔之美，既可以用來評文，同樣可以用來品書。他說：

> 其得於陽與剛之美者，則其文如霆如電，如長風之出谷，如崇山峻崖，如決大川，如奔騏驥；其光也，如杲日，如火，如金鏐鐵；其於人也，如馮高視遠，如君而朝萬眾，如鼓萬勇士而戰之。

> 其得於陰與柔之美者，則其文如升初日，如清風，如雲，如霞，如煙，如幽林曲澗，如淪如漾，如珠玉之輝，如鴻鵠之鳴而入廖廓；其於人也，漻乎其如歎，邈乎其如有思，暖乎其如喜，愀乎其如悲。

〔註33〕

但陽剛之美與陰柔之美並非決然對立，我們只能說大部分的作品屬之。其「行草書」、「隸書」或最晚年的「榜書」，乃運用中鋒澀進、逆鋒翻筆的技法，營造出線條之起伏動勢，融古鑄今，獨具個人雄放渾勁之面貌，實乃書道藝術之力行者。

　　總之，我們從曹秋圃字體結構、線條、墨色、點畫神采，至通篇布白，所接收的感受是多方面的，如同欣賞一幅名畫，閱讀一篇好文章，聽一首旋律優美的歌曲，看一場另類的舞蹈，欣賞一座獨特建築物，往往同樣能得到心靈上的共鳴與滿足。

〔註33〕〔清〕姚鼐：〈復魯絜非書〉，《惜抱軒文集》卷6。見方苞、姚鼐撰：楊榮祥譯注《方苞、姚鼐文》（台北，錦繡出版，1992年），頁219。

第六章　曹秋圃書道承續

　　曹秋圃書法教學生涯，直至 99 高齡辭世為止，辛苦耕耘 80 餘年，推廣書藝、弘揚書道，獎掖後進無數，從早先的開班授課到後來籌組「澹廬書會」，影響書壇層面甚廣，堪稱台灣師門型書法社團之翹楚，對於書法風氣的宣揚及倡導，可謂貢獻卓著、成果豐碩。而曹秋圃寫了一輩子的書法，並未受到當時日本前衛書派的影響，〔註1〕一路走來始終如一，遵循傳統、堅持傳統，沉浸在古典的書風中。

　　曹秋圃對品德修養的堅持是終其一生的，他說：「書道之為道，學之不難，卒業為難，卒業得有生氣而品高者尤難。」〔註2〕此句可看出他對品德的追求是高於一切的。士先品德而後書法，而後融入生活成為書道禪，書道所蘊含的禪理至深至廣，所以他教學的重點是品德與修養，他認為一個缺乏品德修養的人，書寫技巧再高也令人不屑。

　　宋黃庭堅曾說：「若其靈府無程，即便筆墨不減元常、逸少，只是俗人耳。」〔註3〕假如胸中無墨，即使書寫技巧不輸鍾繇、王羲之，也只不過是一俗人罷了。又說：「凡書要拙多於巧。近世少年作字，如新婦子妝梳，百種點綴，終無烈婦態也。」〔註4〕書寫技巧要拙，因為拙勝於巧，此句之意為：一個長得不美的女人，他有豐厚的學術涵養、品德亦高雅，絕對優於一個外表裝飾點

<hr>

〔註 1〕 曹秋圃：〈書道之我見〉曾說：「及國會有共產黨議席以來，人心一變，即有醜惡之前衛派出，其書一榻糊塗，看不清面目把書道之真善美，悉數蕩進。」，頁 45。
〔註 2〕 曹秋圃：〈書道之我見〉，頁 43。
〔註 3〕 〔宋〕黃庭堅：〈論書〉，《歷代書法論文選》（華正書局，1997 年），頁 327。
〔註 4〕 〔宋〕黃庭堅：〈論書〉，《歷代書法論文選》，頁 326。

綴華麗而胸無點墨之人，曹秋圃於 1939 年〈澹廬論書〉詩作中亦明白的提出：
「金丹換骨無他訣，端自收心養氣來」，書法要寫的好，沒有其他秘訣，一定
要收心養氣，所以只要是澹廬子弟，養氣首要即是品德修養。也因爲高尚的
品德修養使曹秋圃的書學達到最高境界。

　　曹秋圃一生從事書法教育，弟子眾多，影響甚鉅，至今仍活躍於書壇者
多，筆者僅採訪受曹秋圃影響較深遠的三人，按照他們和曹秋圃學習的先後
順序，分別敘述其生平及如何承續曹秋圃的品德精神、詩學及書道。

第一節　林彥助

一、生平簡歷

　　林彥助（1940～）台北縣三重市人，1955 年入澹廬與曹秋圃學習詩文、
書法，直到曹秋圃 1993 年過世，約 40 年。1962 年得日本書藝院準特選，1967
年得中國書法學會主辦，青年書法展優選，自此未再參加書法比賽。1970 年
與林玉山學畫，1974 年創立茂齋詩書畫專修塾。1980 年三月受邀於新竹市社
教館舉行「林彥助師生書畫展」。1981 年任教東吳大學。1998 年任澹廬文教
基金會董事。2000 年代表台灣參加由日本東京市舉辦之「第四屆國際書學研
討會」。2005 年與連勝彥、蔣孟樑、黃金陵、曾安田，假國立中正紀念堂舉行
「澹廬五人書法展」。2007 年應國立國父紀念館之邀，於「中山國家畫廊」舉
行「北縣風采──林彥助詩書畫展」。〔註5〕

二、對曹秋圃的品德精神的繼承

　　林彥助是屬於曹秋圃早期的弟子，筆者於台北三重澹廬文教基金會採訪
時，林彥助很開心地自稱爲曹秋圃的入桌弟子，〔註6〕他說：

> 曹老師早期教授書法是先上國學課程的，現今澹廬弟子中，只有我
> 既上國學課程又學書法，後期的澹廬弟子則只學書法。曹老師指導
> 我讀儒家思想之《論語》、《孟子》、《大學》、《中庸》、《袁枚小山房
> 尺牘》、《古文觀止》、《唐詩三百首》等，每次上課一定要抽背，若

〔註 5〕林彥助：《北縣風采──林彥助詩書畫集》（台北市，國父紀念館，2007 年），
　　　　頁 120。
〔註 6〕筆者於 2009 年 7 月 2 日訪談紀錄。林彥助說：「一般人皆稱正式拜師者爲入
　　　　室弟子，但我和曹老師可以同桌用餐，所以我自稱爲曹老師的入桌弟子。」

這次背不好，下次一定會再抽一次，非常嚴格。

林彥助接著又說：

> 曹老師常常告訴我：「不讀書而寫字就是書匠。」曹老師也指導我讀
> 老莊之道學思想，他不時的提醒我「名羈利鎖」，強調人生在世，名
> 就是羈，利就是鎖，名利會羈絆鎖住人的心性，所以該看淡名利。
> 〔註7〕

林彥助於是自我解嘲的說：「也因此我做了一輩子的戶長。」林彥助說完此話，
精神十分愉悅，沒有任何壓力，一派輕鬆自在，應該是林彥助真實拋開名利
的緣故！如果說曹秋圃一生受儒（孔孟傳統的儒家思想）、佛（佛學禪學）、
道（道教、老莊之學）三者的影響，林彥助應受老莊之學這部分影響較深，
他一生淡泊名利，繼承了其師曹秋圃的思想。他接著說：

> 小時候我很調皮，很多的老師都拿我沒辦法，但我遇到曹老師之後，
> 就像是孫悟空遇到如來佛，完全被制伏了。曹老師也特別疼愛我，
> 視我勝過親生孩子，因為家貧，沒有書桌讀書寫字，曹老師特別准
> 許我中午到他家寫字。有一次，我因早晨忙於家務太累而趴在書桌
> 上睡著，曹老師還幫我關門、關窗，怕我著涼，曹老師一向認為感
> 冒會給予各種病毒入侵的機會，一定要小心照顧自己的身體。平時
> 只要曹老師聽到我打噴嚏的聲音，就會拿中國製藥廠的「感冒靈」
> 要我服下，有時吃小八味丸，而且一定要現場吃下，絕不可「鐵齒」
> （閩南語），我都吃怕了，但曹老師疼愛我的心，我了解。曹老師並
> 且不斷的強調：「要寫好書法身體一定要好，字才可以寫的好。」曹
> 老師寫了一生的書法，身體一直是健康的，就是最好的證明。〔註8〕

在採訪的過程中，林彥助用很誠敬的心情敘述曹秋圃的生平事蹟，回憶曹秋
圃對他的種種教導與恩情，但偶有俏皮的言語，讓採訪氣氛輕鬆不少。林彥
助又說：

> 曹老師非常注重書學涵養，「士先品節，而後文藝。」可說是澹廬每
> 位學生的座右銘，也是澹廬校規。所以曹老師早期必先教授國學課
> 程，奠定學生良好的國學基礎，每次上書法課前須運用呼吸吐納法
> 練習 30 分鐘，靜下心之後才開始寫字。有些學生想跟曹老師學書

〔註 7〕 筆者於 2009 年 7 月 2 日訪談紀錄，以下訪談時間皆同此註。
〔註 8〕 筆者於 2009 年 7 月 2 日，於澹廬文教基金會訪談林彥助部分內容。

法，但無法通過第一關的訓練，只好離開不學了。〔註9〕

可見曹秋圃對心靈修養的注重與堅持，高於寫書法的技巧。還有，筆者採訪林彥助之前的電話聯絡過程中，他鉅細靡遺地告訴我，如何搭車？在哪下車方便？設身處地為人著想，筆者備感溫馨。訪談結束之後，內心總覺得他不愧是曹秋圃的傳人，他的神情、詩書內涵、品德皆承續曹秋圃，深具書生本色。

三、對曹秋圃的詩書藝術理念的繼承

林彥助是位好學不倦之士，他回憶和曹秋圃學習時的情景說：「當時每天必須一大早起來，幫忙家中做生意，中午才至曹老師家寫字，晚上還要到台灣大學歷史系上課。除了和曹老師學國學、書法外，又先後跟林玉山學畫、姚夢谷學詩詞聯語、李猷學詩文。」林彥助一生可謂沉浸於詩、書、畫之中。林彥助在《北縣風采——林彥助詩書畫集》自序一文中提及：

> 余平生所好，惟讀書吟詠、書法繪畫。每週除課學外，則坐擁書室，「只問耕耘」，數十年如一日，長樂不疲。曩昔聽評者云「書法家所書多是唐詩宋詞，佛經道典，自作甚少，僅輪抄古書。千餘年僅霑沐聖慧，泥古少變。夫藝文家之作，應有時代性、鄉土情」。余聞言永志，長作金針，於是勵志勤學。〔註10〕

評者認為一般書家，所書多是唐詩宋詞、佛經道典、輪抄古書。林彥助贊同評者，認為「藝文家之作品應有時代性、鄉土情」，因此立志勤學而有此本與眾不同之著作。《北縣風采——林彥助詩書畫集》以詩詞、散文、書畫介紹台北縣 29 鄉鎮民俗風情，其中詩詞作品、書法作品、國畫作品、散文完全皆由林彥助自創，實屬不易。展閱此書，內容豐富多彩。林彥助是現今難得的詩、書、畫全才，因為大部分的書家書法作品皆寫歷代詩詞歌賦、名言佳句，很少像他是寫自創的詩文，在曹秋圃眾多的弟子當中，林彥助繼承了其師詩學涵養與風範。以下這首詩為林彥助作品，錄於 2007年《北縣風采——林彥助詩書畫集》，題目為〈澹廬〉丙戌之秋咏此作敬懷曹夫子。

〔註 9〕 筆者於 2009 年 7 月 2 日，訪談林彥助記錄。

〔註10〕 林彥助：〈自序〉，《北縣風采——林彥助詩書畫集》（台北市，國父紀念館，2007 年），頁 6。

淡江左岸昔荒蕪，屋舍遙遙田瓜疏。時之子弟少升學，不做童工即犁鋤。
載筆返台曹夫子，臨流卜宅衍澹廬。性天涵養長耕讀，灌園避世一文儒。
絳帳春風明仁禮，承先裕後教詩書。先生足跡遍東亞，鷺江香港齊歌譽。
扶桑敬尊書聖師，墨采風雲彌海嵎。慕名訪謁多雅士，欽學延聘是大夫。
國土光復歸梓里，耕雲遠俗清安居。振管流風宗回腕，翰逸神飛自如如。
筆陣綺合書道禪，鳳起蛟騰本無隅。平生好善頻修德，恬淡怡真若冰壺。
倚門過半業百工，臨池讀書雲典謨。課學必先充內蘊，沃蕩詞源惟心虛。
生前薪火綿五代，藝光海東燦遐敷。志承道業追風雅，弘學濟濟其生徒。
弟子再傳誠傑出，書壇先後領中樞。墨池之妙宜修性，瑰蹟雄神樂有餘。
量毓文采人健壽，才苞古真容清娛。賢者垂範三不朽，書德千秋彰天衢。

圖 6-1-1：林彥助篆書作品局部

詩中的內容敘述淡江左岸，原本帶著淳樸鄉野氣息，自曹夫子返台之後，承襲澹廬一貫作風，「承先裕後教詩書」，足跡遍香港、廈門、日本，皆曉其書名，迴腕與書道禪為其書風特色。「平生好善頻修德」，課學必先充內蘊，「墨池之妙宜修性」，這是他的教學重點，以修身修德為首要目標。「弟子再傳承傑出，書壇先後領中樞」，現今澹廬書會弟子在書壇舉足輕重，弟子傳承老師的精神，老師之書德千秋不朽。這首詩很清楚地寫出了曹秋圃澹廬弟子的品德精神與傳承，〈澹廬〉（附圖 6-1-1）一詩包括了曹秋圃的教學理念、澹廬的傳承精神、澹廬弟子的書道展現，我們可由〈澹廬〉一詩，明白林彥助對曹秋圃的感念之情。林彥助的詩學功力，更是青出於藍而更勝於藍，不僅詩作內容豐富，他亦將其寫成篆書作品，他的書寫功力就筆法來說是圓起圓收，線條典雅脫俗、娟秀勁挺，結構勻稱雅致，作品格式為橫批 52×290 公分，氣勢磅礴，真不愧是曹秋圃的入室弟子。

林彥助書法各體皆備，在此列舉隸書作品，略作說明：林彥助秉持著曹秋圃「心正則筆正」之說，每一筆畫線條皆是規規矩矩、按部就班、不急不徐，墨色清新雅致，筆法線條特色是典雅、溫和，結構四平八穩、紮實穩固，作品整體

圖 6-1-2：林彥助隸書作品

給人的視覺美感是富有濃濃的書卷味、完全無躁氣，給予欣賞者心情寧靜，溫和敦厚的感覺（如附圖 6-1-2），這是他個人書法風格的完美展現。筆者訪談林彥助時，可以感受他溫和敦厚的性情，採訪他是輕鬆自在無壓力的，這正可以印證曹秋圃所強調的：「心正則筆正」、「字如其人」。

另外，國畫的基礎是必須以書法為根基，因為任何一筆都必須要有一定的筆力，才能呈現山水花鳥的氣韻與神態，附圖 6-1-3 是林彥助的國畫作品，亦別具雅趣，提供大家一併欣賞。

圖 6-1-3：林彥助國畫作品

第二節　黃金陵

一、生平簡歷

　　黃金陵（1940～）彰化縣鹿港人。號蒴士、瑤光、洛津散人。齋名散玉齋、小山樓、如是齋。別號一燈。於 1965 年師事曹秋圃先生習書法，1974 年發起成立換鵝書會，1977 年創辦小山樓書法專修塾，1981 年獲七十年度中山學術文藝創作獎之書法獎。1982 年元月指導成立「一德書會」，由會長傳啓富等 17 人組成。1986 年亦應奧地利藝術季舉辦之第一屆「東西方文化比較——文字藝術與書法」展的邀請於首都維也納展出作品。〔註11〕2001 年指導成立「一諦書會」，由會長張清泉等 14 人組成。歷任省立美術館評審委員，中央公教機關美展評審委員，教育部文藝創作獎評審委員，金輪獎、南瀛獎、新

〔註11〕李蕭錕：《臺灣藝術經典大系——造化在手‧匠心獨運》（台北市，文化總會，2006 年），頁 138。李蕭錕認爲這是黃金陵「文字與繪畫」、「文字與藝術」觀念闡發與實驗精神的創意力作，算是他藝術生涯中另一個新起的峰塔。

美獎、磺溪獎及交通部美展，全省美展等獎的評審委員。〔註12〕

二、對曹秋圃品德精神的繼承

黃金陵在一德書會〈回望〉一文中，回憶著曹秋圃的教學方式、教學重點，他說：

> 曹師的教學，對書藝技法有最嚴謹的要求尺度，要求門徒每個字的習臨，務必依字帖比例放大到維妙維肖爲止，幾乎要做到像現在影印機放大的功能方可，甚至每字要能默寫出其氣骨神韻方肯罷休，才能臨寫次一個新字，所以每字臨到經認可時，皆要練習數千遍以上。〔註13〕

雖然每個字練習數千遍以上，似乎笨拙了些，但不可否認，這也是最踏實的方式，因爲「熟能生巧」。就如歐陽脩〈賣油翁〉一文，賣油翁可以將油，從方孔的錢幣中倒入瓶罐，油絲毫都不沾到錢幣一樣的神，這正是曹秋圃所要求的。因爲曹秋圃要磨練弟子的耐力，黃金陵不僅有超人的耐心，而且非常用功，加上他對曹老師的信服，所以他在青壯年時就已在書壇享有名氣，可謂曹秋圃的書道傳人。曹秋圃在母親邱氏過世之後，守喪三年期間，必定也是如此執著，才能奠定如此深厚的書道根基，曹秋圃希望他的弟子也能和他一樣，體會字的神韻，因曹秋圃看出黃金陵的寫字天分，所以毫不退讓的磨練他的耐性與毅力。

但筆者認爲「每字要能默寫出其氣骨神韻方肯罷休，才能臨寫次一個新字」，這對一個初學者來說是深具挑戰的，寫出「氣骨神韻」又談何容易？「氣骨神韻」會因爲每位書家的風格不同，而顯現出個人特色，譬如臨摹顏真卿，則必須寫出他的渾厚與氣勢；臨摹歐陽詢，則必須寫出他的俊秀與勁挺；臨摹柳公權，則必須寫出他的紮實結構與骨中帶肉。曹秋圃的要求真的很嚴格，除了要求形似，還要求神似。總之，這對一個初學者來說，是一件非常不容易的事，當然若要寫到被許可，皆須練習數千遍以上。這的確非常不可思議，倘若以現今凡事講究速成、追求新穎的社會潮流下，還有如此的教學方式，恐怕會被家長痛批、被社會質疑，學生也會因此而提早放棄學習。書法這門藝術是相當寶貴的，絕對不容消失，但也要配合時代潮流，調整或改變教學

〔註12〕黃金陵：《黃金陵書法集》（台北市，立全彩色製版公司，1987 年），頁 94。
〔註13〕黃金陵：〈回望〉，《一德書會書法作品集（八）》（台北市，一德書會，2006年），頁 2。

方式，讓初學者產生興趣，否則書法藝術沒落之期，應不遠矣！除非個人對書法情有獨鍾，否則一個字寫一千次，想留下來繼續學習的人，應該寥寥無幾。黃金陵又說：

> 有一次，我臨寫「大」字寫到不耐煩，便直問曹師：「依照老師的要求，這本聖教序恐怕我一輩子也臨不完。」曹師答道：「中國字不外『永』字八法，你雖然一字臨寫數千遍，但短短四天你已得「大」字三法，也即是已經得了八分之三法，在這裏的同學中，你已算是很快了。」我一時也無言以對，只好回去咬牙埋頭苦幹，如此逐字臨寫到可以寫宣紙，宣紙也臨寫到經認可後才算過關。〔註14〕

曹秋圃教學生的臨摹方式，過於嚴格且枯燥乏味，但這是最紮實，也是磨練學生耐力的最好方法。而且他深知臨帖的要訣，須先求筆法，再求結構，所以要不斷地臨，才能寫出筆意。以現今學習書法的人來說，「大」字的三筆法，「天」、「美」、「夫」皆有，所以不須一味的寫同一個字，否則真會抹殺有意學習書法者的興趣，因為興趣是成功的根源。黃金陵是屬於對書法情有獨鍾的，「大」字都會寫到不耐煩，其他人更不用說了。在當時，澹廬弟子能得到曹老師的讚美實屬不易，曹老師告訴黃金陵：「在這裡的同學中，你已算是很快了」，這是多麼令人驕傲與興奮的一句話啊！因為這句話，所以黃金陵願意，一個字臨寫一千次。事實上我們明白，曹秋圃對書道技法要求嚴謹，主要目的是在磨練學生的毅力。

曹秋圃對於學生的品行、生活儀態也相當嚴格，在電話訪談中，黃金陵回憶說：

> 曹老師讓我印象深刻的是，在他面前「不能蹺腿，不能靠椅背坐」，因為曹老師認為這是相當失禮的行為。還有曹老師現場揮毫，絕不將寫不好的作品撕毀，他認為這有失書家的風範。〔註15〕

這些話黃金陵都謹記在心，而且確確實實地做到。黃金陵並心有所感的說：「知難行易，知道至做到之間，還有一段很長的距離。」黃金陵在〈回望〉這篇文章中提到：

> 記得某日上午，我一到教室就坐下來埋首臨書，曹師從背後進來，見我不抬頭，便指著懸掛在牆上的國父與蔣公照片說：「這兩位你認

〔註14〕黃金陵：〈回望〉，《一德書會書法作品集（八）》，頁2。
〔註15〕筆者於2009年6月15日中的電話訪問紀錄。

識嗎？」我說：「認識。」接著又問：「認識爲何不敬禮？」一時之
間，我如入五里雲霧之中，又不敢問，回去想了又想，最後恍然大
悟，原來是我當天忘了向曹師請安，從此以後，再不敢大意，也謹
記做人的基本態度。可見曹師不但要求技法，更要求個人的品行修
養，此即大學篇「誠於中形於外」的道理。〔註16〕

黃金陵因此得到很深的領悟，從此不僅在書道技法上練功，也在胸次內涵上
充實，並對自我人品的要求與爲人處世，牢記曹老師的嚴格教導，並身體力
行。

三、對曹秋圃書藝理念的繼承

張光賓在黃金陵出版的第一本書法集序文中，說道：

黃君瑤光，澹廬門下傑出諸子之一，篆、隸、楷、行草，莫不精善。
楷書淹有晉唐風儀，且不爲唐法所拘，頗富韻度。行草書在澹廬基
礎上，又融會懷素、二王等草書之妙。暢達結密，意氣豪宕，可以
上窺晉唐遺風。篆隸與摹古諸體，各有本源，生機流露，俱可自立。
最爲特出者，是基本「筆性」爽朗遒勁，輕捷處如天馬行空，沈穩
時似錐沙壁坼，故行筆剛健含婀娜，廉斷而宏肆。〔註17〕

黃金陵在澹廬書會傑出的表現，大家有目共睹，在曹老師那樣嚴格的要求下，
篆、隸、楷、行草，各體皆精熟。張光賓認爲他最具特色的地方是：「基本『筆
性』爽朗遒勁，輕捷處如天馬行空，沈穩時似錐沙壁坼，故行筆剛健含婀娜，
廉斷而宏肆」。可謂形容的相當貼切，爽朗、輕捷、沈穩是瀟灑中見沉穩，其
中的筆性就是指書家的個性。黃金陵除了熟練技法外，還不時的充實自我。
黃金陵說：

在澹門學書的歲月裏，除參讀歷代書論，中西美術理論外，也試從
現代物理學中，探索（字）的重心平衡、結構、空間處理及定位等
「形而下」的技法要訣，偶爾也旁涉儒釋經書，更拜師崑崙仙宗劉
培中上人門下習禪問道，從禪學中，體悟到字的風神氣韻與人性心
靈等「形而上」心法的微妙關係。本諸曹師多年的教誨與傳承，自
民國六十六年開班課徒，經多年的教學，累積了一點心得而成《書

〔註16〕黃金陵：〈回望〉，《一德書會書法作品集（八）》，頁2。
〔註17〕張光賓：〈張序〉，《黃金陵書法集》（台北市，立全彩色製版公司，1987年），
頁6。

道禪心》乙書。〔註18〕

黃金陵在電話訪談中說:「書道禪是曹老師的最高境界,我將他發揚光大,平時除了參閱中西方的書畫理論之外,我從物理學的角度,探索字的平衡。」〔註19〕黃金陵又說:

> 曹老師教我的寫字技法有三大重點:「首先是意在筆先,再來是第二筆如何救第一筆,最後是平穩字的重心。」曹老師強調字在書寫之前必須胸中有定見,下了第一筆就該知道第二筆如何來救第一筆,最後就是要力求此字此篇作品的空間處理,當基礎的技法熟練之後,就必須加入個人的修為,才能呈現書道禪心之最高境界。〔註20〕

其實,黃金陵已將曹秋圃的書道禪融入教學,提倡「形而上」的書道藝術,從教學實務過程中體悟書法加入禪學後的微妙變化,也算是頗有特色,所以,黃金陵將《書道禪心》作為他教學的指標,他說:

> 期望學生皆能在字「相」的技法成熟之後,注重「非相」的心靈境界,無形中,書道也成為每個學生人生修持的門徑,學生除依法必須遍臨各體字帖及自運各種書體之餘,為充實國學根基,也聘請本省宿儒周植夫先生來此開授詩課,以提高作品的精神內涵和意境,所謂「腹有詩書氣自華」,便是這道理。〔註21〕

黃金陵多年來,時時刻刻不忘曹師培育之恩與薪傳的期許,所以於71年元月成立一德書會,是時成員僅有17人,程度皆半生不熟,一德書會除不間斷學習外,皆定期集會,互相切磋心得,並當場揮毫,所以25年間幾乎每年舉辦一次,並巡迴全省各地展出,計有台北、新竹、南投、台南、高雄、宜蘭、花蓮、台東及金門等十處27次,甚至遠到日本橫濱展覽一次。27次中與澹廬聯展三次,與黃金陵聯展三次,並出刊作品集八冊,活動頻率算是活躍,成果亦頗豐碩。黃金陵說:

> 一德書會每次展出的動機,是希望年年有進步,個個有風格,不得懈怠,會員中因緣成熟者,我亦鼓勵個人發表展覽,藉以激勵個人實力的精進,因此廿五年來,已有多人舉辦過個展,諸如七十八年傅啓富展,八十年謝季芸展,……九十四年徐寶珍展以及九十五年

〔註18〕黃金陵:〈回望〉,《一德書會書法作品集(八)》,頁2。
〔註19〕筆者於2009年6月15日的電話訪問紀錄。
〔註20〕筆者於2009年6月22日的面訪紀錄。
〔註21〕黃金陵:〈回望〉,《一德書會書法作品集(八)》,頁2。

張月馨及游美蘭展等，在現有卅位成員中，已有十一位舉辦過個展，並分別印製個人作品集，對於培養一德書會的傳承，應可告慰曹師在天之靈。〔註22〕

以下是一德書會前任會長謝季芸在〈廿五光陰寸草心〉一文中所發表的感言，他說：

一德書會師承書法家黃金陵先生授業，心法、技法並重，以「書道禪」為心靈修持指標，讓弟子們在行文運筆間感應人生的平和美善，而書法的奧微精妙，不只在於他是全世界唯一一種以書寫文字，所成就的藝術，且字裡行間審度出書寫者的氣度、格局與誠意，鑑賞者更能悠游於書法作品領域中的生機與雅趣，此特殊的美感，讓書道成為體現生活價值觀的另類顯學。〔註23〕

在曹秋圃的所有弟子中，黃金陵在書法造詣上的成就，應屬輝煌。在筆者電訪之中，他還十分客氣謙虛地說：「我自己知道我只有這條路可以走。」他不僅在42歲壯年就得七十年度中山學術文藝創作獎書法獎，並於日後活躍於書壇和書壇好友組換鵝書會，並鼓勵指導對書道有興趣之士組「一德」、「一諦」、「一鐸」等書會，提倡書法風氣，承續曹老師的書道思想，曹老師地下有知應頗感欣慰。

黃金陵現今指導學生，因為要適應時代潮流，所以基本上除了部分承續曹秋圃的精神，組書會提倡書法風氣之外，在教法上做了些許的更動，筆者在台中採訪黃金陵時，他正在指導一諦書會的學生，邊批改學生的作品，邊回憶當時曹老師指導學生的情景，他說：

曹老師指導學生時，先將學生作品貼在牆壁上，說明行氣、章法布局的優缺點，曹老師從沒拿筆幫學生批改過，都只用說的。我指導學生的作品時，先將作品貼在牆壁上，說明行氣、章法布局的優缺點，然後拿下來批改細部，如字的結構、筆法、線條變化等。〔註24〕

黃金陵和曹秋圃不同的地方，就是曹秋圃只用口說而不拿筆改，黃金陵不但批而且改，黃金陵順應社會潮流而改變教學方法，提高學生興趣，師生互動更為密切，這是他進步的地方。

〔註22〕黃金陵：〈回望〉，《一德書會書法作品集（八）》，頁2。
〔註23〕謝季芸：〈廿五光陰寸草心〉，《一德書會書法作品集（八）》，頁4。
〔註24〕筆者於2009年6月22的面訪紀錄。

筆者在電話訪談時，黃金陵一直強調：「學生學不會，是老師不會教。」
他還說：「聽懂到做好之間，還有一段很長的距離。」這兩句話雖然很簡單，
卻蘊藏很深的哲理，如果每一位老師想法都能如黃金陵老師一樣，那學生們
一定很幸福。《禮記・學記》篇中有一段話：

> 雖有嘉肴，弗食，不知其旨也；雖有至道，弗學，不知其善也。故
> 學然後知不足，教然後知困。知不足，然後能自反也；知困，然後
> 能自強也，故曰：教學相長也。〈兌命〉曰：「學學半。」其此之謂
> 乎！〔註25〕

雖有味美可口的菜餚，不吃是不會知道它的美味的；儘管有高深完善的道理，
不學習也不會瞭解它的好處。所以，通過學習才能知道自己的不足，通過教
人才能感到困惑。知道自己學業的不足，才能反過來嚴格要求自己；感到困
惑，然後才能不倦的鑽研。所以說，教與學是互相長進的。《尚書・兌命》篇
說：「教人可以增進自己學識的一半。」就是說這個道理啊！倘若書法是有益
身心的，你不學怎能了解它的好處，若在教授書法時，能將自己學習的過程
與經驗融入，在示範教學時，才可明白自己的不足，教書法感到困惑時，就
會不斷地鑽研。黃金陵在鑽研書法時，內心一定有相當多的疑惑，在教學時，
會忽然明白以前的疑惑，或者產生新的疑惑。從學習書法那一天到為人師表，
他應已得心應手，穿透書法的古往今來，所以他說：「聽懂到做好之間，還有
一段很長的距離。」這是真正有領悟的。

在一諦書會學習的現場，黃金陵坐姿自在、握筆輕鬆地批改學生的作業。
黃金陵批改的動作，乍看之下會覺得他草草率率、漫不經心。仔細觀察才發
覺，他是輕而易舉挑出學生的各種缺失，並且在學生作品上清楚的告知，在
筆法、結構、章法布局上，該做何種程度的修正。這是最自然的狀態，熟悉
各種技巧之後，心中無任何羈絆或目地隨意寫寫，學生們在黃老師如此高境
界的指導下，相信學習成效必不同。

四、書法作品的繼承與創新

黃金陵受學於曹秋圃，其作品必有受其師影響之處，但因個人性格之
異，及所處環境不同，風格表現也會有所不同。張光賓說：「黃金陵書法最為

〔註25〕《禮記學記》第 18 卷，頁 0648。http://210.69.170.100/S25/寒泉網。瀏覽於
98.8.19。

特出者，是基本『筆性』爽朗遒勁，輕捷處如天馬行空，沈穩時似錐沙壁坼。」〔註26〕以下就從何創時書法藝術基金會所舉辦的《2007年傳統與實驗雙年展》，將其作品分「傳統類」與「實驗類」，論其書法作品對其師的繼承與個人的創新。

傳統類如附圖6-2-1〈西風不忍〉釋文爲「西風不忍湘絃悄，吹起寒蕭，花影招搖，搖到禪心路轉迢。爐前經卷開又掩，空色難調，心事如潮，且把花香蓮座消。」此幅筆法隨性瀟灑、筆調輕鬆自然，行筆流暢，字字姿態橫生，通篇線條以厚實爲主，轉折處圓筆多於方筆，墨色變化自然，自然呈現於字間。

黃金陵和曹老師較相似之處爲：厚實的線條與轉折處圓筆多於方筆。最大的不同爲：黃金陵筆調屬輕鬆自在，而曹秋圃則爲嚴謹規矩的。由此可看出兩人個性上的差異，曹秋圃沉穩，黃金陵瀟灑，因而呈現不同的風格。

實驗類如附圖6-2-2〈墨戲〉，內容大意爲「墨海如戲」喻「政治如戲」，分別著以藍、

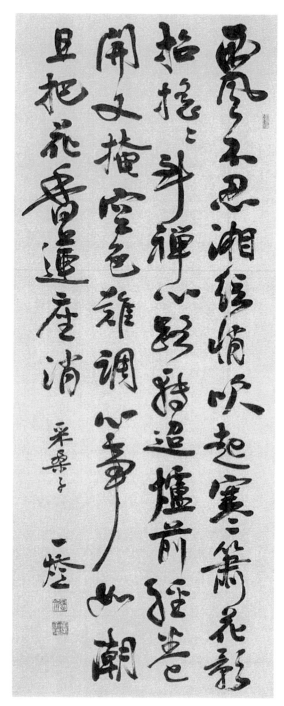

圖6-2-1：黃金陵傳統書法作品

〔註26〕張光賓：〈張序〉，《黃金陵書法集》，頁6。

綠、橘三色，以描寫當前台灣
政治亂象，導致人民生活不
堪，而作此抽象的描述。〔註27〕
李蕭錕於〈黃金陵——心筆相
照·書法三昧〉中提出：

> 事實上，繪畫先於文
> 字、先於書法，後來書
> 畫分道揚鑣，各領風
> 騷……黃金陵多年來實
> 驗創作，試圖演繹古人
> 「書畫同源」、「文」與
> 「字」可以藝術化、繪
> 畫化的事實，苦心經
> 營，終於誤出了一點心
> 得。〔註28〕

假如曹秋圃在世，他看到黃金
陵如此的創作，不知會有如何
的評價？對於黃金陵而言，這
是屬於極度大膽的突破，也是
書法界目前的實驗創舉。社會
是多元化的，對於各種不同實
驗創作，我們必須嘗試接受、

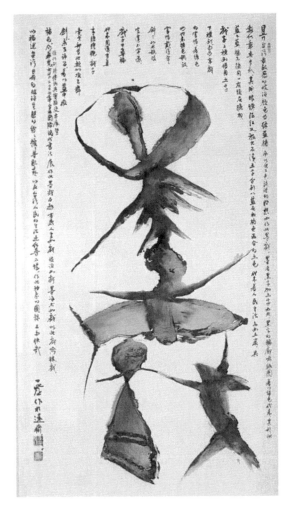

圖 6-2-2：黃金陵實驗書法作品

包容。黃金陵此作品是在他穩固的書法基礎上，融入個人對政治意向的表
達，所呈現出來的獨一無二作品——政治與藝術結合，這是非常新穎的創
作。

　　在歷史的洪流中，突破傳統的創作與思想一發表，都會引起熱烈的討論，
當然每個人都可以提出不同的看法，至於誰好誰壞？我們不必急著下定論，
應留給後世評論家去論定吧！

〔註27〕吳國豪主編：《2007年傳統與實驗雙年展》（台北市，何創時書法藝術基金會，
　　　　2008年1月），頁17。
〔註28〕李蕭錕：〈黃金陵——心筆相照·書法三昧〉《臺灣藝術經典大系》頁139。

第三節　連勝彥（1938～）

一、生平簡歷

連勝彥號傑閣，字慕豪，民國 27 年生，世居三重。自幼喜愛書法，六歲日課楷書百字。民國 56（1967）年，師事澹廬曹秋圃，研習八法，兼攻詩文。1974 年籌備成立換鵝書會。1978 年舉辦第一次個展，應聘清傳高商校長。1980 年當選國民大會代表。1989 年當選澹廬書會會長。1995 年當選中國書法學會第十二屆理事長。1996 年應邀舉辦「六十書法回顧展」於帝門藝術館。2000 年創立中國書法藝術基金會並當選董事長、應聘全省美展評議委員。2003 年榮獲第十屆全球中華文化藝術薪傳獎及文建會第六屆文馨獎。2008 年，國父紀念館邀請舉辦「墨韻心耕──連勝彥七十回顧展」於中山國家畫廊。2009 年參加臺灣瀛社詩學會成立百周年「瀛社百年詩書展」於臺北市議會、「臺北──杭州名家書法交流展」於國父紀念館逸仙藝廊、「臺日書畫陶藝交流展」於京都市立美術館、「山東省第二屆國際書法邀請展」、「中華梅花藝文書畫聯展」於臺北市立社教館第一展覽室。臺北縣文化局邀請舉辦「連勝彥第十次書法個展」於台北縣政府一樓藝廊。應聘「臺中市第十四屆大墩美展」評審委員、「臺灣瀛社詩學會」顧問。

二、對曹秋圃品德精神的繼承

民國 54 年清傳商職設立，連勝彥之父連清傳因和曹秋圃是莫逆之交（當時連清傳是議員，很多婚喪喜慶的字都是由曹秋圃所代筆），連清傳請曹秋圃至清傳商職教授學生書法，目的是要陶冶學生的心性、讓學生靜心。連勝彥回憶著說：

> 我當時擔任總務主任，巡視校園時，常常聽到「呼」、「吸」之聲不絕於耳，走近教室時，才知道曹老師正在指導學生執筆運轉方法（以迴腕配合深呼吸在桌面上劃圓圈）。他教學一向非常嚴格，要求學生上課前，向老師行禮，須畢恭畢敬，沒做好就得重來。運筆及坐姿力求端正，一絲不苟，練習呼吸吐納約十分鐘靜下心之後，才開始臨帖。曹老師並經常提示學生，勿貪求急功，宜培養耐心，腳踏實地，循序漸進，經長期臨摹及運筆，熟能生巧後，所作字體自能脫胎換骨，達到理想境界。〔註29〕

〔註29〕2009 年 7 月 18 日筆者至清傳商職訪談紀錄。

連勝彥非常佩服曹秋圃的教學之道，他在接任教導主任時，經常與曹秋圃研商教學課程事宜，非常景仰曹秋圃治事嚴謹、教學認真、講求方法的態度。他說：「曹師常告誡學生，做任何事，如方法正確，則事半功倍。」在訪談中筆者可以深刻的感受，連勝彥對曹秋圃的人格及教學之道非常的景仰。連勝彥身處教育界，歷任清傳商職總務、教導、校長、董事長，心中非常感慨，現今之師道已大不如前。

連勝彥經常聽曹師說：「光復前我是大學教授，光復後我只有小學資格。」曹秋圃在日治時期，算是人生中的風光時期，連勝彥在〈曹公秋圃先生逝世十週年紀念書法展──懷念創會會長曹容先師〉中提到：

> 時日人蒙先生德化，仰之趨之，從其遊者，不乏名流俊彥，諸如尾崎秀真（1874～1952 年）、幣原坦氏（1870～1953 年）、倉岡彥助（？）、伊藤猷典、中村喜代三、桑田六郎、後藤俊瑞等，皆景仰先生之詩文與書藝，先後延聘親授書法。蘆溝橋事變前夕，先生應邀赴日，於頭山滿宅第講學，以儒家聖德、仁道天理，喻以大義，聽者莫不動容。時京都山本竟山（1863～1934 年）、東京杉溪六橋、河井荃廬、足達疇村（1868～1946 年）等諸名家，常與先生斟量書學，皆獲青眼，並佩虛懷。〔註30〕

以上是曹秋圃日治時代的事業巔峰時期，他的地位就像大學教授，尾崎秀真曾擔任台北中學校長、《台灣日日新報》報社編輯長等職務，幣原坦氏曾任新成立的台灣帝國大學（即今台灣大學之前身）校長，倉岡彥助為日本寓台醫學家、亦曾擔任台北成淵中學校長，他們都曾聘任曹秋圃親授書法，並於頭山滿宅第講儒家聖德之學，由此，可顯現出當時的曹秋圃身分地位之崇高。連勝彥又說：

> 光復後，台籍書家有段時間遭受冷落，曹老師生活雖儉樸，但家中經濟有時入不敷出，雖然曹老師書法有潤利，但曹老師對於他欣賞的人士，是可以將作品送給他而分文不取的，所謂「寶劍贈烈士」，因此曹老師生活經常處於經濟拮据、捉襟見肘的困頓狀況。所以須要跟人借錢或賣他年輕時至廈門買的私藏的端硯維生，雖然如此，他賣了端硯，多餘的錢還拿去救濟貧困人家。還有家父若知道曹老

〔註30〕 連勝彥：〈曹公秋圃先生逝世十週年紀念書法展──懷念創會會長曹容先師〉，《曹容》（三重市，中華澹廬書會，2003 年），頁 5。

師有困難，會主動拿錢協助他，但曹老師是一筆一筆的記在心上。

90 歲時，他還記得之前他跟家父借了多少錢，竟然連同利息叫我拿還給家父，這樣的舉動讓我更佩服、讚賞曹老師的為人。〔註31〕

總體來說，連勝彥對於曹秋圃的人品、書學之道，是由衷佩服。所以曹秋圃晚年，連勝彥雖然忙於公務（當時身為國民大會代表），還是經常撥空帶著束脩去看曹秋圃，連勝彥說：「曹老師當時還一直叮嚀我：『忙了就不用來看我，更不用帶束脩，你已很久沒來上課了。』」但連勝彥因感念師恩，所以不管多忙還是不間斷的去探望曹秋圃。連勝彥又接著說：「記得曹老師 87 歲那一年春天（4／19～6／17）斷食 60 天，避五穀僅喝梨汁，到最後身體尿液無法排解，肚子鼓起，情況相當危急，我和黃金陵緊急幫曹老師連絡送醫，經醫師妙手，清出曹老師腹中之積水，度過難關。」〔註32〕師生之情猶如父子。

三、書藝理念的展現與承傳

連勝彥於民國 56 年（1967 年），正式拜師曹秋圃，研習八法，兼攻詩文（在三重市太璞宮），他和其他弟子（專修班）不同，他是單獨到曹師家中學習書法。當時連勝彥書法雖然已有根基，但曹秋圃還是要求他從頭開始寫，連勝彥說：

> 每一個字有時候寫好幾百遍，曹老師要求他一定要寫到和字帖一模一樣，才可以寫下一個字。曹老師說每一本字帖只要臨三分之一，所有的筆畫幾乎精熟之後，就可以自運了。曹老師的要求是一絲不苟、相當嚴格的，所以只要按照他的要求做好，不成功也很難。曹老師並且經常告訴弟子臨帖目的，在得古人之筆意、結構、氣韻及神髓，尤須領悟書體結構變化，布局虛、實、鬆、密，甚至筆劃之間的平衡對稱關係。他進一步提示，臨摹時須用心思考先學會看帖，領略筆法，再下筆臨帖、背臨一段時間，即可大功告成。〔註33〕

連勝彥攻楷法立根基，先臨摹歐陽詢九成宮醴泉銘（同門弟子幾乎都從顏真卿入門），後臨顏魯公《麻姑仙壇記》、《多寶塔碑》、虞世南《孔子廟堂碑》及褚遂良《雁塔聖教序》，歷五年奠立基礎。楷書根基奠定之後，攻寫行書，先臨王羲之蘭亭集序、顏魯公〈爭坐位帖〉，兼習隸法，以曹全碑入手，次臨

〔註31〕 2009 年 7 月 18 日筆者於清傳商職董事長室訪談內容。
〔註32〕 2009 年 7 月 18 日筆者於清傳商職董事長室訪談內容。
〔註33〕 2009 年 7 月 18 日筆者於清傳商職董事長室訪談內容。

《張遷、乙瑛、禮器》各碑，及清代陳鴻壽隸法、歷五年而悟得筆竅。再攻草及篆法，初臨智永千字文，繼之以王羲之〈十七帖〉及懷素〈自敘帖〉爲藍本，後專攻孫過庭《書譜》，體會草訣及運筆變化之堂奧。篆書則臨《周散氏盤銘》、《石鼓文》及清代吳昌碩《西泠印社記》，近年來，鑽研鐘鼎彝器，用以窺探古文字衍化之源流。曹師言及書藝對於個人修心養性之功用，如果每日書寫百字，則心性自然安定，至於讀書養氣，更缺一不可。昔蘇長公詩云「退筆如山未足珍，讀書萬卷始通神」，表示書道以多讀書爲主，多習寫次之。他要求學生，一方面多讀聖賢書（如四書、六經及詩辭、格言等），充實日常生活內涵，一方面多習寫，涵養性情，久而久之，自然會脫胎換骨，成爲完善之人，此乃現代生活教育、社會教育及人文思想教育中不可缺少的一環。〔註34〕

現今的連勝彥已多次舉辦個展，並擔任重要書法比賽評審，筆力、眼力與修養，都承接曹秋圃的精神而發揚光大之。在訪談時筆者提到關於書法的最高境界爲何？連勝彥說：「自然就是美。」最終還是以曹秋圃的「藝眞人平」爲依歸。並且告知：「在他擔任評審之時，眞能從一個人的書法作品中，看出那位書家的品德。」眼力之高實非吾輩所及。最後談及「墨潮書會」、「董陽孜書法」等現代書法，他則給予「墨豬」的評價，〔註35〕可謂眞實的繼承了曹秋圃的書道理論，因曹秋圃曾對日本戰後書道「前衛派」評論爲：「風雨淒迷，狂人打鬥」毫無可觀。〔註36〕最後，連勝彥很清楚地說出了他對書道的看法：

> 書法作品一定要讓觀賞者看清楚內容，因爲作品除了具有觀賞線條、墨色和布局章法的視覺美感之外，最重要的是作品內容要有教化洗滌心靈的作用。所以我每次要辦展覽書寫作品時，必須廣讀經典吸收書中的精粹，然後藉由筆墨將經典名句彰顯於世，即使是周秦甲骨文字也勢必寫出釋文，這是我的堅持。〔註37〕

〔註34〕 參見連勝彥：〈曹公秋圃先生逝世十週年紀念書法展——懷念創會會長曹容先師〉，《曹容》，頁7。

〔註35〕 「善筆力者多骨，不善筆力者多肉。多骨微肉者，謂之筋書，多肉微骨者，謂之墨豬。」參見郭昌偉：〈衛夫人・筆陣圖〉，《歷代書法論文選》（台北，華正書局，1991年），頁20。

〔註36〕 沈德傳：〈老書生曹秋圃〉，《雄獅美術》148期（（1983年6月）），頁48。

〔註37〕 2009年7月18日筆者於清傳商職董事長室訪談內容。

筆者沒有絕對的排斥「現代書法」，因為時代的潮流與改變，我們無法阻止，而且每個人對書法的接收觀感也不同，我們是該抱持包容的態度，視野應可以更廣闊。連勝彥的精神與想法，除了展現個人的書藝之外，還試圖藉著書法的特殊價值（文字表達），教化人類心靈，這是傳統書法家最神聖的使命。不像現代書法幾乎成了圖畫式的展現，應該也可稱為「書法畫」！因「現代書法」接收了西畫的思惟，卻失去了原本中國書法的精神，連勝彥說：「現代書法會如曇花一現，無法留於書法歷史上的。」陳欽忠亦曾於〈當代書法慧命承啓的省思〉一文中提出與連勝彥相同的看法：

> 書法一旦脫離了文字可識、內容可誦的軌轍，便不能稱作書法，倘一意強使力氣，任筆為體，縱能炫惑於一時，終難久長。〔註38〕

四、對曹秋圃書道的繼承

附圖 6-3-1〈默照禪〉內容錄自聖嚴師父開示，附圖 6-3-2、附圖 6-3-3 亦為何創時書法藝術基金會所舉辦的《2007 年傳統與實驗雙年展》的作品，由此三件作品可清楚的看出，連勝彥是曹秋圃書道藝術的忠實的傳承者。連勝彥的字既厚實又端正，筆法、線條、結構皆中規中矩。附圖 6-3-2 內容為曹秋圃學書格言，告訴後輩讀書為修身之基，臨池則可怡情養性，兩者合一則品藝皆馨。附圖 6-3-3 其創作自述內容為：實驗以大字篆體揮毫「勤能補拙、積少成多、知足常樂、富貴由天」四句俗語為主體，再以草書釋文和款識，將兩種不同字體呈現於平面上，除追求「力」、「韻」之形式美外，同時傳達人文「意涵」，以彰顯中國書法藝術之獨特性。〔註39〕以書法傳達人文「意涵」，提升人們的心靈境界，可謂連勝彥書法的主要特色。

圖 6-3-1：連勝彥書法作品

〔註38〕陳欽忠：〈當代書法慧命承啓的省思〉，《臺灣藝術經典大系——風規器識‧當代典範》（台北市，文化總會，2006 年），頁 152。

〔註39〕吳國豪主編：《2007 年傳統與實驗雙年展》，頁 15。

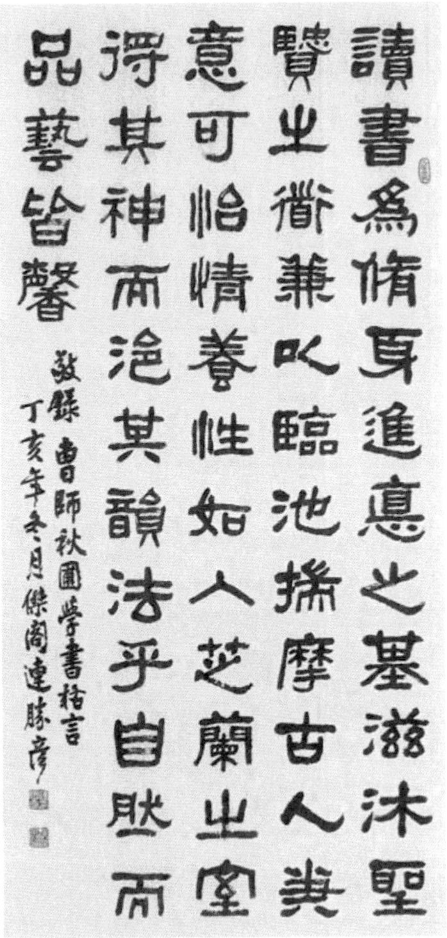

讀書為修身進德之基瀞沐聖
覽业徵兼以臨池揣摩古人矦
意可怡情情養性如人芝蘭业室
浔其神而洊其韻法乎自欣而
品藝皆馨

敬錄　曹師秋圃學書格言
丁亥年冬月　傑閣連勝彥

圖 6-3-2：連勝彥傳統書法作品

圖 6-3-3：連勝彥實驗書法作品

第七章 結 論

一、曹秋圃的書藝成就

曹秋圃的書藝成就有目共睹。以下就傳統的書藝風貌、書藝展現個人特色、書道禪的境界呈現、弘揚書道推廣書藝四部分敘述之：

（一）傳統的書藝風貌

書藝風貌的呈現與字體結構、線條之拙、墨色之保守、書寫格式等密不可分。關於字體結構，曹秋圃以「正」為主，舉凡篆、隸、行、草、楷皆如是，這是傳統的；線條以「拙」為主，尤以隸書為最，這也是傳統的；各體墨色以行草之變化較大，但亦無法突破傳統之氛圍；而書法格式亦受到時代的影響，曹秋圃所處年代，書寫各體書法以傳統格式為主。行書、草書章法布局多屬於縱向貫氣法，行距寬而字句緊，注重行行豎直，而層層必不橫平，至於字與字之間，可獨立亦可不獨立。篆書、隸書則多屬規整章法，篆書亦有縱向貫氣法。關於傳統格式，宋以前流行的橫式手卷，如果字寫少了，就不符合手卷的審美要求。而現在流行於低矮樓室的斗方，如果字寫多了，就會顯得累贅、不氣派、缺乏藝術性。曹秋圃當代則以條幅格式居多，約占留存作品的 70%，其餘為中堂、對聯、橫披等，關於書寫格式，曹秋圃亦是傳統的。

（二）書藝展現個人特色

李郁周在〈曹秋圃書法的啟示——在現代台灣書法史上所具有的意義〉文中提到：

他的書法沒有顯著的個人特色，創意的旗幟不夠鮮明……他的書法
較少創造性的表現，觸變性的個人特徵不夠突出。創變不一定成功，
但是不創變，成功的可能性更低。〔註1〕

筆者認爲，在大家都強調創變的同時，不創變是最具特色的。曹秋圃一直堅
持他自己的書道理念，「讀書養氣致覃思」，「要知書道通禪理」，他不爲當時
流行的館閣體及日本的前衛書派所左右，這就是他書法作品最突顯的風格。
一般書家傳承的是書寫技藝，曹秋圃傳的是書道亦即人道，在台灣書法史上，
應屬其個人獨特的書道風格。王岳川在《藝術本體論》一書中提到：

審美體驗的發生是創作藝術的關鍵，正因爲在體驗中，人與世界，小
我與大我，瞬間與永恆融合唯一，才能目睹本眞，揭示眞理。〔註2〕

曹秋圃的書法教學生涯，直至 99 高齡辭世爲止，前後長達 80 餘年，他的書
作正是他生活的體驗，雖是瞬間的落筆，卻是生命中的本眞與永恆，這是他
個人最大的特色。

（三）書道禪的境界呈現

曹秋圃是一個讀書人，認爲讀書可以養氣，若要寫好書法，人品不高、
學識不佳，書法作品難登高雅之堂。「古人謂十年讀書，必十年養氣，余謂攻
書道者當倍之。」〔註3〕他強調讀書是書道之根基，書道不該拘泥於筆法、結
構之形跡，而應是眞性情及個人神韻的展現。他認爲書寫者就在表現「書生
的本色與氣概」，〔註4〕不管時局如何變動，經濟狀況如何不好，他總是不改
他的書生本色，令人敬佩。讀書修養身心，強調「心正則筆正」，一生人品高
潔，所以寫了一輩子的書法，除了遊覽東台灣，見太魯閣山勢之磅礴峻峭，
及受王鐸、傅山短暫的影響，書法作品稍有突破自己之展現外，其餘皆屬於
傳統、平靜、自然的。李郁周在〈曹秋圃書法的啓示——在現代台灣書法史
上所具有的意義〉一文提出：

曹秋圃是一個全方位的讀書人，作詩、修道、坐禪、寫字是他的工
作，他是具有文化性格的書法家，把書法看做修心養氣的工具，看

〔註1〕 李郁周：〈曹秋圃書法的啓示——在現代台灣書法史上所具有的意義〉，頁 4
～51。

〔註2〕 王岳川：《藝術本體論》（中國社會科學出版社，2005 年），頁 168。

〔註3〕 曹秋圃：〈書道之我見〉，頁 43。

〔註4〕 淡江大學文錙藝術中心編：〈書家生平小傳〉，《翰墨珠林——台灣書法傳承展
作品集》，頁 212。

做教化人性的工具，因而標榜沖和中庸的書理、表現老實為正的書

性，以靜心養氣可達自然渾厚的境界。〔註5〕

這是曹秋圃和大部分書家最不同之處，他把書法當為修身養氣的工具，看做教化人性的工具，他是格調高雅的書道家。一直以來藝術的最高境界，就是將作品融入個人的生命。每一件完美的作品都是作者學養、氣質與書寫技法的總和。書道與生活的關係，所涉範圍廣博，日常生活完全與書道意識、思想、精神、乃至臨池揮毫，發生直接或間接的關係。心手合一、身心皆空的境界，這樣才能創作出高水準的作品。周星蓮在〈臨池管見〉亦云：

作書能養氣，亦能助氣。靜坐作楷法數十字或數百字，便覺矜躁俱

平。若行草，任意揮灑，至痛快淋漓之後，又覺靈心煥發。下筆作

詩，作文，自有頭頭是道，汩汩其來之勢。故知書道，亦足以恢擴

才情，醞釀學問也。〔註6〕

書法家從筆法、結構、章法、墨韻等，相當複雜的規則中去領悟書法藝術，談到禪意對書法的影響，他們把禪意帶進作品，並且不斷地練習，用心去創作、去體悟，當他們擁有了深厚的功力與對藝術較高的悟性，努力到了一定程度的時候，就能顯現出一種超自然的空靈境界，亦即包世臣〈藝舟雙楫〉提到「藝之精者，心通乎道」。〔註7〕書法是以精、熟、通為技術通往自然之道的進程，熟能生巧，巧而通，最後擺脫形而下的技法，臻至自然樸拙之境，即為禪的境界，也是曹秋圃的書道最高境界。

（四）弘揚書道、推廣書藝

曹秋圃家學師承儒學，深深影響其道藝相通的書藝觀，主張當以傳統為基石，致力於書風的傳承與發揚。澹廬書會於民國18年創立，詩文書藝廣受海內外藝林同道之推崇，七十餘寒暑中，孜孜不倦於文化藝術之宏揚，造就英才無數，對於台灣藝壇之貢獻，既深且鉅。曾榮獲國家文藝特別貢獻獎，於82年仙逝，壽登期頤。該會於87年立案為「中華澹廬書會」，由連勝彥先生首任第一、二屆理事長，為感念曹秋圃創會之精神及弘道之風範，後又申請回復為「澹廬書會」，目前同門弟子廣布各階層，不但均能秉承先師遺志，

〔註5〕　李郁周：〈曹秋圃書法的啟示——在現代台灣書法史上所具有的意義〉，頁 4
～51。

〔註6〕　周星蓮：〈臨池管見〉，《歷代書法論文選》（台北市，華正書局，1997年），頁
681。

〔註7〕　包世臣：〈藝舟雙楫〉，《歷代書法論文選》下冊，（台北市，華正書局），頁630。

致力於書藝之傳揚，紛紛成立子會，且有多人擔任全國性社團之領導幹部，廣植菁英，化育人才，可謂志道依仁，藝海傳燈矣。《書法教育》月刊 120 期提到：

> 在臺灣書法發展史上，「澹廬」的承傳可以視爲一種典型，早在民國十八年，曹秋圃先生將門下弟子組成「澹廬書會」，經常舉辦揮毫雅集活動，自民國五十八年起，每年定在教師節前後舉行會員書法展覽，至今未間斷，這個記錄在臺灣書壇「師門型」書會中恐無一會可超越。曹秋圃先生門下弟子人才濟濟，穎出者更是不少，其中黃金陵先生繁衍門派甚得曹老師眞傳，其「一德書會」已成立 26 年，展覽、活動不間斷（後又成立一鐸、一諦、一樂三書會）。〔註8〕

曹秋圃門下弟子眾多，無法一一詳述，故列舉代表三人略述之。（1）林彥助：一生沉浸於詩、書、畫中，承繼曹老師之風格典範，總是默默奉獻，是師門中之翹楚。（2）黃金陵：不僅書藝精湛，且大力宏揚曹老師之「書會」精神。書會一個一個成立，活動展覽一年一年不間斷地舉辦，繁衍門派甚得曹老師眞傳，並且青出於藍更勝於藍。（3）連勝彥：曹老師最忠實的書道傳承者，秉持著書道可淨化人心，洗滌人們的心靈，持續不斷地努力著，除了不時的進修，充實自我。還百忙中舉辦個展、聯展，亦擔任書法社團的主要推動人物，舉辦研習、比賽等。以促進民眾對書法藝術的了解，進而提升寫書法的風氣，他是曹秋圃書法事業的傳承與發揚者。

　　曹秋圃淡泊名利，精研書學，推廣書藝、弘揚書道，致力推動社會學書風氣，桃李遍及天下，從遊者無法算計。從早先的開班授課到後來籌組「澹廬書會」，影響書壇層面甚廣，堪稱台灣師門型書法社團之典範，對於書法風氣的宣揚及倡導，可謂貢獻卓著、成果豐碩，促進中、日書道文化交流，成績斐然。在台灣的前輩書家中，他的書藝成就，似乎還未有與其相頡頏的人，對台灣書壇的貢獻，居功厥偉，書藝成就傲視群倫。曹秋圃的近百年上壽，歷經了清末、日據時期及民國，對於台省書壇的貢獻及影響，無遠弗屆。他的詩作品造境清奇超脫，長於遊記寫景和抒懷，是台灣書壇難得之吟將，而澹廬一門的源源流長，必能傳繼其相當時空的影響力，他被尊爲台灣書壇之祭酒，實屬固然。〔註9〕

〔註 8〕《書法教育》月刊 120 期（2007 年 3 月），頁 3。

〔註 9〕陳偉執行編輯，陳宏勉等撰稿：《台灣書法三百年（1645-1945）》（高雄市立美術館，1998 年 6 月），頁 126～127。

二、研究展望

任何研究皆可明白一些問題，研究結束時，亦會發現一些無法解決的問題。筆者發現，曹秋圃目前的書道藝術缺憾與困境是書學論著不多、落款缺創作時間及無法辨識迴腕法的作品？以下分別說明之：

（一）書學論著不多

曹秋圃的一生與書法密不可分，工作和書法相關，生活和書法結合，朋友也大部分因書法而結緣，曹秋圃和書法的親密相處時間，可說勝過自己的孩子、妻子。依此研判曹秋圃對書法，理應有相當多的心得與看法，但終其一生，他的書學論著卻不多，只有論書詩句十餘首，文章三篇，包括〈金石文字〉、〈禮器碑評〉及〈書道之我見〉，相較於他的書學歷程，顯見薄弱。曹秋圃若能於平日鉅細靡遺紀錄自己寫字時的領悟、看法等等，作為後世學子的參考，相信後世學子應可降低摸索書寫技巧與書道的時間，進而大幅提升學習書法者的效率，因為書家的書學論著是書學延續、傳承的穩固後盾之一。

（二）落款缺創作時間

西元 1926 年（32 歲）的秋天曹秋圃母親逝世，於守喪期間開始專心寫字，夜以繼日，苦練三年。曹秋圃於 1929 年 1 月（35 歲），由尾崎秀眞、連雅堂等人聯名推薦，第一次個展於台北博物館，作品三百餘件。〔註10〕三百餘件作品，目前僅存寥寥幾件，實屬可惜，因早期作品是最能看出一位書家書寫源起與過程的重要依據，但大部分書家因對未來的不確定，所以早期的作品皆未妥善留存。另外，旅日 6 年間（46 歲～52 歲），曹秋圃舉辦多次書法個展，在曹秋圃的書學過程中，此時期應屬個人書法巔峰之作，正值人生意氣風發之壯年期，在日本又備受推重，因此信心加倍，所以個人展覽次數密集，所有作品不幸毀於第二次世界大戰戰火中。又旅日歸台，寓居三重時，住宅曾受洪水侵襲，作品因浸泡、毀損或流失，此期皆曹秋圃相當重要的作品，因而造成研究上的一大缺憾。還有《曹秋圃詩書選集》（九秩），民國 72 年出刊，謝建輝編，202 幅作品中，有 115 幅是未確立創作時間。《曹秋圃》（百零三歲），民國 86 年，杜三鑫、陳瑞玲、楊淑芬編輯，88 幅作品中，有 19 幅是未確立創作時間。使研究者必須花相當多的時間去確認，但又無法得到印證。這些都成了研究曹秋圃書法作品時，無法抹滅的缺憾。

〔註10〕黃恬昕：《曹秋圃》（台北市，石頭出版，2006 年 3 月），頁 1～2。

（三）無法辨識及寫出迴腕法的作品

迴腕法是曹秋圃執筆法之特色，筆者從開始研究，就對此法有濃厚興趣，可惜的是詢問多位書家，無人可以告知，曹秋圃的哪些作品是來自迴腕法？採訪曹秋圃後代弟子收穫頗多，三位弟子皆無愧於曹師，品德與書藝各自擁有一片天，但最大的遺憾是他們三人亦無法運用迴腕法，實地運筆書寫，亦無從辨識迴腕法的作品。筆出則呼，筆入則吸，心凝神靜，便覺元氣充沛，可達養生之功，故稱之書道禪，這是曹秋圃深具特色的書寫方法，要練好此法，應屬不易。筆者曾嘗試過數次，並未能有所斬獲，如果這真能禪定養生，應該將之加以流傳才是。

曹秋圃的書藝研究，雖然仍有一些無法克服的困難存在，但是他的書藝成就，仍是值得後人一再研究與玩味。筆者目前因時間及能力有限，本論文仍有許多未能深入探討之處。例如曹秋圃所處時代，尤其是日治時期，及他旅日時與當時藝文界的互動及交流；曹秋圃堅持傳統的書藝，對當代及未來的意義等問題，都待日後更進一步的研究。總而言之：書法理論，絕大部分皆由對書法有濃厚興趣且親身體驗者，所紀錄下來，因此若未著實握筆寫字者而言，想深入了解，恐怕困難重重，只有身歷書法世界中，才能真正明瞭書法全貌。徐永進在〈草書藝術〉中談到：

> 道是要向內自求的，身體力行，才能得其環中。光說不練，光聽不
> 寫，都是枉然。一定要泡在其中，才能捕捉書道的神靈。〔註11〕

他又舉〈寒山詩〉說明：

> 人間寒山路，寒山路不通，夏天冰未釋，日出霧朦朧，問余何由屆，
> 與君心不同，君心若似我，還得到其中。〔註12〕

不管是徐永進在〈草書藝術〉或是憨山大師的〈寒山詩〉都是強調「君心若似我，還得到其中」，一定得親身體驗才能感受體會。

曹秋圃書法事業延續至今，造福了廣大的人群，除了書藝的影響，最重要的是品德學識的提倡，想學好書法必先讀書養氣，這是他自始至終的想法，可為現今的書法創作者提供借鏡，研究者亦應親自執筆創作，並效法曹秋圃的品格、精神，方能開拓書法的另一番新氣象。

〔註11〕徐永進：〈草書藝術〉，《筆歌墨舞：書法藝術》（台北市，史博館，1999 年 6 月），頁 179。

〔註12〕寒山子：〈寒山子詩集〉，《全唐詩》23 冊 806 卷，頁 9064。寒泉網站。

　　筆者雖不才，仍冀望藉此研究，呈現曹秋圃強調的品德學養及其全面的
書藝成就，藉以感化人心，洗滌社會的暴戾之氣、功利之習。亦祈請方家不
吝指正。

附錄一　曹秋圃生平事蹟簡表

民　國	西　元	年　歲	事　　跡
前 17	1895	1	農曆己未年 7 月 16 日出生於台北市大稻埕獅館巷（今迪化街）。
前 8	1904	9	入私塾啟蒙師何誥廷茂才，後又師事陳作淦廩生、陳祚年茂才、張希袞貢生，諸耆宿專攻國學兼究書法。
前 7	1905	10	入大稻埕公學校，授教於陳作淦。
前 2	1910	16	大稻埕公學校畢業，入大龍峒樹人書院，受教於張希袞。
1	1912	18	受桃園士紳黃其祥邀請，至龜崙嶺設塾教授漢文。
2	1913	19	入臺灣總督府財務局稅務課為雇員，認識總督府囑託鷹取岳陽、尾崎秀真等。
5	1916	22	遷回台北市稻江設塾教授國文、書法。與藍隨結婚。
9	1920	26	隨陳祚年遊香港，自香港歸臺，抵基隆。
10	1921	27	認識臺北地方法院通譯官篆刻家澤谷星橋。
12	1923	29	澹廬書房向臺北市政府申請登記備案。
14	1925	31	夏，澤谷星橋送曹篆書「嘉樂君子」，有詩〈初夏寄星橋道人魚鬆〉。與陳祚年往來，向其請教書藝〈喜篇竹先生歸台〉
15	1926	32	秋 曹母邱端（1859～1926）逝世，專心練字。
17	1928	34	2 月，陳祚年歿。 3 月，以《張遷碑》筆意作隸書《虞集書說》。 獲臺南善化書畫會全島書畫展書法第六名。 獲日本戊辰書道會第一回展覽會褒狀（佳作）。 自本年度起，曹不斷以書法力作參加日本國內各項重要展賽，屢獲大獎，至 1936 年底，榮獲日本文人畫協會、日本美術協會會員。

18	1929	35	創辦澹廬書會並任會長。 元月於台北博物館舉行個展。自本年起至民國 26 年止。連續參加日本書道振興會、泰東書道院、關西書道院、日本美術櫥協會等主辦之書法展，獲入選。褒狀，銅賞，特選，金牌賞等數十次。 8 月，林進發撰《台灣人物評》許爲台灣書家代表人物。
19	1930	36	8 月，首次遊歷日本，拜會山本竟山、足達疇村等人。 10 月，入日本大本教修行。
20	1931	37	8 月曹秋圃草書一件參展紀念第 5 任台灣總督佐久間左馬太將軍逝世 17 週年書畫展（尾崎秀眞編輯、發行《翰墨因緣》）。11 月於花蓮港公會堂舉行個人展。
21	1932	38	仲春，作行書《太魯閣峽雜詠》。 與久保天隨等人士作詩唱和。 11 月南瀛新報社辦全島書畫展，林錫慶收錄，隔年 5 月編印出版《東寧墨跡》，其中收入曹容作品 8 件。
22	1933	39	元配藍隨逝世。
23	1934	40	12 月於廈門台灣公會舉行個人展。
24	1935	41	1 月於廈門通俗教育社舉行個人展 2 次，任廈門美術專科學校書法講師。6 月與陳韻卿結婚，由尾崎秀眞、黃燧弼執柯，於大本教分所舉行婚禮。 臨楊沂孫篆書《在昔篇》。 6 月與郭雪湖等六人成立「六硯會」目的在籌建一現代美術館。 12 月於台中圖書館舉行個人展。
25	1936	42	任台灣書道會主辦歷屆全國書道展審查員。 3 月於台灣日日新報社講堂舉行個人展。 4 月第二次遊歷日本北九州，7 月於日本北九州小倉圓應寺舉行個人展，9 月初歸台。 作草書《杜工部秋興詩》，用筆渾厚。
26	1937	43	6 月於宜蘭公會堂舉行個展。
27	1938	44	5 月，受日本美術協會第 105 回展無鑑查無審查推薦。 6 月陳韻卿歿，11 月娶二重埔謝秀，自大稻埕遷往宮前町。 寫隸書《陸放翁詩》。
28	1939	45	2 月，澹廬書會創立 10 週年，揮毫於北投新樂園。 任臺灣書道會全島書方展覽會審查委員。 4 月篆刻白文「五蘊空、度一切苦厄」，朱文「四相絕」 5 月，獲日本美術協會第 108 回展覽會推薦。

			任基隆東壁書畫會第一回全國書畫展審查委員。 任臺書道會第三回全國書畫展審查委員。 篆聯賀李德和母女獲府展特選。
29	1940	46	2 月，任廈門特別市主辦書法展審查委員，廈門青年會主辦書法講習會講師。 任台灣省基隆市書道研究會顧問。 慕名者如台灣帝國大學文學博士伊藤典、教授中村喜代三、桑田六郎、後藤俊瑞、高等學校長下川履信、台北醫學長倉岡彥助博士等，先後延聘指授書法。 旅日任頭山滿氏創辦頭山書塾書法講師兼任大藏省附屬書道振興曾講師，與京都山本竟山、東京杉溪六橋、河井荃廬、足達疇村諸名家，斟量書學，皆獲青眼，並佩虛懷。
30	1941	47	3 月，杉溪六橋、河井荃廬、足達疇村、頭山滿等人爲曹氏訂定潤格，展售作品。 4 月，發表〈禮器碑評〉於日本《書苑》書法雜誌月刊第五卷第四期。
33	1944	50	1 月，河井荃廬贈曹氏三希堂名家題跋冊印本。河井鼓勵曹氏臨習《衡方碑》與《西狹頌》。 攜印石兩方請河井篆刻，河井贈《黃龍碑》一冊臨完懷素《自敘帖》。再臨《龍藏寺碑》。 8 月於日記中紀錄迴腕執筆法熟練。 11 月，第一次斷食，爲期二週。
34	1945	51	美軍轟炸東京，寓所被燬，遷往三保半島松原里（靜岡縣清水市）與長子曹樸同住。臺灣光復
35	1946	52	自日歸台居於台北市中山北路三段東側巷中。 任台灣省立台北建國中學教員。
36	1947	53	任台灣省教育會編輯委員。 台灣文化協進會、省公署教育處合辦古美術展覽會審查委員。
37	1948	54	6 月，自建中離職，任台灣省通志館顧問委員會委員。
38	1949	55	7 月，辭台灣省通志館顧問，遷至淡水河西岸，過著耕讀生活。
40	1951	57	8 月，創辦澹廬書法專修塾，並向台北縣政府登記。
42	1953	59	12 月，作《先嗇宮兩百周年紀念碑》。
47	1958	64	任第一屆中日文化交流書法展審查委員。 澹廬門人七人獲獎：黃篤生第一、曾安田第三、陳春源第四、張伯鈞第五、李巽輔第六、連勝彥第七、廖正雄第十。

			10 月，於中山堂舉行回台後首次個展，獲林熊祥寫介言，並有于右任、賈景德等名家署名推介。
50	1961	67	任中華聖道會理事、常務理事。 10 月，由高拜石向謝東閔推薦任實踐家專書法研究會指導老師。
51	1962	68	中國書法學會成立，推選爲常務理事。大日本書藝院第 23 回展，澹廬弟子廖禎祥、黃篤生、林彥助等七人獲獎，實踐家專學生亦七人獲獎。
52	1963	69	元月於三重市舉辦澹廬師生作品義賣展，興建教室。並被推選爲好人好事代表。
53	1964	70	8 月至 10 月「曹容七秩展」。 12 月，獲選爲好人好事代表。
54	1965	71	任第五屆全國美術展覽會籌備委員兼同資格審查委員。 中國文化學院書學研究所教授。 9 月，任清傳商職教員（至 1973 年 1 月）。
55	1966	72	任中央日報社、中國書法學會合辦總統嘉言書法展作品選拔委員，競賓評審委員。 中國書法學會作品審查委員。 日本教育書道連盟名譽審查員。 11 月應邀赴日訪問。
56	1967	73	元月於日本 TBP 舉行個展。 2 月於福岡縣文化會館舉行個展，展出作品 50 件。 中日書法國際會議第 1 屆大會籌備委員，及中國方面大會代表，另訪日團代表同時展出「中國現代書道展」。 受聘爲中華學術院研士，台灣省美展書法部審查委員（第 22-27 屆）。
57	1968	74	7 月，寫清傳商職第一屆畢業生所贈母校楣額楷書「忠孝仁愛信義和平」。 8 月，任台灣省教育美展審查委員。 中國書法學會、國立歷史博物館合辦耆齡書法展鑑查委員。 11 月，臨索靖月儀帖、研究皇象章草。（日記）
58	1969	75	9 月於台北市國軍文藝中心主辦第 1 屆澹廬一門書法展，該展每年一次在教師節定期舉行。
59	1970	76	3 月，任台北市美展書法部評審委員。 8 月，推薦李普同爲第 25 屆省展書法審查員，未成功。 11 月，弟子連勝彥參加國中教師書法比賽第三名。 12 月，弟子黃金陵攜陳鴻壽隸書與鄧石如篆書法帖去，免

			其參加全國展。 參加中國書法學會第 1 屆會員書法展（此後每屆參展）。
60	1971	77	3 月，任第 3 屆臺北市美展書法評審委員。 8 月，弟子黃寶珠獲全省教員美展暨第二屆全國婦女書法比賽第一名，另獲中日文化交流推薦獎。 應邀參加歷史博物館與日本書海社合辦中日書法聯合展覽。 9 月，《澹廬書法集》出版，馬受華爲之題簽。
61	1972	78	3 月，任第 4 屆臺北市美展書法評審委員。 4 月，應臺灣省教育廳之邀，參加當代書畫名家展於臺中圖書館。 11 月，喬遷臺北市龍江路，近榮星花園。
62	1973	79	任第 5 屆臺北僅市美展書法評審委員。 任第 28 屆臺灣省美展顧問。 弟子連勝彥、黃金陵參加台北市第五屆美展分別獲第二、第三名。
63	1974	80	5 月，應邀參加第 7 屆全國美展。 6 月，參加教育部文藝獎，得第二名。（評審員多由外省籍人士擔任，台人僅廖禎祥、李普同二人，第一名由江兆申奪得）。 8 月，任第 29 屆臺灣省美展評議委員、中國書法學會常務監事。 8 月 31 日應歷史博物館之邀，舉行 80 回顧展。 台北社教館書法比賽，黃金陵獲第一名。
64	1975	81	任國父紀念館主辦全國青年展評審委員。 台北第 7 屆美展，連勝彥、黃金陵分別獲一、二名。
65	1976	82	任全國美展書法部審查委員。
66	1977	83	3 月，任第 8 屆全國美展書法審查委員。 應邀參加基隆書道會第 2 屆書道國際交流展。 9 月，《曹秋圃書法集》（八秩）印行。
67	1978	84	發表〈書道之我見〉於《書畫家》月刊第二卷第三期。
68	1979	85	9 月，慶祝澹廬書會創立 50 週年，《澹廬一門師生作品集》印行。 應邀參加基隆書道會第 3 屆書道國際交流展。 12 月，任第九屆全國美展書法審查委員。
70	1981	87	2 月，參加全日本書道連合會代表訪華團第 7 次來台訪問歡迎會。

			4月至6月第二次斷食，共60天，容光煥發。 12月，弟子黃金陵獲中山文藝獎，作詩祝賀。
71	1982	88	應邀參加行政院文化建設委員會辦理之年代美展。
72	1983	89	5月，任全國美展書法審查委員。 6月，《雄獅美術》月刊第148期刊出「澹廬曹秋圃專輯」。 8月，應歷史博物館之邀，舉行90回顧展，《曹秋圃詩書選集》（九秩）印行。
73	1984	90	應邀參加台北市立美術館辦理1984民國國際書法展。
74	1985	91	應邀參加行政院文建會主辦臺灣地區美術發展回顧展。 應邀參加臺灣省美展40年回顧展。
75	1986	92	應邀參加第11屆全國美展
76	1987	93	3月，獲第12屆國家文藝獎特別貢獻獎。 應邀參加臺北市立美術館辦理當代書家10人作品展。
77	1988	94	3月，繼室謝秀逝世。 6月，應邀參加臺灣省立美術館（今國立臺灣美術館）開館「中華民國美術發展展覽」。
78	1989	95	應邀參加第12屆全國美展。
78	1990	96	任第44屆臺灣省美展顧問（至1994年第48屆止）。
80	1991	97	應邀參加臺灣省教育廳主辦建國80週年八老書法聯展臺灣區巡迴展。
81	1992	98	7月，應邀參加第13屆全國美展。 11月，應臺灣省立美術館之邀，舉行曹秋圃百齡書法回顧展，並印行展覽專集。
82	1993	99	春，應歷史博物館之邀，舉行百齡回顧展。 7月，李普同撰〈曹秋圃先生的書學歷程與貢獻〉在歷史博物館館刊第三卷第三期發表。 9月9日逝世，長眠於台北縣觀音山東麓墓園。

資料來源：參見曹秋圃《曹秋圃書法集》、黃淑貞《曹秋圃書法研究》、李郁周《書禪厚實曹秋圃》、黃恬昕《曹秋圃》、顏娟英編著《台灣近代美術大事年表》（台北：雄獅美術，1998.10）、《歷屆全國美展概覽》（台灣藝術教育館印行，1987年6月30日）、《澹廬一門書生作品集》（澹廬書會出版，1979.9）

附錄二　曹秋圃常用鈐章

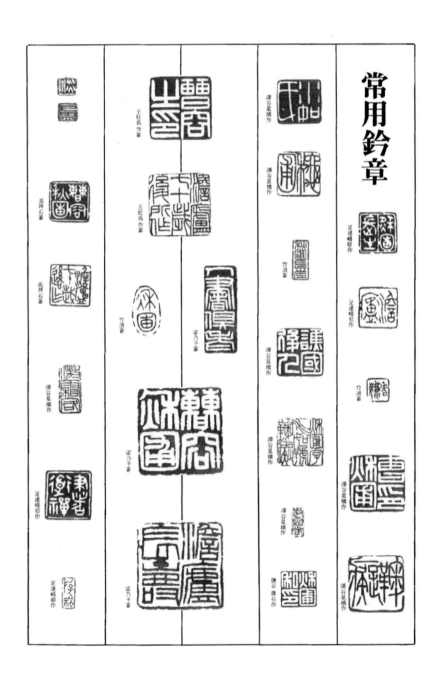

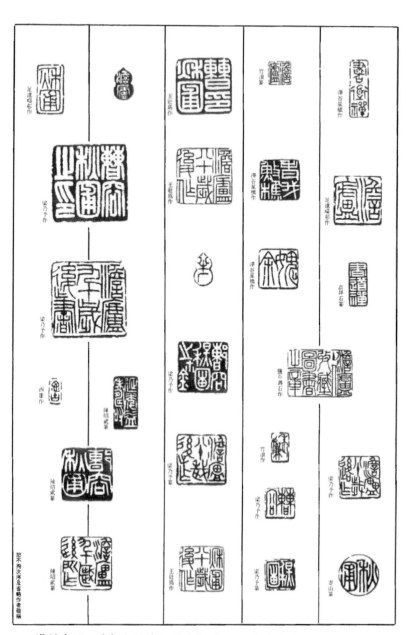

資料來源：《曹秋圃詩書選集》臺北：澹廬書會行，1983 年

附錄三　筆者採訪曹秋圃弟子照片

2009.6.22 筆者於一諦書會教室採訪黃金陵，黃金陵說明回腕法

2009.7.2 筆者於台北澹廬文教基金會採訪林彥助

2009.7.18 筆者於三重清傳商職董事長室採訪連勝彥

附錄四　附圖出處

參考書目

（按照出版年代順序排列）

一、曹秋圃書法作品集

1. 《澹廬書法集》，臺北：澹廬書法專修塾出版，1971 年。
2. 《曹秋圃書法集》（八秩），臺北：澹廬書會出版，1977 年。
3. 《曹秋圃詩書選集》（九秩），臺北：澹廬書會行，1983 年。
4. 《曹秋圃百齡書法回顧展》（百歲），臺中：臺灣省立美術館，1992 年。
5. 《曹秋圃》（百零三），臺北：何創時基金會出版，1997 年。
6. 《曹秋圃先生紀念書法集》，臺北：國父紀念館出版，1999 年。
7. 《曹容》曹容逝世十週年紀念書法展作品集（110），臺北：中華澹廬書會出版，2003 年。

二、曹秋圃著作

1. 〈禮器碑評〉《書苑》，第五卷第四期，1941 年。
2. 〈金石文字學〉《臺灣省通志館館刊創刊號》，臺灣省通志館，1948 年。
3. 〈書道之我見〉《書畫家》第二卷第三期，1978 年。
4. 〈澹廬詩選〉錄於《曹秋圃詩書選集》，臺北縣：澹廬書會，1983 年。

三、曹秋圃相關書法合集

1. 《澹廬一門師生作品集》，臺北縣：澹廬書會出版，1979 年。
2. 《澹廬一門書法展專集》，臺中：臺灣省立美術館，1991 年。
3. 《八老書法聯展》，臺灣省教育廳，1991 年。
4. 《中華澹廬書會首次會員展第三十屆澹廬一門書法展紀念集》，臺北縣：澹廬書會出版，1999 年。

5. 《中華澹廬書會第四次澹廬一門第三十三屆書法展》，臺北縣：澹廬書會出版，2002年。

6. 《澹廬書會成立七十五年會員展作品集》，臺北縣：澹廬書會出版，2004年。

四、書法相關著作

1. 王壯為：《書法研究》，台北：台灣商務印書館，1976年5版。

2. 沈尹默：《書法藝術欣賞》，台北：莊嚴出版社，1979年2版。

3. 劉勰著周振甫注：《文心雕龍注釋》，台北市：福太印刷有限公司，1984年。

4. 華正人編輯：《現代書法論文選》，台北：華正書局有限公司，1984年。

5. 祝嘉：《書學格言疏證》，台北：華正書局有限公司，1985年。

6. 張光賓：《黃金陵書法集》，台北市：立全彩色製版公司，1987年。

7. 《歷屆全國美展概覽》，台灣藝術教育館印行，1987年6月。

8. 神莫山：《狂雲飛瀑話禪書》，台北市：頂淵文化事業有限公司，1988年。

9. 徐復觀：《中國藝術精神》，台北市：學生書局，1988年。

10. 漢寶德等八人著：《中國美學論集》，台北市：南天書局，1989年。

11. 尹章義：《談台灣開發史研究》，台北市：聯經出版，1989年。

12. 金學智：《書法美學談》，台北市：華正書局，1990年。

13. 郭昌偉：《歷代書法論文選》上下，台北：華正書局，1991年。

14. 高尚仁：《書法心理學》，東大圖書公司，1991年再版2刷。

15. 李晛鳴編：《生活美學》，台北市：北市美術館，1993年。

16. 邱振中：《書法藝術與鑑賞》，台北市：亞太圖書，1995年1月15初版。

17. 黃智陽執行編輯：《光復五十年台灣書法展》，台北市：何創時基金會，1995年。

18. 國立歷史博物館編：《台灣早期書畫展圖錄》，台北市：國立歷史博物館，1995年。

19. 陳其銓：《光復五十年台灣書法展》，台北市：何創時基金會，1995年。

20. 金開誠、王岳川：《中國書法文化大觀》，北京大學出版社，1996年。

21. 華正人主編：《歷代書法論文選》上、下冊，台北市：華正書局，1997年。

22. 金學智：《中國書法美學》上、下冊，江蘇文藝出版社，1997年。

23. 林進忠：《認識書法藝術——篆書》，台北市：藝教館，1997年。

24. 陳欽忠：《法書格式與時代書風之研究》，台北市：華正書局，1997年。

25. 王湘琪編：《華情墨趣：年度主題展——中國書法藝術》台北市：藝術館，

1997 年。

26. 吳豐邦：《曹秋圃先生書法學術研討會論文集》，臺北：澹廬書會，1997年。

27. 李銘宗、黃一鳴策劃：《紀念何紹基二百周年誕辰，海峽兩岸學術研討會論文集》，台北市：中國書法學會，1998 年。

28. 顏娟英編著：《台灣近代美術大事年表》，台北：雄獅美術，1998 年 10 月。

29. 陳偉執行編輯，陳宏勉等撰稿：《台灣書法三百年（1645～1945）》，高雄市立美術館，1998 年 6 月。

30. 國立歷史博物館編輯委員會：《筆歌墨舞——書法藝術》，台北：國立歷史博物館，1999 年出版。

31. 中華民國書法教育學會編輯：《當代書家名言嘉句書法作品專輯》，台北市：文建會，1999 年。

32. 李普同：《李普同書法紀念展》，台北市：史博館，1999 年。

33. 黃金陵（一燈）：《書道禪心》台北：淑馨出版社，2000 年。

34. 宋蘇軾：《中國書論輯要》，南京：江蘇美術出版社，2000 年。

35. 郭乃嘉編譯：《千濤拍岸——台灣美術一百年圖錄》，台北：藝術家出版，2000 年。

36. 黃篤生等著：《換鵝會書法展：換鵝書會 27 週年書法展作品集》，台北市：蕙風堂筆墨有限公司，2001 年。

37. 李郁周：《書禪厚實曹秋圃》，台北：雄獅叢書，2002 年。

38. 張清泉總編輯：《一諦書會書法集》，台中市：一諦書會，2003 年。

39. 康有為：《廣藝舟雙楫疏証》，台北市：華正書局，2003 年。

40. 劉正成、王睿主編：《現代書家書論》，太原：山西人民出版社，2003 年 1 月。

41. 沈尹默著，《書法論》，上海：上海書畫出版社，2003 年。

42. 王仁鈞著：《書譜導讀》，台北市：蕙風堂筆墨有限公司，2003 年。

43. 徐建融：《書體介紹》，台北市：石頭出版，2004 年。

44. 徐建融：《如何欣賞書法》，台北市：石頭出版，2004 年。

45. 李蕭錕：《書法與生活》，台北市：石頭出版，2004 年。

46. 江大學文錙藝術心編：《翰墨珠林——台灣書法傳承展作品集》，台北縣：淡江大學文錙藝術中心，2004 年。

47. 崔詠雪撰稿、胡怡敏、林曉瑜、陳國欽翻譯：《翰墨春秋：1945 年以前的台灣書法》，台中市：台灣美術館，2004 年。

48. 淡江大學文錙藝術中心編：〈國父紀念館館長序文〉《翰墨珠林——台灣書

法傳承展作品集》，台北縣：淡江大學文錙藝術中心，2004年。

49. 崔詠雪：《翰墨春秋——1945年以前的台灣書法》，台中市：台灣美術館，2004年。

50. 李蕭錕：《中國書法之旅》，台北市：雄獅出版，2005年。

51. 白先勇等：《字在自在——三十位學者書法／空間／詩的對話》，台北市：天下遠見，2005年。

52. 范斌編：《中國書法理論技巧與作品欣賞》，杭州：浙江大學出版社，2005年。

53. 王岳川著：《藝術本體論》，中國社會科學出版社，2005年。

54. 黃恬昕：《曹秋圃》，書藝珍品賞析套書，台北市：石頭出版，2006年。

55. 陸籽敘：《行草書創作》，杭州：西泠印社出版，2006年。

56. 黃金陵：《一德書會書法作品集（八）》，台北市：一德書會，2006年。

57. 劉昭男等編：《一德書會書法作品集.八，菜根譚專輯》，台北市：一德書會，2006年。

58. 林彥助作：《北縣風采——林彥助詩書畫集》，台北市：國父紀念館，2007年。

59. 吳國豪主編：《2007 傳統與實驗書藝雙年展》，台北市：何創時基金會，2008年。

60. 廖錫淵等編輯：《翰墨風華：澹廬書會八十大展暨全國書法比賽佳作展》，台北縣三重市：澹廬書會，2008年。

61. 劉正成：《書法藝術概論》，北京：北京大學出版社，2008年。

62. 陳振濂著：《中國現代書法史》，鄭州：河南美術出版社，2009年。

63. 連勝彥作：《連勝彥書法集》，台北縣板橋市：北縣文化局，2009年6月。

五、學位及期刊論文

1. 鄭淙賓：《筆墨煙雲——論書法線條的表現性》，國立台灣師範大學美術系在職進修學位班碩士論文，2001年。

2. 林榮森：《徐謂書法藝術研究》，國立中興大學中國文學系碩士學位論文，2002年9月。

3. 黃淑真：《曹秋圃書法研究》（中國文化大學史學研究所美術史組碩士論文，文教學碩士班碩士論文，2003年）。

4. 賴孟詩：《書法藝術中墨韻表現趣味之研究——以台灣當代書法藝術創作為範疇》，國立彰化師範大學藝術教育研究所藝術教育教學碩士碩士論文，2005年8月。

5. 黃嬰如：《弘一法師及其書法之研究》，國立彰化師範大學國語文教學碩士

班碩士論文，2005 年 7 月。

6. 陳芬芬：《潘天壽及其書法之研究》，國立彰化師範大學國語文教學碩士班碩士論文，2006 年 1 月。

7. 林義川：《包世臣「藝舟雙輯」書論研究》，國立中興大學中國文學系碩士學位論文，2006 年 8 月。

8. 洪嘉勇：《趙之謙書法藝術研究》，國立中興大學國文學碩士學位論文，2007年。

9. 沈德傳整理：〈老書生曹秋圃〉《雄獅美術》，台北市：雄獅美術雜誌社，148 期，1983 年。

10. 李銘盛：〈書法家曹秋圃〉，藝術家 21 卷 5 期，1985 年 10 月。

11. 張建富：〈臺灣古典書壇大老——曹秋圃專輯〉，《書法藝術》第五期，臺北，中華民國兒童書法教育學會發行，1987 年 5 月。

12. 張建富：〈日治時代曹秋圃之探討〉《書法教育》15 期，台北市，勝文印刷有限公司，1987 年 5 月。

13. 書友編輯室：〈台灣當代書法名家曹秋圃〉，書友 71 期，1993 年 1 月。

14. 李普同：〈曹秋圃——書學歷程與貢獻〉，《歷史博物館館刊》第三卷第三期，臺北：歷史博物館，1993 年 7 月。

15. 資料提供謝建輝：〈台灣當代書法名家曹秋圃〉，書友編輯室 71 期 1993 年 1 月。

16. 姚儀敏：〈正筆正心的百齡書法家曹秋圃〉，中央月刊 26 卷 7 期，1993 年 7 月。

17. 連勝彥：〈曹秋圃先生略傳〉《台北縣立文化中心季刊》42 期，1994 年 9 月。

18. 戴蘭村：〈莫嫌老圃秋容澹——曹秋圃先生其人其書〉《雄獅美術》，2003年。

六、參考網站網址

1. http://chinese.hitechemall.com/中華文化網。

2. http://www.bookschina.com/中國圖書網。

3. http://hk.huaxia.com/index.html 華夏經緯網。

4. http://www.freehead.com/index.php 中國書法網。

5. http://www.9610.com/ming/tangyin/01.htm 書法空間，明代書法。

6. http://www.china-gallery.com 中國藝苑網。

7. http://www.yingbishufa.com 書畫互動網楊沂孫。

8. http://www.shxw.com 中國書法網，倪元璐作品欣賞。

9. http://www.npm.gov.tw 國立故宮博物院。

10. http://web.cca.gov.tw 目擊古中國，典藏精品，書法。

11. http://hk.geocities.com 歷代書法。

12. http：//www.9610.com 清代書法，劉有林。

13. http://big5.xinhuanet.com 中華文化信息網。

14. http://www.wenyi.com 碑帖鑑賞。

15. http://blog.21nowart.com 金丹書法空間。

16. http://translate.google.com 大紀元時報風雲人物。

17. http://www.epochtimes.com 大紀元文化網。

18. http://www.epochtimes.com 文化生活藝術網。

19. http://210.69.170.100/S25/寒泉網。